农村实用法律解读系列丛书
NONGCUN SHIYONG FALU JIEDU XILIE CONGSHU

农村实用
农业经济法解读

胡志斌 ◎ 编 著

北京师范大学出版集团
BEIJING NORMAL UNIVERSITY PUBLISHING GROUP
安徽大学出版社

图书在版编目(CIP)数据

农村实用农业经济法解读 / 胡志斌编著. —合肥：安徽大学出版社，2014.5
（农村实用法律解读系列丛书）
ISBN 978-7-5664-0756-6

Ⅰ.①农… Ⅱ.①胡… Ⅲ.①农业经济－经济法－基本知识－中国 Ⅳ.①D922.41

中国版本图书馆 CIP 数据核字(2014)第 096971 号

农村实用农业经济法解读

胡志斌　编著

出版发行：	北京师范大学出版集团 安 徽 大 学 出 版 社 （安徽省合肥市肥西路 3 号 邮编 230039） www.bnupg.com.cn www.ahupress.com.cn
印　　刷：	合肥现代印务有限公司
经　　销：	全国新华书店
开　　本：	170mm×240mm
印　　张：	15.75
字　　数：	272 千字
版　　次：	2014 年 5 月第 1 版
印　　次：	2014 年 5 月第 1 次印刷
定　　价：	25.00 元

ISBN 978-7-5664-0756-6

策划编辑：朱丽琴　方　青		装帧设计：李　军　金伶智	
责任编辑：方　青　赵明炎		美术编辑：李　军	
责任校对：程中业		责任印制：陈　如	

版权所有　侵权必究

反盗版、侵权举报电话：0551－65106311
外埠邮购电话：0551－65107716
本书如有印装质量问题，请与印制管理部联系调换。
印制管理部电话：0551－65106311

MULU 目录

农业法基本范畴

1. 农业法和《农业法》是同一个概念吗? / 1
2. 农业法与"三农"政策是什么关系? / 1
3. 农业法的调整对象是什么? / 2
4. 《农业法》的立法目的是什么? / 3
5. 《农业法》的基本内容和体例结构是如何设计的? / 3
6. 《农业法》有哪些主要特点? / 6
7. 《农业法》规定了哪些基本原则? / 7
8. 如何理解《农业法》规定的农业和农村经济发展的基本目标? / 8
9. 《农业法》对农业经营体制是如何规定的?如何创新这一体制? / 9
10. 《农业法》是如何规定保护农民权益的? / 11

农村土地承包法律制度

11. 《农村土地承包法》的立法目的和依据是什么? / 12
12. 土地的征用和占用是一回事吗? / 13
13. 农村承包地被征用、占用后,如何获得相应的补偿? / 13
14. 在土地承包期内,发包方能否调整承包地? / 14
15. 男女是否享有平等的土地承包经营权? / 16
16. 农村土地承包应当坚持哪些原则? / 17

17. 我国土地所有权是如何确定的? / 17
18. 农村土地承包的管理机关是谁? / 18
19. 《农村土地承包法》规定县级以上农业行政主管部门的职责有哪些? / 18
20. 《农村土地承包法》规定乡(镇)人民政府有哪些职责? / 19
21. 农村土地由谁负责进行发包? / 20
22. 出嫁到外地的女子其承包的土地是否应当被收回? / 21
23. 如何保护外出务工农民的土地承包经营权? / 22
24. 《农村土地承包法》对土地承包期限是如何规定的? / 24
25. 农村土地承包合同应当约定哪些内容? / 24
26. 农村土地承包中的发包方享有哪些权利? / 28
27. 农村土地承包中的发包方应当承担哪些义务? / 29
28. 农村土地承包中的承包方享有哪些权利? / 32
29. 农村土地承包中的承包方应当承担哪些义务? / 32
30. 《农村土地承包法》规定的保护土地承包经营权的内容有哪些? / 33
31. 农村土地承包经营权能否有偿流转? / 34
32. 什么是农村土地承包经营权的转包、出租、互换、转让? / 35
33. 农村土地承包经营权流转应遵循哪些原则? / 36
34. 法律对农村土地承包经营权的流转有哪些保护性规定? / 37
35. 农村土地承包经营权流转应办理哪些手续? / 38
36. 农村土地承包经营权流转合同一般应包括哪些条款? / 38
37. 农村土地承包经营权流转是否需要登记? / 39
38. 承包土地的转包和出租是否影响承包方与发包方的承包关系? / 40
39. 法律对土地承包经营权互换是如何规定的?如何签订互换合同? / 43
40. 法律对土地承包经营权转让是如何规定的?如何签订转让合同? / 46
41. 对荒山、荒沟、荒丘、荒滩等农村土地如何进行承包? / 49
42. 如何理解"以其他方式承包农村土地,在同等条件下,本集体经济组织成员享有优先承包权"? / 52
43. 将农村土地承包给本集体经济组织以外的单位和个人,应遵循什么程序? / 52
44. 以招标、拍卖、公开协商等方式承包农村土地的承包经营权能否流转? / 53
45. 以其他方式获得的土地承包经营权能否继承? / 54
46. 哪些行为属于侵害农民土地承包经营权的行为? / 55

47. 在哪些情形下,农村土地发包方应当承担民事责任? / 56
48. 发生土地承包经营权纠纷,可以通过哪些方式来解决? / 56

农业技术推广法律制度

49. 哪些农业技术属于《农业技术推广法》的调整对象? / 58
50. 农业技术推广活动应当坚持哪些法律原则? / 58
51. 农业技术推广机构的公益性职责有哪些? / 58
52. 我国农业技术推广体系是如何构建的? / 59
53. 法律对农业技术推广机构的专业技术人员配备有哪些规定? / 59
54. 法律对农业技术推广规定了哪些保障性措施? / 61
55. 2012年的《农业技术推广法》有哪些重要修改? / 62
56. 《农业技术推广法》为何确定农业技术推广的分类管理原则? / 64
57. 农业技术推广机构为何被依法规定为公共服务机构? / 65
58. 如何依法规范农业技术推广工作? / 65
59. 《农业技术推广法》规定了哪些法律责任? / 67

种子法律制度

60. 如何理解《种子法》所规范和调整的种子? / 68
61. 什么是种质资源? / 68
62. 《种子法》对保护种质资源作了哪些规定? / 69
63. 为什么要保护种质资源? / 70
64. 《种子法》规定了哪些扶持、保护种子产业发展的措施? / 70
65. 什么是种子标签制度? / 71
66. 种子标签应该标注什么内容? / 72
67. 法律规定对哪些种子的生产实行许可制度,申请许可证应具备哪些条件? / 73
68. 农作物种子经营许可证由谁核发? / 74
69. 申请杂交稻、杂交玉米种子及其亲本种子经营许可证应当具备哪些条件? / 74
70. 申请杂交稻、杂交玉米种子及其亲本种子以外的应当加工、包装的农作

物种子经营许可证,应当具备哪些条件? / 75
71. 设立选育、生产、经营相结合的种子公司,申请种子经营许可证应当具备哪些条件? / 76
72. 种子经营者有哪些义务? / 77
73. 我国对设立外商投资农作物种子企业有哪些规定? / 78
74. 种子使用者的权益有哪些? / 79
75. 种子使用者权益受损包括哪些情形? / 80
76. 种子使用者权益受损,应当向谁索赔? / 81
77. 什么是假种子、劣种子? / 81
78. 农民购买种子时应注意哪些问题? / 82
79. 如何对种子质量问题进行投诉? / 83
80. 如何计算种子直接损失和可得利益损失? / 84

农药法律制度

81. 法律对农药是如何界定的? / 85
82. 国内首次生产的农药,申请登记应当按照哪几个阶段进行? / 85
83. 农药生产企业应当具备哪些条件? / 87
84. 哪些单位可以经营农药? / 88
85. 农药经营单位应当具备哪些条件? / 88
86. 哪些属于法律禁止生产和经营的假农药和劣质农药? / 89
87. 农药管理的执法主体是谁? / 89
88. 农药产品标签或说明书应注明哪些内容? / 89
89. 申请办理农药经营许可证应提交哪些材料? / 89
90. 怎样从外观识别假农药、劣质农药? / 90
91. 禁止在所有农作物上使用的农药品种有哪些? / 90
92. 禁止在蔬菜、茶叶、瓜类、果树和中药材上使用的农药品种有哪些? / 90

肥料法律制度

93. 法律对肥料是如何界定的? / 92
94. 肥料市场的执法主体是谁? / 92

95. 肥料登记需要经过哪些阶段,哪些肥料可免予登记? / 92
96. 肥料登记有哪些类型? / 93
97. 肥料临时登记和正式登记有效期限分别是多少? 有哪些规定? / 93
98. 申请肥料临时登记需要提交哪些资料? / 93
99. 法律对肥料包装及标识内容有哪些规定? / 94
100. 肥料田间报告应包括哪些内容? / 95
101. 法律对肥料的毒性报告是如何作出规定的? / 95
102. 法律对肥料残留实验是如何作出规定的? / 96
103. 肥料效应示范试验资料应包括哪些事项? / 96
104. 申请肥料登记证续展应提交哪些资料? / 97
105. 法律要求肥料变更登记应提交哪些资料? / 97
106. 申请肥料正式登记需要提交哪些资料? / 98
107. 哪些肥料由省级人民政府农业行政主管部门负责审批、登记? / 98
108. 禁止在农作物上使用的肥料种类有哪些? / 99

植物检疫和菌种法律制度

109. 确定植物检疫对象的原则是什么? / 100
110. 地(市)、县级植物检疫机构的主要职责有哪些? / 100
111. 植物检疫机构和检疫人员依法应具备哪些条件? / 101
112. 法律对植物检疫证书的签发作了哪些要求? / 101
113. 农业植物检疫范围包括哪些? / 102
114. 省间调运植物、植物产品必须检疫的情形有哪些? / 102
115. 法律对植物疫区划定和管理有哪些要求? / 102
116. 省间调运应检疫的植物、植物产品需要履行哪些检疫程序? / 103
117. 从国外引进种子、苗木等繁殖材料,必须符合哪些检疫要求? / 104
118. 植物检疫机关在什么情况下才能签发植物检疫证书? / 104
119. 邮电、民航、公路、铁路等部门在执行国家植物检疫法规中有哪些职权职责? / 105
120. 什么是植物产地检疫?为什么要开展植物产地检疫? / 105
121. 建立种苗繁育基地有哪些要求? / 106
122. 产地检疫合格证和植物检疫证书有何区别? / 106

123. 怎样办理从国外引种检疫审批手续? /106
124. 口岸检疫已经合格的引进种苗、繁殖材料为什么还必须隔离(或集中)试种观察? /107
125. 在隔离试种观察中,引种者应履行什么义务? /107
126. 试种观察期间发现了检疫对象或危险病虫应如何处理? /108
127. 植物检疫收费的原则是什么?怎样计算植物检疫收费? /108
128. 植物检疫工作在哪些情形下应受到奖励? /108
129. 植物检疫工作在哪些情形下应受到罚款处罚? /109
130. 生产经营菌种应当具备哪些法定条件? /109
131. 申请母种和原种《食用菌菌种生产经营许可证》应当具备哪些条件? /110
132. 申请栽培种《食用菌菌种生产经营许可证》应当具备哪些条件? /110

林业法律制度

133. 《森林法》的立法目的是什么? /112
134. 法律是如何规定森林、林木、林地的权属及权属证书发放的? /113
135. 法律对森林种类是如何划分的? /114
136. 法律对保护林农和承包造林者的合法权益是如何规定的? /115
137. 法律是如何规定森林资源保护性措施的? /115
138. 如何理解植树造林是一种法律义务? /116
139. 为什么要建立森林资源清查和资源档案制度? /117
140. 法律对森林、林木、林地使用权流转是如何规定的? /118
141. 法律对林木、林地所有权和使用权权属争议处理是如何规定的? /119
142. 法律对征用和占用林地及森林植被恢复费的使用是如何规定的? /119
143. 地方各级人民政府和护林员分别有哪些护林职责? /120
144. 森林公安机关的职权和职责有哪些? /121
145. 《森林法》对地方人民政府森林火灾的预防和扑救森林火灾工作是如何规定的? /122
146. 《森林法》对森林病虫害防治工作是如何规定的? /123
147. 如何依法保护自然保护区及自然保护区外珍贵树木? /124
148. 《森林法》是如何规定禁止猎捕国家保护的野生动物的? /124
149. 营造林木的所有权归谁所有? /125

150. 什么是封山育林？有何意义？如何实施？ /126
151. 如何依法控制森林年采伐限量？ /126
152. 采伐森林和林木必须依法遵守哪些规定？ /127
153. 什么是林木采伐许可证？如何申请核发？ /128
154. 法律对木材运输和木材检查站有何规定？ /129

畜牧业法律制度

155. 《畜牧法》的立法目的和调整对象是什么？ /131
156. 《畜牧法》规定了哪些支持和保障畜牧业发展的措施？ /131
157. 国家对畜禽遗传资源保护依法作了哪些规定？ /132
158. 从事种畜禽生产经营或生产商品代仔畜、雏禽的单位和个人应取得哪些证照？取得相关证照应具备哪些条件？ /133
159. 申请取得生产家畜卵子、冷冻精液、胚胎等遗传材料的生产经营许可证，应具备哪些条件？ /134
160. 发布种畜禽广告应当注意哪些事项？ /134
161. 销售种畜禽时不得有哪些行为？ /134
162. 法律对畜禽养殖的用地是怎样规定的？ /135
163. 兴办畜禽养殖场、养殖小区应当具备哪些条件？ /135
164. 畜禽养殖场的养殖档案应当载明哪些内容？ /136
165. 从事畜禽养殖者不得实施哪些行为？ /136

渔业法律制度

166. 《渔业法》对我国渔业监督管理体制是如何规定的？ /137
167. 如何确定渔业养殖区域并准入从事养殖生产？ /137
168. 如何依法确定渔业资源捕捞量？ /137
169. 《渔业法》规定的捕捞许可证管理的内容有哪些？ /138
170. 申领捕捞许可证应具备哪些条件？ /138
171. 《渔业法》对捕捞有重要经济价值的水生动物苗种是如何规定的？ /139
172. 如何确定和征收渔业资源费？ /139
173. 确定渔业资源费征收标准的原则有哪些？ /139

174. 渔业资源费的使用范围有哪些? /140

农业机械法律制度

175. 《农业机械化促进法》的立法目的是什么? /141
176. 什么是农业机械和农业机械化? /141
177. 法律对农民是否使用先进的农业机械是如何规定的? /141
178. 农业机械生产者和销售者对其生产、销售的农业机械产品应承担什么义务和责任? /142
179. 农业机械产品因不符合质量要求,给农业机械使用者造成损失的,该怎么办? /142
180. 《农业机械化促进法》对农民、农业机械作业组织提供有偿农业机械作业服务作了哪些规定? /143
181. 农民和农业生产经营组织能否享受无偿的农机推广和培训服务? /143
182. 国家对促进农业机械化有哪些扶持措施? /143
183. 法律是否支持农机跨区作业? /144
184. 国家对购买农机者是否给予补助? /144

农产品质量和农业保险法律制度

185. 《农产品质量安全法》确立了哪些农产品质量安全监管制度? /146
186. 《农产品质量安全法》对农产品产地管理作了哪些规定? /146
187. 农产品安全监测制度的主要内容有哪些? /147
188. 《农产品质量安全法》规定的"八项行政处罚"的内容是什么? /147
189. 《农产品质量安全法》明确了哪"八个不得"? /148
190. 《农产品质量安全法》规定什么样的农产品不得销售? /148
191. 《农产品质量安全法》对农产品包装和标识有何规定? /148
192. 农产品生产者在生产过程中应当如何保障农产品质量安全? /149
193. 无公害蔬菜禁用的农药有哪些? /150
194. 国务院卫生行政部门在什么情形下应当组织食品安全风险评估工作? /152
195. 食品安全风险评估建议应当包括哪些信息和资料? /152

196. 授予植物品种权应当具备哪些条件? /153
197. 植物品种权在哪些情形下终止? /154
198.《农业保险条例》作了哪些支持农业保险发展的规定? /154
199.《农业保险条例》对农业保险合同和农业保险业务经营规则作了哪些
     规定? /154
200. 为了防范农业保险经营风险,《农业保险条例》作了哪些规定? /158

附 录

中华人民共和国农业法 /159
中华人民共和国农村土地承包法 /175
中华人民共和国农业技术推广法 /183
中华人民共和国种子法 /189
中华人民共和国森林法 /199
中华人民共和国畜牧法 /208
中华人民共和国渔业法 /219
中华人民共和国农业机械化促进法 /225
中华人民共和国农产品质量安全法 /231

参考文献 /238

后 记 /239

农业法基本范畴

1. 农业法和《农业法》是同一个概念吗?

从法学原理的角度看,农业法和《农业法》并非是同一个概念,前者的外延大于后者,即农业法包含了《农业法》,但是如果将农业法作为一种法典来看,二者可以看作同一个概念。换言之,农业法有广、狭义之分。

广义的农业法,是指调整农业主体在农业和农村各项经济活动中所发生的农业和农村经济关系的法律规范的总称。改革开放特别是农村经济管理体制改革以来,我国先后制定了很多农业法律法规和规章,另外,一些地方还依法制定了一系列的地方性农业法规。从广义法律的角度看,我国农业法律体系已基本形成。除了全国人民代表大会及其常委会制定的农业法律外,农业法律体系主要还包括国务院制定的50多部农业行政法规;农业部制定的460多部部门规章。其中,具有代表性的法律法规有《农业法》、《农业技术推广法》、《土地管理法》、《农村土地承包法》、《水法》、《水土保持法》、《水污染防治法》、《防洪法》、《防沙治沙法》、《森林法》、《渔业法》、《草原法》、《种子法》、《动物防疫法》、《野生动物保护法》、《进出境动植物检疫法》、《村民委员会组织法》、《环境保护法》、《乡镇企业法》、《农业机械化促进法》、《农业税条例》等。

狭义的农业法,仅指1993年7月2日第八届全国人民代表大会常务委员会第二次会议通过,2002年12月28日第九届全国人民代表大会常务委员会第三十一次会议修订的《中华人民共和国农业法》。

2. 农业法与"三农"政策是什么关系?

在认识农业法律与"三农"政策的关系之前,首先有必要了解一下法律与政策的关系。在我国,国家法律和政策存在紧密相关、相辅相成的关系,突出的表现为政策(特别是党的政策)是法律制定的依据,而法律又为政策实施提供保障。但是二者毕竟是两种不同的社会规范,各有自己的特点和作用,不能相互代替。

具体而言,第一,法律是由国家制定或者认可的规范,具有国家意志的属性。而政策是党组织制定的,不具有国家意志的属性。第二,法律是由国家强制力保证实施,并具有普遍的约束力。政策则是通过思想工作、说服教育、党员的模范带头作用以及党的纪律保证来实现,党的某些政策并非对每个公民都具有约束力。第三,法律是以宪法、法律、法规等规范性文件形式呈现。政策在未被制定或认可为法律规范之前,是由决定、决议、纲领、宣言、通知、纪要等形式呈现的。第四,法律规定的内容比较具体、明确和详尽,而政策一般比较原则和概括。第五,法律比较稳定。政策则比较灵活,变化较快。

农业法与"三农"政策的联系:(1)"三农"政策是制定农业法律的前提和基础,农业法律是对"三农"政策的体现。(2)农业法律是对"三农"政策的具体化和规范化,是农业政策得以实施的重要保障。

农业法与"三农"政策的区别:(1)农业法是国家意志的体现,而"三农"政策则是由党和政府制定的,不具有国家意志的属性;(2)农业法具有明确的规范性,而"三农"政策的规定一般来说比较笼统,原则性强;(3)农业法具有相对稳定性,而"三农"政策一般是根据当时的客观实际和具体需要而制定的,可变性比较强;(4)农业法具有国家强制性,而"三农"政策的执行主要是依赖于党的纪律、宣传教育、党员干部模范带头作用等,不具有国家强制性。

3. 农业法的调整对象是什么?

任何一部法律都有自己的独特的调整对象。根据我国农业法的规定,农业法的调整对象包括以下四类:

(1)农业和农村经济活动中的民事关系。即平等主体的自然人(或公民)之间、法人之间、其他组织之间、自然人和法人以及其他组织之间在农业和农村经济活动中形成的财产关系。其特点有:①当事人中至少一方为农业法主体;②法律关系形成于农业和农村经济活动中;③主要由农业民事法律规范加以保护或调整;④法律关系只包括财产关系,不包括人身关系。

(2)农业和农村经济活动中的行政关系。即农业行政主体在依法行使农业行政职权时,与相对主体在农业和农村经济活动中发生的各种社会关系。其特点有:①法律关系的一方必须有农业行政主体;②法律关系形成于农业和农村经济活动中;③主要由农业行政法律规范加以保护或调整;④纠纷解决方式通常不适用和解、调解,除了诉讼外,行政复议是主要的纠纷解决方式。

(3)农业和农村经济活动中的经济管理关系。即国家经济管理机关在实施国家管理农业经济职权时,与农业生产经营组织和农民产生的有关组织、管理、调控、监督农业和农村经济活动的社会关系,以及农业生产经营组织内部形成的社会关系。其特点包括:①法律关系形成于农业和农村经济活动中;②法律关系中至少有一方为农业法主体;③是国家领导、组织、协调和管理农业和农村经济的重要对象;④主要由农业经济法律规范加以保护或调整。

(4)农业和农村经济活动中的其他经济关系。即除上述三种社会关系以外的其他涉农社会关系,如农业环境保护关系、农村劳动关系等。其特点有:①形成于农业和农村经济活动中;②法律关系中至少有一方当事人为农业法主体;③主要由其他农业法律规范加以保护或调整。

4.《农业法》的立法目的是什么?

立法目的是指国家立法机关通过规范某一社会关系或社会领域的行为,以达到所要追求的经济、政治、社会等目标。立法目的是立法者在一部法律制定之初就应当明确的法律问题,通常规定在法典的第一条。从理论上可以将立法目的概括为直接目的和最终目的。

按照我国《农业法》的规定,立法的直接目的可以概括为三个方面:第一,巩固和加强农业在国民经济中的基础地位。第二,统筹考虑农业、农村和农民与其他社会领域的协调发展。第三,促进农村改革的深化,促进农业和农村经济的持续、稳定、健康发展。立法的最终目的是为实现全面建设小康社会的目标而奋斗。

》法条链接》

《农业法》第一条:为了巩固和加强农业在国民经济中的基础地位,深化农村改革,发展农业生产力,推进农业现代化,维护农民和农业生产经营组织的合法权益,增加农民收入,提高农民科学文化素质,促进农业和农村经济的持续、稳定、健康发展,实现全面建设小康社会的目标,制定本法。

5.《农业法》的基本内容和体例结构是如何设计的?

通读我国《农业法》,其主要内容和立法体例结构解读如下:

(1)第一章 总则,共九条。本章是有关《农业法》基本范畴的规定,包括:①立法目的;②《农业法》的调整范围;③农业生产经营组织的含义;④农业与农村经济发展的基本目标;⑤农业的多功能性质;⑥农业与农村的基本制度;⑦国家促进农业发展的基本措施;⑧保护农民权益的原则;⑨政府及其主管部门对农业及农村经济的管理服务职能。本章突出了重视增加农民收入和保护农民权益,促进农业产业化经营,促进农业和农村经营体制创新,建立国家对农业的支持保护体系,重视可持续发展等问题。

(2)第二章 农业生产经营体制,共五条。本章从农业生产经营基本制度、生产经营主体和基本生产方式等角度勾画了农业生产经营体制的框架,内容涉及农村土地承包经营制度,农民合作经济组织、农产品行业协会和产业化经营等。

(3)第三章 农业生产,共十一条。主要内容包括:①农业发展规划的制定和合理农业生产区域布局的形成;②农业生产结构调整;③农业和农村基础设施建设;④动植物品种选育、生产、更新和良种的推广使用;⑤农田水利设施建设和节水农业;⑥农业机械化;⑦农业气象;⑧农产品质量安全管理、优质农产品认证和标志制度;⑨动植物防疫制度;⑩农业生产资料生产、经营和使用制度等。

(4)第四章 农产品流通与加工,共五条。主要内容包括:①农产品购销体制改革方向和农产品市场体系的基本特征;②农产品流通制度。主要内容包括对农产品购销实行市场调节,国家逐步建立统一、开放、竞争、有序的农产品市场体系,鼓励和支持发展多种形式的农产品流通活动,要求各级政府采取措施保障农产品运输畅通,降低农产品流通成本;③农产品加工制度。主要内容包括国家支持发展农产品加工业和食品工业,增加农产品的附加值以及国家采取必要措施促进农产品出口,减少进口农产品对国内相关农产品生产造成重大的不利影响等。

(5)第五章 粮食安全,共六条。主要内容包括:①保护粮食生产能力,建立耕地保护制度;②国家在政策、资金、技术等方面对粮食主产区给予重点扶持,建设稳定的商品粮生产基地;③对部分粮食品种实行保护价制度;④国家建立粮食安全预警制度和分级储备调节制度;⑤国家建立粮食风险基金等。

(6)第六章 农业投入与支持保护,共十一条。主要内容包括:①建立符合世界贸易组织规则的农业保护机制,按照"绿箱"、"黄箱"政策,规定财政投入农业资金的使用方向;②明确中央和地方投入农业的资金增长幅度,加强对用于农业的财政资金的审计和监督管理;③鼓励农民、农业生产经营组织增加农业投入,鼓励社会资金投向农业;④在与世贸组织规则相衔接的前提下,明确对农民实施收入支持政策;⑤鼓励和支持开展农业信息服务;⑥建立健全农村金融体系,鼓励金融机构向农业提供金融支持;⑦鼓励开展商业性农业保险,扶持互助农业保险,建立和完善农业保险制度等。

(7)第七章 农业科技与农业教育,共九条。主要内容包括:①国务院和省级人民政府制定农业科技和农业教育规划的内容;②国家鼓励加强农业科技的基础研究和应用研究,加速科技成果转化与产业化及保护动植物新品种等知识产权,鼓励、吸引社会力量增加农业科技投入;③农业和农村经济的持续健康发展如何依靠科技进步和农业教育发展;④建立政府扶持和市场引导相结合,有偿和无偿服务相结合,国家农业技术推广机构和社会力量相结合的农业技术推广体系;⑤县级以上人民政府如何稳定和加强农业技术推广队伍,保障农业技术推广机构的工作经费;⑥国家保障农村义务教育经费,包括普通中小学校职工工资和校舍等教学设施的建设和维护费用;⑦国家发展农业职业教育,支持开展农业实用技术培训、农民绿色证书培训和其他就业培训,提高农民文化技术素质。

(8)第八章 农业资源与农业环境保护,共十条。内容涉及对与农业有关的土地、水、森林、草原、野生动植物等自然资源和水能、沼气、太阳能、风能等可再生能源和清洁能源如何利用与保护,以及废水、废气和固定废弃物对农业生产环境污染的防治;如何协调农业和农村经济发展中对自然资源和环境的开发利用和保护之间的关系,以便使农业生产要素达到最佳配置,利用最少的资源生产出最多的产品,实现农业可持续发展。

(9)第九章 农民权益保护,共十二条。本章主要针对目前我国农村比较普遍的侵害农民和农业生产经营组织权益的现象,作出了一系列保障性的规定,以保护农民和农业生产经营组织的合法权益不受侵犯。

(10)第十章 农村经济发展,共八条。本章主要规定了农村经济全面发展的基本方针、措施和目标,重点是对农村经济发展的措施作了进一步的规定,包括:发展乡镇企业;推进小城镇建设;巩固和发展农村合作医疗和其他医疗保障形式;扶持贫困地区发展;增加对扶贫开发投入。

(11)第十一章 执法监督,共三条。本章规定了如何采取措施完善适应社会主义市场经济发展要求的农业行政管理体制,加强规划、指导、管理、协调、监督、服务职责;如何保证依法行政,公正执法,提高执法效率和水平;在执法规范上,本章特别规定县级以上人民政府农业行政主管部门履行执法监督检查职责时采取的措施,监督检查人员在履行监督检查职责时应当出示执法证件,被检查单位和个人应当予以配合,以及农业行政主管部门与农业生产、经营单位的关系。

(12)第十二章 法律责任,共八条。具体包括了农业行政责任、民事责任和刑事责任三种。

(13)第十三章 附则,共二条。本章是对国有农场等企事业单位承包经营职工的法律地位和本法生效日期的规定。

6.《农业法》有哪些主要特点?

我国《农业法》的特点可以概括为以下几方面:

(1)在农业法律体系中具有基本法的地位。《农业法》为适应农业一体化发展需要,把农业、农村和农民问题统筹加以考虑,突出了《农业法》在农业法治中的基本法地位。例如,将与种植业、林业、畜牧业和渔业直接相关的产前、产中、产后服务活动纳入了本法的调整范围,体现了农业一体化发展的要求;又如,有关农产品加工和市场信息服务的内容,《农业法》规定"国家支持发展农产品加工业和食品工业,增加农产品附加值",农业部门"应当建立农业信息搜集、整理和发布制度,及时向农民和农业生产经营组织提供市场信息等服务"等。可见,《农业法》将"三农"问题作为一个整体通盘考虑,表现出农业"母法"的地位。

(2)立法目标明确,保障措施有力。党的十六大确定的奋斗目标是全面建设小康社会。建设现代农业、发展农村经济、增加农民收入,是全面建设小康社会的重大任务。《农业法》为了回应党的政策的要求,明确规定了"巩固和加强农业在国民经济中的基础地位,深化农村改革,发展农业生产力,推进农业现代化,维护农民和农业生产经营组织的合法权益,增加农民收入,提高农民科学文化素质,促进农业和农村经济的持续、稳定、健康发展,实现全面建设小康社会的目标"的立法目标。同时,《农业法》还强化了新阶段农业发展的各项保障措施,例如,《农业法》确立了农产品质量安全和粮食安全保障措施,建立了农业支持和保护机制以及农产品进口预警机制,规定了促进城乡经济协调发展,逐步缩小城乡差别的基本措施等。

(3)农村改革基本方向的立法明确。《农业法》规定了国家长期稳定农村以家庭承包经营为基础、统分结合的双层经营体制;强调了实行农村土地承包经营制度,依法保障农村土地承包关系长期稳定,保护土地承包人的合法权益;确立了农民专业合作经济组织的法律地位和组织原则;明确了农产品行业协会的法律地位和职责;提出了农产品购销实行市场调节和农产品市场体系建设的原则;规定了农村金融和农业保险发展的方向。这些规定,既肯定了农村改革的成果,又考虑了农业发展的前瞻性,这必将对深化农村改革产生积极的促进作用。

(4)立法既全面系统,又重点突出。《农业法》既系统规定了农业和农村经济结构调整、农业产业化经营、农产品质量安全、粮食安全、农业支持保护、农业科技推广、农民专业合作经济组织、农村经济发展、农民权益保护和执法监督等内容。同时,《农业法》又突出了对农民权益保护的规定,强调增加农民收入,切实减轻农民负担,为此,《农业法》还专门规定了农村财务公开制度,明确了保护农民权益的行政和司法救济措施等。

7. 《农业法》规定了哪些基本原则?

按照我国《农业法》的规定,其基本原则可以概括为以下几方面:

(1)依法治农原则。即涉及农业、农村以及农民利益的活动,都应当依照宪法和农业基本法的规定进行,一切国家机关和组织、社会团体和个人不得违背,做到有法必依、执法必严和违法必究。依法治农原则是《农业法》的根本性原则,是依法治国的体现,也是社会主义市场经济的法制规则在"三农"领域的内在要求。

(2)保护"三农"利益原则。即农业立法、执法、监督和司法要依据宪法和农业基本法的要求,切实保护农业、农村和农民的根本利益,并给予适度的政策以及资金等倾斜性支持。该原则体现了农业经济的基础地位,回应了农村社会基础薄弱以及农民处于弱势群体地位的现实。保护"三农"利益原则体现了《农业法》的公正价值观,是"依法治农"原则的出发点和归宿点。

(3)农业经济、生态与农村社会协调发展原则。该原则要求农业经济的发展与农业生态的维持和改善相结合,农业经济的发展与农村自身的建设相结合,农业生态的维持和改善与农村社会的建设相结合,不单纯追求某一方面的发展,从而实现农村经济、生态与社会的协调的可持续的发展。

(4)市场导向为主,政府调节为辅原则。即在农业立法以及农业行政活动中,应当根据市场经济的自身规律,建立农业法律制度,并按照市场的规律授权政府及其职能部门引导、管理农业和农村建设。该原则是《农业法》的方法原则或手段原则。

(5)科教兴农原则。该原则制定的依据是科学技术是第一生产力的思想和科教兴国的方针。该原则的内容是:坚持教育为本,把农业科技和教育摆在优先发展的战略重要地位,增强国家的农业科技实力和科学技术向现实生产力转化的能力,为实现农业和农村的可持续发展和"三农"现代化服务。科教兴农原则属于《农业法》的手段原则或方法原则,只有发展与推广农业科学技术,强化农业教育,才能从根本上促进农业的可持续发展。

(6)社会支持,共同参与原则。即在今后相当长的时期内,农业的基础地位薄弱和农村社会发展滞后等问题的解决,需要充分发挥我国政府、社会和个人以及国外的各种资源,共同支持和参与农业和农村的现代化建设。

>>**法条链接**>>

《农业法》第六条:国家坚持科教兴农和农业可持续发展的方针。

国家采取措施加强农业和农村基础设施建设,调整、优化农业和农村经济结构,推进农业产业化经营,发展农业科技、教育事业,保护农业生态环境,促进农业机械化和信息化,提高农业综合生产能力。

《农业法》第七条:国家保护农民和农业生产经营组织的财产及其他合法权益不受侵犯。

各级人民政府及其有关部门应当采取措施增加农民收入,切实减轻农民负担。

《农业法》第八条:全社会应当高度重视农业,支持农业发展。

8. 如何理解《农业法》规定的农业和农村经济发展的基本目标?

按照《农业法》的规定,农业和农村经济发展的基本目标是:建立适应发展社会主义市场经济要求的农村经济体制,不断解放和发展农村生产力,提高农业的整体素质和效益,确保农产品供应和质量,满足国民经济发展和人口增长、生活改善的需求,提高农民的收入和生活水平,促进农村富余劳动力向非农产业和城镇转移,缩小城乡差别和区域差别,建设富裕、民主、文明的社会主义新农村,逐步实现农业和农村现代化。

上述基本目标的立法规定可以分为农村经济体制改革目标、农业发展目标、以及农村社会发展目标三个方面。

(1)农村经济体制改革目标。即"建立适应发展社会主义市场经济要求的农村经济体制"。适应发展社会主义市场经济要求的农村经济体制,是以家庭承包经营为基础的,并以农业社会化服务体系、农产品市场体系和国家对农业的支持保护体系为支撑。确定以家庭承包经营为基础的农村经济体制,就是要长期稳定以家庭承包经营为基础、统分结合的双层经营体制,这是党的农村政策的基石。与《农业法》相适应,《农村土地承包法》将党的这项政策上升为法律规范,赋予农民长期而有保障的土地使用权,明确规定了保护农民在土地承包经营权流转中的主体地位的措施。这些法律规定为农村适应发展社会主义市场经济要求的经济体制,奠定了坚实的制度基础。为实现农村经济体制改革目标,农村经济体制要以农业社会化服务体系、农产品市场体系、国家对农业的支持保护体系为三大骨干体系进行构建。

(2)农业发展目标。即"不断解放和发展农村生产力,提高农业的整体素质和效益,确保农产品供应和质量,满足国民经济发展和人口增长、生活改善的需求,提高农民的收入和生活水平,促进农村富余劳动力向非农产业和城镇转移,缩小城乡差别和区域差别"。不断解放和发展农村生产力,一是通过增强农业的基础地位,提高农业生产力,达到提高农业的整体素质和效益,确保农产品供应和质量,满足国民经济发展和人口增长、生活改善的需求。二要增加农民收入,这是建设小康社会的基础。农村各项事业的发展、农村稳定和农民安居乐业都要建立在这个基础上。

(3)农村社会发展目标。即"建设富裕、民主、文明的社会主义新农村,逐步实现农业和农村现代化"。具体而言,我国要实现的农业和农村的现代化,是可持续发展的经济和社会,是人与自然和谐发展的经济和社会,是一个生产发展、生活富裕、生态良好的文明发展的经济和社会。

》法条链接》

《农业法》第三条:国家把农业放在发展国民经济的首位。

农业和农村经济发展的基本目标是:建立适应发展社会主义市场经济要求的农村经济体制,不断解放和发展农村生产力,提高农业的整体素质和效益,确保农产品供应和质量,满足国民经济发展和人口增长、生活改善的需求,提高农民的收入和生活水平,促进农村富余劳动力向非农产业和城镇转移,缩小城乡差别和区域差别,建设富裕、民主、文明的社会主义新农村,逐步实现农业和农村现代化。

9.《农业法》对农业经营体制是如何规定的?如何创新这一体制?

按照《农业法》的规定,我国现行的农业经营体制是家庭联产承包责任制。虽然这一体制在促进我国农业生产的解放和发展方面发挥过重要的作用,但是,在我国社会主义市场经济体制机制日益健全以及农村社会生产力快速发展的形势下,其局限性也日益显露。因此,2013年中央一号文件提出要创新农业生产经营体制,尊重和保护农户生产经营的主体地位,培育和壮大新型农业生产经营组织,充分激发农村生产要素的潜能。我们认为,创新的基本思路应当突出以下几项内容:

(1)加强农村土地承包管理。具体应考虑健全农村土地承包经营权登记制度。坚持依法自愿有偿原则,引导土地承包经营权有序流转,鼓励和支持承包土地向专业大户、家庭农场、农民合作社流转,发展多种形式的适度规模经营。加强土地承包经营权流转市场和信息化管理平台建设。健全农村土地承包经营纠纷调解仲裁体系,加强调解仲裁能力建设等。

(2)加快培育新型农业经营主体。具体思路为:坚持以家庭承包经营为基础,以发展多种形式的适度规模经营和培育新型经营主体为重点,不断提高农业生产经营组织化程度。加大对联户经营、专业大户、家庭农场等扶持力度。推动相关部门采取奖励补助等多种办法,扶持家庭农场健康发展。扶持农民合作社加快发展,鼓励农民兴办专业合作和股份合作等多元化合作社等。

(3)构建新型农业社会化服务体系。发展方向是主体多元化、服务专业化、运行市场化。总体要求是充分发挥公共服务机构作用,加快构建公益性服务与经营性服务相结合、专项服务与综合服务相协调的新型农业社会化服务体系。重点是强化农业公益性服务体系,在完善服务内容、提高服务能力上下工夫,使公益性服务机构真正做到全覆盖、有保障,切实发挥其主导性作用;关键是培育农业经营性服务组织,采取政府订购、定向委托、奖励补助、招投标等方式,引导经营性服务组织参与公益性服务,为农业生产经营提供低成本、便利化、全方位的服务,发挥经营性服务组织的生力军作用。着力点是创新服务方式和手段,积极搭建区域性农业社会化服务综合平台,发展多种形式、便捷有效的服务模式。

(4)有效保障农民财产权利。土地承包经营权、宅基地使用权、集体收益分配权是法律赋予农民的权利。为此,应建立归属清晰、权能完整、流转顺畅、保护严格的农村集体产权制度,保障农民对集体资源和经营性资产的收益分配权。强化农村集体资金、资产、资源管理。加强农村财务管理,加大农村审计监督力度。建立减轻农民负担的长效机制。

≫法条链接≫

《农业法》第十条:国家实行农村土地承包经营制度,依法保障农村土地承包关系的长期稳定,保护农民对承包土地的使用权。

农村土地承包经营的方式、期限、发包方和承包方的权利义务、土地承包经营权的保护和流转等,适用《中华人民共和国土地管理法》和《中华人民共和国农村土地承包法》。

农村集体经济组织应当在家庭承包经营的基础上,依法管理集体资产,为其成员提供生产、技术、信息等服务,组织合理开发、利用集体资源,壮大经济实力。

10. 《农业法》是如何规定保护农民权益的?

根据《农业法》第六十七至第七十八条的规定,法律对农民权益的保护主要体现在以下几方面:

(1)除法律、法规另有规定外,任何机关或者单位以任何方式要求农民或者农业生产经营组织提供人力、财力、物力的,属于摊派。农民和农业生产经营组织有权拒绝任何方式的摊派。

(2)各级人民政府及其有关部门和所属单位不得以任何方式向农民或者农业生产经营组织集资。没有法律、法规依据或者未经国务院批准,任何机关或者单位不得在农村进行任何形式的达标、升级、验收活动。

(3)不得非法收取农村义务教育费用。农村义务教育除按国务院规定收取的费用外,不得向农民和学生收取其他费用。禁止任何机关或者单位通过农村中小学校向农民收费。

(4)土地征用补偿。国家依法征用农民集体所有的土地,应当保护农民和农村集体经济组织的合法权益,依法给予农民和农村集体经济组织征地补偿,任何单位和个人不得截留、挪用征地补偿费用。

(5)土地承包权益保护、发展农村集体经济及公益事业制度。包括保护农民土地承包权,实行村务公开,按自愿原则开展农业社会化服务等。

(6)各级人民政府、农村集体经济组织或者村民委员会在农业和农村经济结构调整、农业产业化经营和土地承包经营权流转等过程中,不得侵犯农民的土地承包经营权,不得干涉农民自主安排的生产经营项目,不得强迫农民购买指定的生产资料或者按指定的渠道销售农产品。

(7)村集体经济组织或者村民委员会为发展生产或者兴办公益事业,需要向其成员(村民)筹资筹劳的,应当经成员(村民)会议或者成员(村民)代表会议过半数通过后,方可进行。

(8)农产品收购单位在收购农产品时,不得压级压价,不得在支付的价款中扣缴任何费用。法律、行政法规规定代扣、代收税款的,应当依照法律、行政法规的规定办理。

农村土地承包法律制度

11.《农村土地承包法》的立法目的和依据是什么？

按照《农村土地承包法》的规定，本法的立法目的是稳定和完善以家庭承包经营为基础、统分结合的双层经营体制，赋予农民长期而有保障的土地使用权，维护农村土地承包当事人的合法权益，促进农业、农村经济发展和农村社会稳定。制定的依据是宪法。

稳定家庭承包经营，核心是稳定家庭承包关系，赋予农民长期而有保障的土地使用权。只有农民的积极性调动起来了，整个农村的生产力才能活跃起来；只有农民富裕了，集体经济才能得到发展。所以，家庭承包经营是农村经营体制改革的源泉和动力，是农村经营体制的基础。同时，集体统一经营对促进家庭承包经营和农业生产是必不可少的，一些农田水利和其他公共设施的建设，一些产前、产中、产后等生产、流通环节的服务，这些是一家一户难以办到的，需要依靠集体统一经营才能做得更好。

1993年，国家将"农村集体经济组织实行以家庭承包经营为基础、统分结合的双层经营体制"写进宪法，将其作为我国农村的一项基本经济制度固定下来。宪法是一切法律制定的依据，也是制定《农村土地承包法》的依据。制定《农村土地承包法》就是要保障宪法确定的以家庭承包为基础、统分结合的双层经营体制的长久稳定，赋予农民长期而有保障的土地使用权，依法维护农村土地承包当事人双方的合法权益，以促进农业、农村经济发展和农村社会稳定。

≫法条链接≫

《农村土地承包法》第一条：为稳定和完善以家庭承包经营为基础、统分结合的双层经营体制，赋予农民长期而有保障的土地使用权，维护农村土地承包当事人的合法权益，促进农业、农村经济发展和农村社会稳定，根据宪法，制定本法。

12. 土地的征用和占用是一回事吗？

土地征用和占用是两个不同的法律概念。所谓的征用，是指国家为了保证社会公共事业或者公益事业的发展，体现全社会的长远利益，将集体所有的土地转化为国有，主要用于能源、交通、水利、军事等设施的建设。征用土地的基本条件是：(1)征地必须是一种政府行为，其他任何单位和个人都无权征用；(2)征地必须依法取得批准；(3)征地行为必须向社会公开，接受社会的监督。按照《土地管理法》的规定，征地方案必须向集体经济组织和村民公告和公开；(4)征用土地必须是为了社会公共利益。

而占用则是指为了兴办乡镇企业、建设乡(镇)村公共设施、公益事业和村民住宅等，经依法批准使用农民集体所有的土地。

13. 农村承包地被征用、占用后，如何获得相应的补偿？

按照《土地管理法》的规定，征用耕地的补偿费用包括土地补偿费、安置补助费，以及地上附着物和青苗的补偿费。

(1)土地补偿费。土地补偿费是指因国家征用土地对土地所有者和土地使用者因对土地的投入和收益造成损失的补偿。补偿方式按被征地原用途补偿，标准为该耕地被征用前三年平均年产值的6—10倍。这项补偿费归土地所有者所有，纳入公积金管理，用于被征地农民参保、发展生产、公益性建设，不得平分到户，也不得列为集体经济组织债务清偿的资金。

(2)安置补助费。安置补助费是指为了安置以土地为主要生产资料并取得生活来源的农业人口的生活，由国家给予的补助费用。安置补助费应该用于安排因土地被征用而造成的多余劳动力的就业和不能就业人员的生活补助，不得挪作他用，任何单位和个人不得占用。补偿方式按被征地原用途补偿，标准为该耕地被征用前三年平均年产值的4—6倍，最高不得超过15倍。该项补助费用于被征地的承包人的生活安置，已被安置的，安置补助费归安置单位所有。土地补偿费和安置补助费的总和最高不得超过土地被征用前三年平均年产值的30倍。

(3)地上附着物和青苗的补偿费。被征收土地在拟定征地之前，已种植青苗和已有地上附着物，应当给予补偿。所谓青苗，是指正在生长尚未成熟的农作物。补偿方式按照附着物的实际价值和当季作物的产值计算，补偿费归承包人所有。具体而言，对刚刚播种的农作物，按季产值的三分之一补偿工本费。对于成长期的农作物,最高按一季度产值补偿。对于粮食、油料和蔬菜青苗,能得到收获的,不予补偿。对于多年生的经济林木,要尽量移植,由用地单位付给移植费;如不能移植必须砍伐的,由用地单位按实际价值补偿。对于成材树木,由树木所有者自行砍伐,不予补偿。

>> **法条链接** >>

《土地管理法》第四十七条:征收土地的,按照被征收土地的原用途给予补偿。

征收耕地的补偿费用包括土地补偿费、安置补助费以及地上附着物和青苗的补偿费。征收耕地的土地补偿费,为该耕地被征收前三年平均年产值的六至十倍。征收耕地的安置补助费,按照需要安置的农业人口数计算。需要安置的农业人口数,按照被征收的耕地数量除以征地前被征收单位平均每人占有耕地的数量计算。每一个需要安置的农业人口的安置补助费标准,为该耕地被征收前三年平均年产值的四至六倍。但是,每公顷被征收耕地的安置补助费,最高不得超过被征收前三年平均年产值的十五倍。

征收其他土地的土地补偿费和安置补助费标准,由省、自治区、直辖市参照征收耕地的土地补偿费和安置补助费的标准规定。

被征收土地上的附着物和青苗的补偿标准,由省、自治区、直辖市规定。

14. 在土地承包期内,发包方能否调整承包地?

按照《农村土地承包法》的规定,在承包期内,发包方不得调整。但是,法律也作出了例外的规定,即在承包期内,因自然灾害严重毁损承包地等特殊情形对个别农户之间承包的耕地和草地需要适当调整的,经依法批准可以调整。法律之所要作出这样的制度设计,根本目的就在于稳定土地承包关系。农村实行家庭承包经营制度以来,党中央、国务院反复强调,要稳定农村土地承包关系,原因是在实践中出现了土地还在承包期内,发包方由于种种原因,通过行政手段强制性地调整土地的现象,这既破坏了农村土地承包秩序,也侵害了土地承包经营者的合法权益。

因自然灾害严重毁损承包地等特殊情形而调整承包地的条件包括:(1)特殊情形是指自然灾害严重毁损承包地,承包地被依法征用占用后,不要安置补助费,人口增减导致人地矛盾突出三种情况;(2)只限于个别农户之间进行调整;(3)调整只限于耕地和草地,不包括林地;(4)必须遵循法律规定的程序,即首先必须经本集体经济组织成员的村民会议三分之二以上成员或者三分之二以上村民代表的同意,然后报乡(镇)人民政府批准,再报县级人民政府农业等行政主管部门批准;(5)凡是承包合同中已经约定不得调整的,不能以其他任何理由调整承包地。

≫法条链接≫

《农村土地承包法》第二十七条:承包期内,发包方不得调整承包地。

承包期内,因自然灾害严重毁损承包地等特殊情形对个别农户之间承包的耕地和草地需要适当调整的,必须经本集体经济组织成员的村民会议三分之二以上成员或者三分之二以上村民代表的同意,并报乡(镇)人民政府和县级人民政府农业等行政主管部门批准。承包合同中约定不得调整的,按照其约定。

≫案例分析≫

案情回放: 李刚家南面有一块仓库大场,村里分田到户后,该场地一度闲置,后由黄海洋等五户村民占用种植蔬菜。李刚部分承包地被村里征用后,他就提出把这块大场补偿给他,遭到黄海洋等人的反对。2003年5月6日,村委会书面通知李刚被征用承包地的面积用补划的方式解决。5月27日,村委会召开村民组长代表、部分老党员会议,会议形成决议将仓库大场补偿给李刚。同日,刘集乡政府作出《关于调整李刚户承包地的批复》,同意村委会的调整方案。乡政府作出批复后,又组织村民去现场划地,但此时该场地已被黄海洋等五户种植了毛豆等农作物,划地遭到了阻挠。为此李刚提起诉讼,要求五被告停止侵害,排除妨碍。

法院判决: 法院审理后认为,原、被告争执的仓库大场场地属于村预留的机动地,五被告对该机动地均无权占用;原告在村委会征用、占用其承包地后,依法有权获得相应补偿,但原告所提供的调整土地手续不符合土地承包法的有关规定,且至今未得到县级政府农业等行政主管部门批准,应认定该调整还未生效,李刚尚未正式取得该地的承包经营权。因此,李刚的诉讼请求无法得到法院的支持,法院驳回了他的诉讼请求。

法理分析: 我国《农村土地承包法》明确规定,农村土地承包方案和调整承包地均必须经本集体经济组织成员的村民会议三分之二以上成员或三分之二以上村民代表同意。调整承包地需报镇人民政府和县级人民政府农业等行政主管部门批准。李刚的承包地调整方案既不能证明已经三分之二以上成员或村民代表同意,又没有主管部门的批准手续,败诉也就不足为怪了。

15. 男女是否享有平等的土地承包经营权?

按照《农村土地承包法》的规定,农村土地承包,妇女与男子享有平等的权利。承包中应当保护妇女的合法权益,任何组织和个人不得剥夺、侵害妇女应当享有的土地承包经营权。这种规定也是宪法规范在《农村土地承包法》中的具体体现。《宪法》明确规定妇女在政治的、经济的、文化的、社会的和家庭生活等各个方面享有同男子平等的权利。农村妇女在农村土地承包中的权利,主要体现在以下几个方面:

(1)作为农村集体经济组织的成员,妇女同男子一样有权承包本集体经济组织发包的土地。农村妇女从一出生时起,就是农村集体经济组织的成员。本集体经济组织在发包土地时,应当按照家庭人口数额,不论男女来确定承包土地的份额。既不能因为是妇女而不许其承包土地,也不能因为是妇女而不分配给其应有的承包地份额。

(2)妇女结婚的,其承包土地的权利受法律保护。在现实中,农村妇女结婚往往在男方家落户。在很多情况下,男方家属于另外一个农村集体经济组织。按照法律规定,如果该妇女在新居住地未获得承包土地,其从原集体经济组织获得的承包土地,发包方不得收回。

(3)在妇女离婚或者丧偶的情况下,仍在原居住地生活,或者不在原居住地生活但在新居住地未取得承包地的,原集体经济组织不得收回该妇女已经取得的原承包地。对非法剥夺、侵害农村妇女依法享有的土地承包经营权的,受侵害的妇女可以向发包方(如村集体经济组织、村委会或者村民小组)主张自己的权利。如果主张不被接受,还可以向农村土地承包仲裁机构申请仲裁,或接直接向人民法院起诉,要求侵权方承担停止侵害、恢复原状、排除妨害、赔偿损失等民事责任,以维护自己承包土地的合法权益。

≫法条链接≫

《农村土地承包法》第三十条:承包期内,妇女结婚,在新居住地未取得承包地的,发包方不得收回其原承包地;妇女离婚或者丧偶,仍在原居住地生活或者不在原居住地生活但在新居住地未取得承包地的,发包方不得收回其原承包地。

16. 农村土地承包应当坚持哪些原则?

按照《农村土地承包法》的规定,土地承包应当遵循的原则可以概括为:

(1)平等自愿原则。按照规定统一组织承包时,本集体经济组织成员依法平等地行使承包土地的权利,也可以自愿放弃承包土地的权利;

(2)公平原则。即在农村土地承包过程中,发包和承包双方应当公平约定权利义务。

(3)公开原则。承包方案应当按照本法第十二条的规定,依法经本集体经济组织成员的村民会议三分之二以上成员或者三分之二以上村民代表的同意;

(4)程序合法原则。即农村土地承包活动要按照法律规定的程序进行。

》**法条链接**》

《农村土地承包法》第七条:农村土地承包应当坚持公开、公平、公正的原则,正确处理国家、集体、个人三者的利益关系。

》**案例分析**》

案情回放:2002年12月末,双庙村委会召开二组村民代表会议,专门讨论该组果园发包一事。但会议未能就果园承包期限、竞标底价等问题达成一致意见,代表们也未在会议记录上签字。2003年1月初,村委会张贴招标广告,明示将二组果园发包,并确定发包底价及期限。1月8日村委会又召开二组村民会议,但发包方案未被村民通过。而村委会于1月19日与他人签定了4份承包合同,将果园全部发包。二组村民不服,集体向县法院提出起诉。

法院判决:县人民法院受理了双庙村二组全体村民状告村民委员会违法与他人签定果树承包合同一案。经过依法审理,村委会与他人签定的4份果树承包合同均被判无效。

法理分析:法院审理认为,村委会与他人签定果树承包合同,既未在村民代表会议上与村民代表形成一致意见,又未在全体村民村民集体会议上通过村委会公告的发包方案,因此,发包程序不符合法律规定。根据有关法律规定,判决该4份果园承包合同均无效。

17. 我国土地所有权是如何确定的?

根据《宪法》、《土地管理法》等法律规定,农村和城市郊区的土地,除由法律规定属于国家所有的以外,属于农民集体所有;宅基地和自留地、自留山,属于农民集体所有。农民集体所有有三种形式:一是村农民集体所有;二是村内两个以上农村集体经济组织所有;三是乡(镇)农民集体所有。对农民集体所有的土地,土地所有者或者发包者向土地所在地的县级人民政府土地行政主管部门提出土地登记申请,由县级人民政府登记,确定农民集体所有的土地的权属性质、面积、坐落,核发集体土地所有权证书,确认所有权。如有争议,可要求县级人民政府土地行政主管部门确认所有权,或者向人民法院提起确权之诉。

> **法条链接**

《宪法》第十条:城市的土地属于国家所有。

农村和城市郊区的土地,除由法律规定属于国家所有的以外,属于集体所有;宅基地和自留地、自留山,也属于集体所有。

《土地管理法》第八条:城市市区的土地属于国家所有。

农村和城市郊区的土地,除由法律规定属于国家所有的以外,属于农民集体所有;宅基地和自留地、自留山,属于农民集体所有。

18. 农村土地承包的管理机关是谁?

按照法律的规定,国务院农业、林业行政主管部门按照各自的管理职责分别对全国的农村土地承包实行宏观性、指导性的管理。在具体事项的管理上,县级以上地方人民政府农业、林业等行政主管部门分别依照各自职责,负责本行政区域内农村土地承包及承包合同管理。乡(镇)人民政府负责本行政区域内农村土地承包及承包合同管理。

> **法条链接**

《农村土地承包法》第十一条:国务院农业、林业行政主管部门分别依照国务院规定的职责负责全国农村土地承包及承包合同管理的指导。县级以上地方人民政府农业、林业等行政主管部门分别依照各自职责,负责本行政区域内农村土地承包及承包合同管理。乡(镇)人民政府负责本行政区域内农村土地承包及承包合同管理。

19. 《农村土地承包法》规定县级以上农业行政主管部门的职责有哪些?

按照《农村土地承包法》的规定,县级以上农业行政主管部门在农村土地承包中的职责是:(1)指导、监督农村土地承包的管理。就指导监督的内容而言,不仅要指导、监督家庭承包的管理,而且要指导、监督其他方式承包的管理;不仅要指导、监督流转的管理,而且要指导、监督调整、收回的管理;(2)指导、监督农村土地承包合同的签订和履行;(3)管理农村土地承包经营权证书。县级以上农业主管部门不仅要及时核发、变更、补发、收回家庭承包中的土地承包经营权证书,还要及时审核通过其他方式承包的承包人要求取得的土地承包经营权证书;(4)批准家庭承包土地个别农户间的调整;(5)调处和仲裁农村土地承包经营纠纷;(6)参与征用、占用农村承包土地的管理;(7)指导、监督土地补偿费的管理。

≫法条链接≫

《农村土地承包法》第十一条:……县级以上地方人民政府农业、林业等行政主管部门分别依照各自职责,负责本行政区域内农村土地承包及承包合同管理。

《农村土地承包法》第二十三条:县级以上地方人民政府应当向承包方颁发土地承包经营权证或者林权证等证书,并登记造册,确认土地承包经营权。

《农村土地承包法》第二十七条:……

承包期内,因自然灾害严重毁损承包地等特殊情形对个别农户之间承包的耕地和草地需要适当调整的,……并报乡(镇)人民政府和县级人民政府农业等行政主管部门批准。

《农村土地承包法》第六十条:承包方违法将承包地用于非农建设的,由县级以上地方人民政府有关行政主管部门依法予以处罚。……

20.《农村土地承包法》规定乡(镇)人民政府有哪些职责?

按照《农村土地承包法》的规定,乡镇人民政府在农村土地承包中的职责是:(1)指导、监督农村土地承包的管理。具体而言,不仅要指导、监督家庭承包的管理,而且要指导、监督其他方式承包的管理;不仅要指导、监督流转的管理,还要指导、监督调整、收回的管理;(2)指导、监督农村土地承包合同的签订和履行;(3)申领、分发农村土地承包经营权证书;(4)批准家庭承包土地个别农户间的调整;(5)批准其他承包方式将土地承包给村集体经济组织以外的单位和个人;(6)调处和仲裁农村土地承包经营纠纷;(7)参与征用、占用农村承包土地的管理;(8)指导、监督土地补偿费的管理。

>> **法条链接** >>

《农村土地承包法》第十一条：……乡(镇)人民政府负责本行政区域内农村土地承包及承包合同管理。

《农村土地承包法》第二十七条：……

承包期内，因自然灾害严重毁损承包地等特殊情形对个别农户之间承包的耕地和草地需要适当调整的，……并报乡(镇)人民政府和县级人民政府农业等行政主管部门批准。

《农村土地承包法》第五十一条：因土地承包经营发生纠纷的，双方当事人可以通过协商解决，也可以请求村民委员会、乡(镇)人民政府等调解解决。

《农村土地承包法》第四十八条：发包方将农村土地发包给本集体经济组织以外的单位或者个人承包，……并报乡(镇)人民政府批准。

21. 农村土地由谁负责进行发包？

按照《农村土地承包法》的规定，农民集体所有土地发包方的确定有三种情况：

(1)农民集体所有的土地，依法是属于村农民集体所有的，由村集体经济组织或者村民委员会发包。这里的"村"指行政村，即设立村民委员会的村，而不是指自然村。农民集体所有的土地，依法属于村农民集体所有是指属于行政村农民集体所有。

农民集体所有的土地，由村集体经济组织或者村民委员会发包。这样规定的原因在于我国实行农村土地承包经营制度以后，有些村没有集体经济组织，难以完成集体所有土地的发包工作，需要由作为村民自治组织的村民委员会来行使发包土地的职能。所以，如果该村有集体经济组织，就由集体经济组织发包；如果没有集体经济组织，则可以由村民委员会发包。

(2)已经分别属于村内两个以上农村集体经济组织的农民集体所有的，由村内各该农村集体经济组织或者村民小组发包。村民小组是指行政村内由村民组成的组织，它是村民自治共同体内部的一种组织形式，即八十年代早期的生产队。所谓"已经分别属于村内两个以上农村集体经济组织的农民集体所有的"土地，是指该土地原先分别属于两个以上的生产队，现在其土地仍然分别属于相当于原生产队的各该农村集体经济组织或者村民小组的农民集体所有。对于这种情况，由村内各该农村集体经济组织或者村民小组发包。

(3)村集体经济组织或者村民委员会发包的,不得改变村内各集体经济组织农民集体所有的土地的所有权。所谓"村内各集体经济组织农民集体所有的土地",指的是"已经分别属于村内两个以上农村集体经济组织的农民集体所有的"土地。按照谁所有、谁发包的原则,应当由村内各该农村集体经济组织或者村民小组发包。

≫**法条链接**≫

《农村土地承包法》第十二条:农民集体所有的土地依法属于村农民集体所有的,由村集体经济组织或者村民委员会发包;已经分别属于村内两个以上农村集体经济组织的农民集体所有的,由村内各该农村集体经济组织或者村民小组发包。村集体经济组织或者村民委员会发包的,不得改变村内各集体经济组织农民集体所有的土地的所有权。

国家所有依法由农民集体使用的农村土地,由使用该土地的农村集体经济组织、村民委员会或者村民小组发包。

22. 出嫁到外地的女子其承包的土地是否应当被收回?

按照《农村土地承包法》的规定,在承包有效期内,妇女结婚,不论户口是否迁移在新婚居住地未取得承包地的,原发包方不得收回其原承包地。因为农村妇女与男子享有平等的土地承包经营权,所以,在婚入地没有分得土地,婚出地不应该收回土地。如果婚入妇女在婚出地土地被收回,可以向婚入地申请土地。已婚妇女户口已迁入现居住地,现居住地有地源的,应予补地;在现居住地未取得承包地的,原居住地不得收回承包地,已收回的土地应当返回。

≫**法条链接**≫

《农村土地承包法》第三十条:承包期内,妇女结婚,在新居住地未取得承包地的,发包方不得收回其原承包地;妇女离婚或者丧偶,仍在原居住地生活或者不在原居住地生活但在新居住地未取得承包地的,发包方不得收回其原承包地。

≫**案例分析**≫

案情回放:某村李某夫妇与村委会签订土地承包合同,取得该村5分田的承包权。后其丈夫死亡,李某改嫁他村,村委会遂将其承包土地另行发包给同村村民黄某。李某知晓后,以承包未到期为由要求村委会继续履行合同,遭拒绝后向县法院起诉。

农村土地承包法律制度

法院判决：县法院经审理判决如下：村委会和黄某的土地承包合同是经过村委会的正当发包程序订立的，黄某是该村村民，具有承包资格，而且已对土地进行了实际耕作，故应确认其所取得的承包权合法有效，但鉴于原告的原承包合同尚未到期，且已对土地进行了实际投入，应予适当的补偿（赔偿原告所受损失）。

法理分析：本案中李某只能对与之缔约的村委会主张合同权利，只能起诉村委会。村委会实际上已单方违反和李某订立的承包合同，且黄某实际耕作该土地的事实即意味着村委会履行的是和黄某订立的承包合同，所以法院据此判决由黄某取得土地承包经营权，村委会对李某承担违约责任（赔偿其所受损失），在具体法律制度上是有依据的。

23. 如何保护外出务工农民的土地承包经营权？

按照《农村土地承包法》以及相关政策的规定，对外出农民回乡务农承包权仍受法律保护。乡村组织已经将外出农民的承包地发包给别的农户耕作的，如果是短期合同，应当将承包收益支付给拥有土地承包权的农户，合同到期后，将土地还给原承包农户耕作。如果是长期合同，可以修订合同，将承包地及时还给原承包农户；或者在协商一致的基础上，通过给予或提高原承包农户补偿的方式解决。对外出农户中少数没有参加二轮延包，现在返乡要求承包土地的，要区别不同情况，民主协商，妥善处理。如果该农户的户口仍在农村，原则上应同意继续参加土地承包，有条件的应在机动地中调剂解决，没有机动地的，可通过土地流转等办法解决。

≫法条链接≫

《农村土地承包法》第二十六条：承包期内，发包方不得收回承包地。

承包期内，承包方全家迁入小城镇落户的，应当按照承包方的意愿，保留其土地承包经营权或者允许其依法进行土地承包经营权流转。

承包期内，承包方全家迁入设区的市，转为非农业户口的，应当将承包的耕地和草地交回发包方。承包方不交回的，发包方可以收回承包的耕地和草地。……

≫案例分析≫

案例一

案情回放：村民王海洋与村集体经济组织签订了30年的承包合同，由于他多年在外地务工,种植承包地不太正常。在这种情下,村集体经济组织在未经王先生同意的情况下,将他的承包田擅自转包给了种粮大户马功山。这种做法合理吗?

法理分析:按照《农村土地承包法》的规定,在承包有效期内,未经承包人同意,村集体经济组织或者村民委员会无权将承包地转包为他人。承包方全家迁入小城镇落户的,只能按照承包方的意愿,保留其土地承包经营权或者允许其依法进行土地承包经营权流转。只有在承包有效期内承包方全家迁入设区的市,转为非农业户口的,村集体经济组织或者村民委员会才有权将承包的耕地和草地交回发包方;承包方不交回的,发包方可以收回承包的耕地和草地,并对其在承包地上的投入而提高土地生产能力的,给承包方相应的补偿。很显然,本案中村集体经济组织的做法是不合法的。

案例二

案情回放:农民俞某、屠某是同一村民组农民。俞某自农村实行家庭联产承包责任制时起,就从村集体获得一块1.1亩土地的承包经营权。1998年农村土地二轮承包时,俞某继续承包这块地,并获得了《农村集体土地承包经营权证书》,有效期为30年。2000年,俞某全家外出做生意,将这块承包地交给屠某夫妇代为耕种,并口头约定可随时收回。2005年,俞某回乡后向屠某夫妇索要这块耕地,但屠某夫妇认为自己耕种这块土地多年,土地承包关系早已发生改变,所以拒绝了俞某的要求。无奈之下,俞某将屠某夫妇告上法庭,要求他们立即退还耕地。

法院判决:法院审理后,依法支持了俞某的诉讼请求。

法理分析:《农村土地承包法》规定耕地的承包期限为30年,承包期内发包方不得收回或随意调整承包地。通过家庭承包取得的土地承包经营权可以采取转包、出租、互换、转让或者其他方式流转,流转的主体是承包方,承包方有权依法自主决定土地承包经营权是否流转和流转的方式。承包方如有稳定的非农职业或者有稳定的收入来源的,经发包方同意,可以将全部或者部分土地承包经营权转让给其他从事农业生产经营的农户(双方应签订书面合同),由该农户同发包方确立新的承包关系,原承包方与发包方在该土地上的承包关系即行终止。

本案中,俞某依法取得了争议土地的承包经营权,因生意繁忙无暇耕种而将承包地临时交给屠某夫妇代为耕种,原、被告之间土地承包经营权的流转属于临时代耕性质,而非经发包方同意后的正式转让,俞某仍是该块土地的承包方,被告屠某夫妇与发包方之间并没有形成新的承包关系。屠某夫妇虽因此取得了该块土地的耕种、收益的权利,但这种权利只是临时的,原告俞某可以随时收回。

24. 《农村土地承包法》对土地承包期限是如何规定的?

承包期限是指在农村土地承包经营权存续的期间,承包方享有土地承包经营权,依照法律的规定和合同的约定,行使权利,承担义务。承包期限是土地承包制度的一项重要内容,它关系到农民是否可以得到长期而有保障的土地使用权,关系到以家庭承包经营为基础、统分结合的双层经营体制的稳定和完善,关系到农业、农村经济发展和农村社会稳定。按照《农村土地承包法》的规定,耕地承包期为三十年。草地的承包期为三十年至五十年。林地的承包期为三十年至七十年;特殊林木的林地承包期,经国务院林业行政主管部门批准可以延长。

对于法律规定的理解需要注意两点:第一,本法规定的承包期限是法定期限。鉴于全国第二轮承包已结束,有的地方第二轮延包的年限比本法规定的承包期限长的实际情况,为了稳定既存的农村土地承包关系,防止因本法的实施引发重新承包土地,造成不必要的混乱,更好地维护承包方的合法权益,《农村土地承包法》第六十二条对这种情况做了较好的立法技术处理,即"本法实施前已经按照国家有关农村土地承包的规定承包,包括承包期限长于本法规定的,本法实施后继续有效,不得重新承包土地。"第二,上述规定是关于实行家庭承包方式的耕地、草地和林地的承包期限。对于采取其他方式承包的土地的承包期限,依照本法的规定,由当事人双方根据实际情况协商确定。例如,一般鱼塘的承包期为一至三年;对承包"四荒"进行治理开发的,国家有关政策规定承包期最长可以达到五十年。

≫法条链接≫

《农村土地承包法》第二十条:耕地的承包期为三十年。草地的承包期为三十年至五十年。林地的承包期为三十年至七十年;特殊林木的林地承包期,经国务院林业行政主管部门批准可以延长。

25. 农村土地承包合同应当约定哪些内容?

按照《农村土地承包法》的规定,承包合同一般包括以下条款:①发包方、承包方的名称,发包方负责人和承包方代表的姓名、住所;②承包土地的名称、坐落、面积、质量等级;③承包期限和起止日期;④承包土地的用途;⑤发包方和承包方的权利和义务;⑥违约责任。

按照《合同法》的一般原理和具体规定,合同成立并生效需要具备一定的条件,《农村土地承包法》规定承包合同自成立之日起生效。尽管《合同法》规定部分合同必须按照法律、行政法规规定办理批准、登记等手续,否则,不能生效。但土地承包经营权作为一种土地使用权,属于用益物权的一种,其设立以土地承包合同生效为前提。依照《农村土地承包法》的规定,承包合同的生效无须经过特别的批准、登记程序。虽然本法要求县级以上地方人民政府向承包方颁发有关权利证书,并登记造册,但这不是承包合同生效和土地承包经营权设立的前提条件。土地承包经营权自承包合同生效时取得,登记只是作为对承包经营权确认的程序。对此,需要正确理解。

≫法条链接≫

《农村土地承包法》第二十一条:发包方应当与承包方签订书面承包合同。

承包合同一般包括以下条款:

(一)发包方、承包方的名称,发包方负责人和承包方代表的姓名、住所;

(二)承包土地的名称、坐落、面积、质量等级;

(三)承包期限和起止日期;

(四)承包土地的用途;

(五)发包方和承包方的权利和义务;

(六)违约责任。

≫合同范本≫

农村土地承包合同

发包方:_____村民委员会(以下简称甲方)

承包方:_____(以下简称乙方)

为了落实联产承包责任制,充分调动农民的生产积极性,根据《中华人民共和国农村土地承包法》、《中华人民共和国土地管理法》、《中华人民共和国合同法》及相关法律、法规和政策规定,甲乙双方本着平等、自愿、有偿的原则,签订本合同,共同信守。

一、土地的面积、位置

甲方经村民会议同意并报乡人民政府批准,将位于_____乡_____村面积_____亩(具体面积、位置以合同附图为准)农用耕地承包给乙方使用。土地方位东起_____,西至_____,北至_____,南至_____。附图已经甲乙双方签字确认。

二、土地用途及承包形式

1.土地用途为农业科技园艺开发、推广、培训、服务及农业种植和养殖。

2.承包形式:个人承包经营。

三、土地的承包经营期限

该地承包经营期限为____年,自____年____月____日起至____年____月____日止。

四、地上物的处置

该地上有一口深水井,在合同有效期内,由乙方无偿使用并加以维护;待合同期满或解除时,按使用的实际状况与所承包的土地一并归还甲方。

五、承包金及交付方式

1.该土地的承包金为每亩每年人民币____元,承包金每年共计人民币____元。

2.每年____月____日前,乙方向甲方全额交纳本年度的承包金。

六、甲乙双方的权利和义务

(一)甲方的权利和义务

1.对土地开发利用进行监督,保证土地按照合同约定的用途合理利用。

2.按照合同约定收取承包金;在合同有效期内,甲方不得提高承包金。

3.保障乙方自主经营,不侵犯乙方的合法权益。

4.协助乙方进行农业高新技术的开发、宣传、褒奖、应用。

5.按照合同约定,保证水、电畅通,并无偿提供通往承包地的道路。

6.依法收取乙方电费。

7.为乙方提供必要的农业基础设施。

8.在合同履行期内,甲方不得重复发包该地块。

(二)乙方的权利和义务

1.按照合同约定的用途和期限,有权依法利用和经营所承包的土地。

2.享有承包土地上的收益权和按照合同约定兴建、购置财产的所有权。

3.享受国家规定的优惠政策。

4.享有对公共设施的使用权。

5.乙方可在承包的土地上建设与约定用途有关的生产、生活设施。

6. 乙方不得用取得承包经营权的土地抵偿债务。

7. 保护自然资源,搞好水土保持,合理利用土地。

七、合同的转包

1. 在本合同有效期内,乙方经过甲方同意,遵照自愿、互利的原则,可以将承包的土地全部或部分转包给第三方。

2. 转包时要签订转包合同,不得擅自改变原来承包合同的内容。

3. 本合同转包后,甲方与乙方之间仍应按原承包合同的约定行使权利和承担义务;乙方与第三方按转包合同的约定行使权利和承担义务。

八、合同的变更和解除

1. 本合同一经签订,即具有法律约束力,任何单位和个人不得随意变更或者解除。经甲乙双方协商一致签订书面协议方可变更或解除本合同。

2. 在合同履行期间,任何一方法定代表人或人员的变更,都不得因此而变更或解除本合同。

3. 本合同履行中,如因不可抗力致使本合同难以履行时,本合同可以变更或解除,双方互不承担责任。

4. 本合同履行期间,如遇国家建设征用该土地,甲方应支付乙方在承包土地上各种建筑设施的费用,并根据乙方承包经营的年限和开发利用的实际情况给予相应的补偿。

5. 如甲方重复发包该地块或擅自断电、断水、断路,致使乙方无法经营时,乙方有权解除本合同,其违约责任由甲方承担。

6. 本合同期满,如继续承包,乙方享有优先权,双方应于本合同期满前半年签订未来承包合同。

九、违约责任

1. 在合同履行期间,任何一方违反本合同的约定,视为违约,将依法承担法律责任。

2. 本合同转包后,因甲方的原因致使转包合同不能履行,给转包后的承包方造成损失的,甲方应承担相应的责任。

十、合同纠纷的解决办法

本合同履行中如发生纠纷,由争议双方协商解决;协商不成,双方同意向_____仲裁委员会申请仲裁。

十一、本合同经甲乙双方签章后生效。

十二、本合同未尽事宜,可由双方约定后作为补充协议,补充协议(经公证后)与本合同具有同等法律效力。

十三、本合同一式____份,甲乙双方各____份。

附 土地平面图

发包方:(盖章)_____

代表人:(签字)_____

承包方:(签字)_____

签约日期:____年____月____日

签约地点:_____

26. 农村土地承包中的发包方享有哪些权利?

按照《农村土地承包法》的规定,发包方享有的法定权利包括以下几方面:

(1)发包本集体所有的或者国家所有依法由本集体使用的农村土地的权利。这是发包方的发包权,也是享有其他权利的前提,发包方可以发包的土地有两类:一类是本集体所有的农村土地;另一类是国家所有依法由本集体使用的农村土地。对于第二类土地,发包人虽然不是所有人,但享有法律赋予的发包权。

(2)监督承包方依照承包合同约定的用途合理利用和保护土地的权利。土地是一种宝贵的自然资源,是人类生存和生活的基本生活资料,必须十分珍惜。随着我国人口的增长和经济的发展,有限的土地资源与无限的土地需求的矛盾日益突出。我国是一个人口众多的农业大国,耕地、林地和草地人均面积很少,必须合理利用和保护土地。因此,《农村土地承包法》规定发包人有权监督承包人依照承包合同约定的用途合理利用和保护土地。

(3)制止承包方损害承包地和农业资源的行为的权利。土地必须得到合理利用和保护,对损害土地和农业资源的行为必须予以制止。损害土地和农业资源的行为有许多表现,如在耕地上建房、挖土、挖沙、挖石、采矿,将耕地挖成鱼塘,毁坏森林、草原开垦耕地,将土地沙化、盐渍化,使水土流失和污染土地,围湖造田等。对于承包方的这些行为,发包方都有权制止。

(4)法律、行政法规规定的其他权利。即《农村土地承包法》以外的法律(例如《土地管理法》、《环境保护法》等)规定的相关内容。

》法条链接》

《农村土地承包法》第十三条:发包方享有下列权利:

(一)发包本集体所有的或者国家所有依法由本集体使用的农村土地;

(二)监督承包方依照承包合同约定的用途合理利用和保护土地;

(三)制止承包方损害承包地和农业资源的行为;

(四)法律、行政法规规定的其他权利。

27. 农村土地承包中的发包方应当承担哪些义务?

按照《农村土地承包法》的规定,农村土地承包中的发包方应当承担的义务包括以下几方面:

(1)维护承包方的土地承包经营权,不得非法变更、解除承包合同。国家实行农村土地承包经营制度,这是一项基本国策。任何组织和个人不得剥夺和非法限制农村集体经济组织成员承包土地的权利。农村集体组织成员依法享有的土地承包经营权是通过签订土地承包合同来体现的。因此,发包方有义务维护承包方的土地承包经营权,不得非法变更、解除承包合同。

(2)尊重承包方的生产经营自主权,不得干涉承包方依法进行正常的生产经营活动。生产经营自主权是承包方自主安排生产、自主经营决策的权利,是承包权的最重要的内容。发包方有义务尊重承包方的生产经营自主权,不得干涉承包方依法进行的正常的生产经营活动。由于发包方享有发包权,也有监督和制止承包方损害承包的土地和农业资源的权利,因此,发包方很容易干涉承包方的经营活动。现实中也经常出现发包方强迫承包土地的农民种植某种作物等情况,可见,规定发包方的这项义务是非常必要的。

(3)依照承包合同约定为承包方提供生产、技术、信息等服务。我国实行以家庭经营为基础、统分结合的双层经营体制,"统"的含义,就是要求集体经济组织要做好为农户提供生产、经营、技术等方面的统一服务。中央文件多次提出,要增强集体经济组织的实力,更好地为农户提供产前、产中、产后的服务。因此,发包方有义务帮助承包方搞好生产经营,提供生产、技术、信息服务。

(4)执行县、乡(镇)土地利用总体规划,组织本集体经济组织内的农业基础设施建设。土地利用总体规划是指在一定区域内,根据国家社会经济可持续发展的要求和当地自然、经济、社会条件,对土地的开发、利用、治理、保护在空间、时间上所作的总体安排。各级人民政府都有组织编制土地利用总体规划的职责。执行这一规划是发包方必须履行的法定义务。

(5)法律、法规规定的其他义务。即除《农村土地承包法》以外的有关农村集体经济组织对于土地以及其他相关方面的义务,例如《农业法》、《土地管理法》等法律法规规定的发包人应当承担的义务。

另外,《农村土地承包法》第三十条还规定了发包方应当履行的一项禁止性法律义务,即承包期内,妇女结婚,在新居住地未取得承包地的,发包方不得收回其原承包地;妇女离婚或者丧偶,仍在原居住地生活或者不在原居住地生活但在新居住地未取得承包地的,发包方不得收回其原承包地。

≫法条链接≫

《农村土地承包法》第十四条:发包方承担下列义务:

(一)维护承包方的土地承包经营权,不得非法变更、解除承包合同;

(二)尊重承包方的生产经营自主权,不得干涉承包方依法进行正常的生产经营活动;

(三)依照承包合同约定为承包方提供生产、技术、信息等服务;

(四)执行县、乡(镇)土地利用总体规划,组织本集体经济组织内的农业基础设施建设;

(五)法律、行政法规规定的其他义务。

《农村土地承包法》第三十条:承包期内,妇女结婚,在新居住地未取得承包地的,发包方不得收回其原承包地;妇女离婚或者丧偶,仍在原居住地生活或者不在原居住地生活但在新居住地未取得承包地的,发包方不得收回其原承包地。

≫案例分析≫

案例一

案情回放:2001年12月,村民李某与当时的村委会签订了一份土地承包合同。合同约定,村委会将村属的15亩承包地承包给李某经营,承包期限为30年。合同签订后,李某对所承包的土地进行了重新规划和整理,并在承包土地上投资近3000元新打了一眼深井。2002年10月,李某所在的村委会进行了换届选举。换届后的村委会以原村委会与李某所签订的土地承包合同没有召开村民大会,违反民主议定原则为由,将李某所承包的土地强行收回。李某将村委会告上法庭,要求确认合同有效,继续履行合同;如果确认合同无效,要求赔偿2万元经济损失。

法院判决:法院经审理认为,原告李某与原村委会之间签订的土地承包合同违反了民主议定原则,属于无效合同。原村委会在签订合同中存在明显过错,应当对因合同无效给原告李某造成的经济损失进行赔偿。但法院在判决中只对因合同无效给李某造成的直接损失作了认定,判决村委会赔偿李某整地和打井费用5000元,而对李某自行委托价格认证中心认证的不能继续履行合同后两年的土地可得利益损失13000元,以"属于期待利益,不是直接损失,且村委会有异议"为由,不予支持。

法理分析：农村土地承包合同与其他合同相比,具有长期性特点,一般为30年。这种土地承包合同签订后,承包人为顾及长远利益,其初始投入往往较大,承包人的期待利益也是巨大的。一旦合同被确认无效,法院若仅仅支持承包方直接损失,而不考虑其间接损失,势必会损害农民的切身利益。在本案例中,对李某自行委托认证机构作出的间接损失认定,如双方有异议,法院可委托有鉴定资格的认证机构予以重新认证,并在合理范围内,根据双方的过错责任判定分担,而不应以"属于期待利益"为由不予支持。只要承包方的间接损失是可以预见并能预期取得的利益,法院就应支持,这也符合合同法中有关损失的赔偿原则。

案例二

案情回放：老山村村民郭某于1999年6月与其所在村签订耕地承包合同,双方在合同中约定由郭某承包该村10亩耕地,承包期为10年,每年交承包费1 000元。2005年郭某去世,其妻贾某继续经营该片土地。2007年村委会以贾某为非承包人为由强行收回耕地。贾某迫于无奈,向法院提起诉讼。法院在审理中查明贾某自2005年至2007年未交承包费。

法院判决：人民法院受理此案后,经审理查明,1999年6月,郭某与其所在村签订了耕地承包合同后,郭某按照合同约定,在规定的10亩地上耕种,每年缴纳了承包费1000元,没有任何违反合同义务的行为。2005年郭某去世后,其妻贾某继续按合同进行耕种。2007年,村委会违反合同约定,以贾某为非承包人为由强行收回耕地。

受诉人民法院经审理认为：郭某与被告签订的耕地承包合同系双方当事人真实的意思表示,且不违反法律禁止性规定,依法成立,应予以保护。合同签订后,双方应严格按照约定履行合同。承包方郭某死亡后,依据《最高人民法院关于审理农业承包合同纠纷案件若干问题的规定》第二十四条的规定,承包人在承包期内因健康原因丧失承包能力或者死亡,继承人无力承包或者放弃继承,且又不进行转让、转包或入股,当事人可请求终止承包合同,人民法院应当允许。但原告在承包人郭某死亡之后,有能力承包并且按承包合同履行义务,所以,被告无权请求终止承包合同,更无权强行收回耕地。原告要求被告继续履行合同,并赔偿损失的理由正当,应予以支持。据此,法院判决如下:一、被告向原告返还土地,并赔偿损失3000元;二、原告有权继续承包,但应向被告支付2005年到2007年的承包费3000元。

法理分析:《农村土地承包法》第二十六条规定,承包期内,发包方不得收回耕地。该法第三十条规定,妇女丧偶后,仍在原居住地生活的,发包方不得收回其原承包地。可见,承包人在承包期内死亡,如其继承人有履行能力,可以继续承包。发包方不得以承包人死亡为由收回承包物。

本案中的郭某与其所在村签订的耕地承包合同期限为10年。在此期间,郭某死亡,作为其第一顺序的继承人,郭某之妻贾某依法享有继续承包的权利,村委会不能以其不是合同中的承包方为由强行收回土地。因此,村委会的做法是错误的,应向贾某返还土地,并赔偿贾某因此遭受的损失。但贾某作为后续承包人,应依约向村委会支付约定的承包费。

28. 农村土地承包中的承包方享有哪些权利?

按照《农村土地承包法》第十六条的规定,农村土地承包中的承包方享有的权利有:

(1)依法享有承包地使用、收益和土地承包经营权流转的权利,有权自主组织生产经营和处置产品;

(2)承包地被依法征用、占用的,有权依法获得相应的补偿;

(3)法律、行政法规规定的其他权利。

需要说明的是,上述权利只是法律规定的发包方必须予以保障的承包方的权利,不包括合同双方当事人约定的权利。

29. 农村土地承包中的承包方应当承担哪些义务?

按照《农村土地承包法》第十七条的规定,农村土地承包中的承包方应当承担的义务有:

(1)维持土地的农业用途,不得用于非农建设;

(2)依法保护和合理利用土地,不得给土地造成永久性损害;

(3)法律、行政法规规定的其他义务。

需要说明的是,上述义务只是法律规定的承包方必须履行的义务,不包括合同双方当事人约定的义务。

30. 《农村土地承包法》规定的保护土地承包经营权的内容有哪些？

按照《农村土地承包法》中不同法律条款的规定，保护土地承包经营权的内容可以归纳如下：

(1)承包期内，承包方全家迁入小城镇落户的，应当按照承包方的意愿，保留其土地承包经营权或者允许其依法进行土地承包经营权流转；承包期内，承包方全家迁入设区的市，转为非农业户口的，应当将承包的耕地和草地交回发包方。承包方不交回的，发包方可以收回承包的耕地和草地。承包方交回承包地或者发包方依法收回承包地时，承包方对其在承包地上投入而提高土地生产能力的，有权获得相应的补偿。

(2)妇女结婚，在新居住地未取得承包地的，发包方不得收回其原承包地，妇女离婚或者丧偶，仍在原居住地生活或者不在原居住地生活但在新居住地未取得承包地的，发包方不得收回其原承包地。

(3)国家机关及其工作人员利用职权干涉农村土地承包，变更、解除承包合同，干涉承包方依法享有的生产经营自主权，或者强迫、阻碍承包方进行土地承包经营权流转等，给承包方造成损失的，应当承担损害赔偿等责任；情节严重的，由上级机关或者所在单位给予直接责任人员行政处分；构成犯罪的，依法追究行为人的刑事责任。

≫案例分析≫

案情回放：2006年12月1日，原、被告双方签订了一份果园承包合同，承包合同约定承包费为1500元/年，但是，被告方每年只交付承包费1200元，对此，发包方也没提出任何质疑。在承包期限内，由于承包地的上游地区乔店水库放水频繁，所放的水库中的水从承包地周围流过，果树被大量涝死，虽然被告重新栽种果树，但补栽的果树还是没能成活。被告心急如焚，多方寻找原因，最终确定是地质条件的原因。于是，被告商定改种栗子树，并且改种的栗子树生长也很好。2007年3月济青高速公路莱城区段占了果园部分土地，部分果树被砍伐，果园内实际成才的果树棵数少于合同约定的棵数，但果园内所有果树的棵数多于合同约定的棵数。至于承包费，由于修建公路占了部分土地，被告向原告要求减少部分承包费。但是原告不但不同意，反而要求被告增加承包费。原告村内有人想承包该片果园进行改造养鱼，于是原告想与被告解除承包合同。为此，原被告双方发生争议。原告向法院起诉，诉讼请求有三项：一是请求解除承包合同；二是请求支付承包费并承担违约金14万元;三是诉讼费律师代理费由被告承担。

法院判决:对于违约金,在法庭调查时,原告被迫放弃;对于承包费法院判决维持合同约定的承包费数额;对于合同的解除,法院判决驳回原告的诉讼请求;原告的第三项诉讼请求也被驳回。

法理分析:根据《农村土地承包法》、《合同法》以及国务院关于土地承包的相关政策,被告的土地承包经营权应当依法受到保护。在本案中,果园承包合同不符合法定解除条件;在承包费问题上,果园承包费应该为一直实际交付的每年1200元,理由是:虽然合同约定每年的承包费是每年1500元,但是,被告每年交付和原告实际接受的是1200元,合同的实际履行变更了合同的约定。对此,法院的判决并非正确。

31. 农村土地承包经营权能否有偿流转?

按照《农村土地承包法》的规定,通过家庭承包取得的土地承包经营权可以依法采取转包、出租、互换、转让或者其他方式流转。农村土地承包经营权是村民对农民集体所有的土地或者国家所有由农民集体长期使用的土地的使用权,享有占有土地自己使用、收益和在一定范围内处分经营的权利。作为一种物权,根据物权原理,农村土地承包经营权具有流转性。以家庭承包经营为基础、统分结合的双层经营体制,是我国农村土地的基本经营制度。在稳定家庭承包经营的基础上,允许土地承包经营权的合理流转,是农业发展的客观要求。土地承包经营权流转是农村经济发展、农村劳动力转移的必然结果。因此,《农村土地承包法》规定了转包、出租、互换、转让等几种土地承包经营权流转方式。

》法条链接》

《农村土地承包法》第三十二条:通过家庭承包取得的土地承包经营权可以依法采取转包、出租、互换、转让或者其他方式流转。

》案例分析》

案情回放:李四承包了村里的一块低洼地。村委会为鼓励多种经营,发展渔副业生产,向李四做思想工作,让李四将土地转包给刘三用做鱼塘养殖,并在其所在地的公证处进行了公证。租期为8年,期满后刘三归还鱼塘,如果续包,则需另签合同。期满后,刘三拒绝归还鱼塘,李四多次索要无果。第二年,该村集体组织在未经李四同意的情况下,又与刘三就该鱼塘签订了承包协议并发放了《土地承包经营权》证书。李四、刘三与集体组织之间遂发生了纠纷。

法理分析：李四与村委会签订的合同是有效的土地承包合同,李四是该土地合法的承包人。而李四与刘三签订的是普通的土地转包合同,刘三不履行合同约定,李四可以向人民法院起诉,要求法院强制刘三履行合同。至于此后刘三和村委会签订的承包协议,属于无效合同。村委会擅自收回土地,属于侵害李四合法权益的行为,应属于无效行为。李四可以通过起诉刘三履行合同来维护合法权益,也可以就村委会的侵权责任,向法院提出诉讼请求。

按照《农村土地承包法》的规定,通过家庭承包取得的土地承包经营权可以依法采取转包、出租、互换、转让或者其他方式流转。承包方可以自主决定采取转包、出租、互换、转让或者其他方式进行流转。土地承包经营权流转应当遵循平等协商、自愿、有偿等原则。

32. 什么是农村土地承包经营权的转包、出租、互换、转让？

转包是在不变更原承包人与承包合同的基础上,承包人把自己承包的土地再承包给第三方。转包主要发生在农村集体经济组织内部的农户之间。转包人是享有土地承包经营权的农户,受转包人是承受土地承包经营权转包的农户。转包人对土地承包经营权的产权不变。受转包人享有土地实际承包经营的权利,获取承包土地的收益,并向转包人支付转包费。转包无需经发包人的许可,但转包合同需向发包人备案。

出租主要是农户将土地承包经营权租赁给本集体经济组织以外的人。出租人是享有土地承包经营权的农户,承租人是承租土地承包经营权的外村人。出租是一种外部的民事合同。承租人通过租赁合同取得土地承包经营权的承租权,并向出租的农户支付租金。农民出租土地承包经营权无需经发包人的许可,但出租合同需向发包人备案。

互换是农村集体经济组织内部的农户之间为方便耕种和各自需要,对各自的土地承包经营权的交换。互换是一种互换合同行为,互换后双方均取得对方的土地承包经营权,丧失自己的原土地承包经营权。双方农户达成互换合同后,还应与发包人变更原土地承包合同。

转让是农户将土地承包经营权移转给他人。转让将使农户丧失对承包土地的使用权,因此,对转让必须严格限制。在承包方有稳定的非农职业或者有稳定的收入来源时,即可转让土地承包经营权。转让土地承包经营权的基础是农民有了切实的生活保障,否则,不应转让土地承包经营权。倘若没有可靠的生活来源,一旦遇到风险,失去赖以生存的土地承包经营权的农民将可能流离失所,成为社会不稳定的因素。转让的对象应当限于从事农业生产经营的农户。具备转让条件的农户将土地承包经营权转让给其他农户,应当经发包方同意,并与发包方变更原土地承包合同。

≫法条链接≫

《农村土地承包法》第三十四条:土地承包经营权流转的主体是承包方。承包方有权依法自主决定土地承包经营权是否流转和流转的方式。

《农村土地承包法》第三十八条:土地承包经营权采取互换、转让方式流转,当事人要求登记的,应当向县级以上地方人民政府申请登记。未经登记,不得对抗善意第三人。

《农村土地承包法》第三十九条:承包方可以在一定期限内将部分或者全部土地承包经营权转包或者出租给第三方,承包方与发包方的承包关系不变。

承包方将土地交由他人代耕不超过一年的,可以不签订书面合同。

《农村土地承包法》第四十条:承包方之间为方便耕种或者各自需要,可以对属于同一集体经济组织的土地的土地承包经营权进行互换。

《农村土地承包法》第四十一条:承包方有稳定的非农职业或者有稳定的收入来源的,经发包方同意,可以将全部或者部分土地承包经营权转让给其他从事农业生产经营的农户,由该农户同发包方确立新的承包关系,原承包方与发包方在该土地上的承包关系即行终止。

33. 农村土地承包经营权流转应遵循哪些原则?

按照《农村土地承包法》的规定,土地承包经营权流转应遵循以下原则:

(1)平等协商、自愿、有偿原则。平等是指土地承包经营权流转的双方当事人的法律地位平等。双方平等的法律地位是土地承包经营权民事流转的基础。自愿是指土地承包经营权的流转必须出于双方当事人的完全自愿,流转方不得强迫受流转方接受土地承包经营权流转,受流转方也不得强迫流转方将土地承包经营权流转。有偿是指土地承包经营权的流转应是等价有偿的,以体现公平原则的要求。有偿原则并不排斥土地承包经营权在某些时候的无偿流转。土地承包经营权流转的具体事宜应当由双方当事人协商,任何组织和个人不得强迫或者阻碍土地承包经营权的流转。

(2)不改变土地所有权的性质和土地的农业用途的原则。土地承包经营权流转,不得改变土地所有权的性质,也不得改变土地的农业用途。

(3)流转的期限不得超过承包期剩余年限的原则。土地承包经营权流转是有期限的,该期限不得超过土地承包经营权的剩余期限。例如,土地承包经营权的期限为30年,承包人已使用了20年,则该土地承包经营流转的期限不得超过10年。

(4)受让方须有农业生产经营能力的原则。受让方应当具有农业生产的能力,这是对受让方主体资格的基本要求。倘若其不能从事农业生产,就不能承受土地承包经营权的流转。

(5)本集体经济组织成员优先的原则。在土地承包经营权流转中,本集体经济组织的成员享有优先权,在同等条件下,较本集体经济组织以外的人,可以优先取得流转的土地承包经营权。

≫法条链接≫

《农村土地承包法》第三十三条:土地承包经营权流转应当遵循以下原则:

(一)平等协商、自愿、有偿,任何组织和个人不得强迫或者阻碍承包方进行土地承包经营权流转;

(二)不得改变土地所有权的性质和土地的农业用途;

(三)流转的期限不得超过承包期的剩余期限;

(四)受让方须有农业经营能力;

(五)同等条件下,本集体经济组织成员享有优先权。

34. 法律对农村土地承包经营权的流转有哪些保护性规定?

按照《农村土地承包法》第三十三条至第四十二条的规定,法律对土地承包经营权流转的保护性规定有:

(1)在承包期内,村集体经济组织既无权单方面解除土地承包合同,也不能用少数服从多数的办法强迫农户放弃承包权或改变承包合同,不准强行收回农户的承包地搞招标承包,不准将农户的承包地收回抵顶欠款。

(2)不准借土地流转改变土地所有权和土地的农业用途。

(3)土地承包经营权流转的转包费、租金、转让费等,应当由当事人双方协商确定。流转的收益归承包方所有,任何组织和个人不得擅自截留、扣缴。

(4)承包方可以在一定期限内将部分或者全部土地承包经营权转包或者出租给第三方,承包方与发包方的承包关系不变。承包方将土地交由他人代耕不超过一年的,可以不签订书面合同。

(5)承包方之间为方便耕种或者各自需要,可以对属于同一集体经济组织的土地承包经营权进行互换。

(6)承包方有稳定的非农职业或者有稳定的收入来源的,经发包方同意,可以将全部或者部分土地承包经营权转让给其他从事农业生产经营的农户,由该农户同发包方确立新的承包关系,原承包方与发包方在该土地上的承包关系即行终止。

(7)承包方之间为发展农业经济,可以自愿联合将土地承包经营权入股,从事农业合作生产。

35. 农村土地承包经营权流转应办理哪些手续?

按照《农村土地承包法》的规定,土地承包经营权流转应办理以下手续:土地承包经营权采取转包、出租、互换、转让或者其他方式流转,当事人双方应当签订书面合同。采取转让方式流转的,应当经发包方同意;采取转包、出租、互换或者其他方式流转的,应当报发包方备案。当事人要求登记的,应当向县级以上地方人民政府申请登记。未经登记的,不得对抗善意第三人。

》**法条链接**》

《农村土地承包法》第三十七条:土地承包经营权采取转包、出租、互换、转让或者其他方式流转,当事人双方应当签订书面合同。采取转让方式流转的,应当经发包方同意;采取转包、出租、互换或者其他方式流转的,应当报发包方备案。……

36. 农村土地承包经营权流转合同一般应包括哪些条款?

按照《农村土地承包法》的规定,当事人之间签订的土地承包经营权流转合同一般包括以下条款:①双方当事人的姓名、住所;②流转土地的名称、坐落、面积、质量等级;③流转的期限和起止日期;④流转土地的用途;⑤双方当事人的权利和义务;⑥流转价款及支付方式;⑦违约责任。

为了有效保护合同当事人的权益,土地承包经营权流转合同应当采用书面形式签订,以明确双方的权利义务和责任。当事人没有采用书面形式签订合同的,如果承包经营权已实际流转,仍可认定土地承包经营权流转合同成立。

书面形式的土地承包经营权流转合同除需经流转双方当事人签字外,对于采取转让方式流转的,该转让合同应当经发包方同意。发包方不同意的,土地承包经营权转让合同不成立。采取转包、出租、互换方式或者其他方式流转的,应当将此类流转合同报发包方备案。不论发包方是否同意,都不影响该流转合同的成立。

>> **法条链接** >>

《农村土地承包法》第三十七条:……土地承包经营权流转合同应一般包括以下条款:

(一)双方当事人的姓名、住所;

(二)流转土地的名称、坐落、面积、质量等级;

(三)流转的期限和起止日期;

(四)流转土地的用途;

(五)双方当事人的权利义务;

(六)流转价款及支付方式;

(七)违约责任。

37. 农村土地承包经营权流转是否需要登记?

土地承包经营权的流转登记是指流转土地承包经营权的当事人向国家有关登记部门申请将土地承包经营权互换、转让的事项记载于不动产登记簿上。登记的主要目的在于将土地承包经营权变动的事实予以公示,使他人明确土地承包经营权的权利人。

按照《农村土地承包法》的规定,土地承包经营权采取互换、转让方式流转,当事人要求登记的,应当向县级以上地方人民政府申请登记。未经登记的,不得对抗善意第三人。也就是说,当事人签订土地承包经营权的互换、转让合同,并经发包方备案或者同意后,该合同即发生法律效力。不强制当事人登记。法律将登记的决定权交给当事人,当事人要求登记的,可以登记。未经登记的,不能对抗善意第三人。也就是说,不登记将产生不利于土地承包经营权受让人的法律后果。比如承包户甲将某块土地的承包经营权转让给乙,但没有办理转让登记。之后,甲又将同一块地的承包经营权转让给丙,同时办理了权利变更登记。当乙与丙就该块土地的承包经营权发生纠纷时,由于丙取得土地承包经营权进行了登记,他的权利将受到保护,乙则不能取得该地块的土地承包经营权。

对土地使用权流转进行登记的机关与核发土地使用权证书的机关是同一的。申请进行土地使用权流转登记,应当提交土地变更登记申请书及相关资料,内容包括:转让人与受让人的姓名、住所,土地坐落、面积、用途,土地承包合同、土地使用权转让或者互换合同、土地承包经营权证书,以及登记部门要求提供的其他文件。登记部门收到土地使用权变更登记的申请及上述文件后,经调查、审核,对于符合变更登记规定的,报人民政府批准后,变更注册登记,更换或者更改土地承包经营权证书。

《农村土地承包法》规定了转包、出租、互换、转让四种土地承包经营权流转方式,但规定流转登记的仅为互换与转让两种形式,原因在于互换与转让是将土地承包经营权换由他人或者转让给他人行使,承包经营权的主体发生了变更;而转包和出租的承包关系不变,承包方仍享有原来的承包经营权。由于登记的主要目的是向社会公示权利主体的变化,以保护善意第三人,因转包和出租不发生权利主体的更迭,所以,法律没有必要规定对转包和出租进行登记。

≫**法条链接**≫

《农村土地承包法》第三十八条:土地承包经营权采取互换、转让方式流转,当事人要求登记的,应当向县级以上地方人民政府申请登记。未经登记,不得对抗善意第三人。

38. 承包土地的转包和出租是否影响承包方与发包方的承包关系?

转包是指承包方把自己承包期内承包的土地,在一定期限内全部或者部分转交给本集体经济组织内部的其他农户耕种。出租是指承包方作为出租方,将自己承包期内承包的土地,在一定期限内全部或者部分租赁给本集体经济组织以外的单位或者个人,并收取租金的行为。虽然转包和出租后土地不再由原承包方耕种,但土地承包经营权的主体并没有发生变化,承包关系也并不是发包方与接包方或者承租方之间的关系,而仍然是原承包方与发包方的关系。如果出现承包的土地被用于非农建设,或者对承包的土地造成永久性损害的情况,以及其他违反法律、行政法规或者承包合同的行为,即使是由接包方或者承租方的原因引起的,原承包方也要承担责任。反之,如果发包方有干涉正常的生产经营活动,或者不依照承包合同约定提供生产、技术、信息服务等行为,即使损害的是接包方或者承租人的利益,发包方也应向原承包方承担法律责任。

为了有效地避免土地转包和出租可能带来的民事纠纷,规范双方当事人的行为,我们主张在转包和出租土地时,承包方应当与接包方或者承租人签订转包或者租赁合同,在该合同中落实发包方与承包方土地承包合同的具体内容,明确双方的权利和义务。

≫法条链接≫

《农村土地承包法》第三十九条:承包方可以在一定期限内将部分或者全部土地承包经营权转包或者出租给第三方,承包方与发包方的承包关系不变。

承包方将土地交由他人代耕不超过一年的,可以不签订书面合同。

≫合同范本≫

农村土地承包经营权转包(出租)合同

转包(出租)方(以下简称甲方):＿＿＿＿＿＿

接包(承租)方(以下简称乙方):＿＿＿＿＿＿

甲乙双方根据《中华人民共和国农村土地承包法》等有关法律、法规和国家政策的规定,本着平等协商、自愿、有偿的原则,就土地承包经营权转包(出租)事宜协商一致,订立本合同。

一、转包(出租)面积

甲方将其承包经营的＿＿＿＿乡(镇)＿＿＿＿村＿＿＿＿组＿＿＿＿亩土地(地名、面积、等级、四至、土地用途附后)转包(出租)给乙方从事＿＿＿＿＿＿(主营项目)生产经营。

二、转包(出租)期限

转包(出租)期限为＿＿＿＿年,即自＿＿年＿＿月＿＿日起至＿＿年＿＿月＿＿日止。

三、转包(出租)价款

转包(出租)土地的转包金(租金)为每年＿＿＿＿元人民币(其中包括/不包括依法向国家和集体缴纳的税费等)。

四、支付方式和时间

乙方可以采取下列第＿＿＿＿＿＿种方式和时间支付转包金(租金)。

1.现金(一次或分次)支付转包金(租金)的方式,支付时间为_____。

2.实物(一次或分次)支付转包金(租金)的方式,实物为:_____,支付时间为_____。

五、交付时间和方式

甲方应于____年____月____日前将转包(出租)土地____或一次性全部交付乙方。

六、权利和义务的特别约定

1.甲方与发包方的承包合同仍然有效。甲方作为承包方应履行的义务仍应由甲方承担。但如因乙方不向甲方履行转包(出租)合同义务而造成甲方不能履约时,乙方应与甲方一起承担连带违约责任。

2.甲方有权监督乙方经营土地的情况,并要求乙方按约履行合同义务。

3.甲方有权在转包(出租)期满后收回土地承包经营权。

4.转包(出租)期限内遇自然灾害,上级给予甲方核减或免除相关土地上的税费义务和核发的救灾款,甲方应及时如数转给乙方。如需甲方办理手续的,甲方应负责及时办理。双方另有约定的除外。

5.乙方有权要求甲方按合同的约定交付转包(出租)土地承包经营权并要求甲方全面履行合同义务。

6.乙方获得土地承包经营权后,依法享有该土地的使用权、收益权、自主组织生产经营和产品处置权。

7.乙方不得改变转包(租用)土地的农业用途,不得用于非农建设。

8.乙方依法保护和合理利用土地,增加投入以保持土地肥力,不得从事掠夺性经营,不得给土地造成永久性损害。

七、合同的变更或解除

在本合同有效期内,遇下列情况之一者,可以变更或解除合同:

1.国家、集体建设需要依法征用、使用转包(出租)土地的,应服从国家或集体需要。

2.乙方在转包(出租)期限内将转包(出租)合同约定其享有的部分或全部权利转让给第三者时,需经甲方和发包方同意,并签订书面补充协议。

3.甲乙双方中任何一方要求变更或解除合同的,须提前____个月通知另一方,并征得另一方的同意。

4.乙方在转包(出租)期间,若遇不可抗拒的自然灾害造成土地被毁而无法复耕的,可解除或变更合同。

八、违约责任

1. 任何一方当事人违约,应向守约方支付违约金。违约金的数额为_____。

2. 因一方违约造成对方遭受经济损失的,违约方应赔偿对方相应的经济损失。具体赔偿数额依实际损失情况由双方协商或由农村土地承包仲裁机构裁定或法院判决。

九、争议条款

因本合同的订立、生效、履行、变更或解除等发生争议时,甲乙双方应协商解决,协商不成的按下列第_____种方式解决:

1. 提请村民委员会、乡(镇)人民政府、农村土地承包管理机关调解;
2. 提请_____仲裁委员会仲裁;
3. 向有管辖权的人民法院提起诉讼。

十、生效条件

甲乙双方约定,本合同须经双方签字并经_____乡(镇)政府农村经营管理机构备案(或鉴证)后生效。

十一、其他条款

1. 本合同中未尽事宜,可经甲乙双方共同协商一致后签订补充协议。补充协议与本合同具有同等效力。

2. 本合同一式四份,甲、乙双方各执一份,发包方和鉴证、备案单位各执一份。

甲方代表人(签章):_____　　　乙方代表人(签章):_____
身份证号:_____　　　　　　　身份证号:_____
住址:_____　　　　　　　　　住址:_____
___年___月___日　　　　　　　___年___月___日
签订地点:_____　　　　　　　签订地点:_____
鉴证单位(签章):_____

39. 法律对土地承包经营权互换是如何规定的?如何签订互换合同?

互换土地承包经营权是农户在自愿的基础上,在同一集体经济组织内部,对彼此享有的承包经营权进行的交换。权利交换后,原有的发包方与承包方的关系,变为发包方与互换后的承包方的关系,双方的权利和义务同时作出相应的调整。该种交换改变了原有的权利分配关系,涉及承包义务的履行,因此,互换应当报发包方备案。由于土地承包经营权互换通常都是对等的,也未剥夺互换双方的土地承包经营权,因此,只要不违反法律,不侵害他人的合法权益,发包方就不应干涉。对此,《农村土地承包法》规定,承包方之间为方便耕种或者各自需要,可以对属于同一集体经济组织的土地承包经营权进行互换。

在土地承包经营权互换时,应当注意两个问题:第一,土地承包经营权互换只是土地承包经营权人的改变,不是土地用途及承包义务的改变,互换后的土地承包经营权人仍然要按照发包时确定的该土地的用途使用土地,履行该地块原来确定的义务。例如,发包时合同就已确定承包地用于种植粮食作物,承包经营权互换后不能用于开发林地;第二,家庭承包的土地涉及不同集体经济组织的土地权属问题,承包方不能与其他集体经济组织的农户互换土地承包经营权。

≫法条链接≫

《农村土地承包法》第四十条:承包方之间为方便耕种或者各自需要,可以对属于同一集体经济组织的土地承包经营权进行互换。

≫合同范本≫

农村土地承包经营权互换合同

甲方(单位或个人名称):_____

乙方(单位或个人名称):_____

因_____需要,甲、乙双方协商,依据农村土地承包合同和《农村土地承包经营权证书》所取得的土地承包经营权,就互换及相关事宜达成如下协议:

一、互换标的

1.甲方调换给乙方的地块

甲方调换给乙方的地块面积为_____亩,坐落于_____(地名、面积、等级、四至、土地用途附后)。

2.乙方调换给甲方的地块

乙方调换给甲方的地块面积为_____亩,坐落于_____(地名、面积、等级、四至、土地用途附后)。

二、互换土地期限

甲乙双方互换地块的经营期限为____年,自____年____月____日起至____

____年____月____日止。

三、互换双方权利义务关系

土地承包经营权的互换不改变土地的用途及承包义务。土地互换后,互换双方均取得对方的互换地块的承包经营权,丧失自己原有的地块的承包经营权。甲乙双方仍然要按照发包时确定的该土地的用途使用土地、履行该地块原来确定的义务,双方享有互换前原承包合同规定的权利。如在互换过程中发生经济补偿事项的,可在本合同中明确约定。

土地互换后,甲乙双方应变更土地承包经营权证书登记,并与发包方签订新的土地承包经营合同。

四、交付方式和时间

互换土地的交付方式为_____或实地一次性全部交付。交付的时间为____年____月____日。

五、违约责任

1. 甲乙双方在合同生效后应本着诚信的原则严格履行合同义务。如一方当事人违约,应向守约一方支付违约金。违约金的数额为_____。

2. 如果违约金尚不足以弥补守约方经济损失时,违约方应在违约金之外增加支付赔偿金。赔偿金的数额依具体损失情况,由甲、乙双方协商,或由农村土地承包纠纷仲裁机构裁定,也可由人民法院判决。

六、争议条款

因本合同的订立、生效、履行、变更或解除等发生争议时,甲乙双方应协商解决,协商不成的按下列第_____种方式解决:

1. 提请村民委员会、乡(镇)人民政府、农村土地承包管理机关调解;

2. 提请_____仲裁委员会仲裁;

3. 向有管辖权的人民法院提起诉讼。

七、生效条款

甲乙双方约定,本合同须经双方签字并经_____乡(镇)政府农村经营管理机构备案(或鉴证)后生效。

八、其他条款

1. 本合同中未尽事宜,可经甲乙双方共同协商一致后签订补充协议。补充协议与本合同具有同等效力。

2. 本合同一式四份,甲、乙双方各执一份,发包方和鉴证、备案单位各执一份。

甲方：_____　　乙方：_____

法定代表人：_____　　法定代表人：_____

住址：_____　　住址：_____

签约日期：____年____月____日____

鉴证单位(签章)：

鉴证人：_____

鉴证日期：____年____月____日

40. 法律对土地承包经营权转让是如何规定的？如何签订转让合同？

土地承包经营权转让不同于转包、出租和互换。就转包和出租而言，转包方和出租方与原发包方的承包关系没有发生变化，转包方与出租方也不失去土地承包经营权。就互换土地承包经营权而言，承包方与发包方的关系虽有变化，但互换土地承包经营权的双方只不过是对土地承包经营权进行了置换，并未丧失该权利。而转让土地承包经营权，承包方与发包方的土地承包关系即行终止，转让方也不再享有土地承包经营权。

按照《农村土地承包法》规定，承包方有稳定的非农职业或者有稳定的收入来源的，经发包方同意，可以将全部或者部分土地承包经营权转让给其他从事农业生产经营的农户，由该农户同发包方确立新的承包关系，原来承包方与发包方在该土地上的承包关系即行终止。根据法律的规定和立法精神，转让农村土地承包经营权应当符合以下条件：

(1)转让方有稳定的非农职业或者有稳定的收入来源。从立法精神上看，法律之所以规定土地承包经营权，其目的就是要保障农民最基本的生活，所以，承包土地的农民只有当可以完全不依靠土地生活的时候，才能够进行转让。对于"稳定的非农职业或者有稳定的收入来源"的理解，可在实践中具体对待，例如，进城独立创业并成为企业家；户口已转为城镇户口；因年老进城由非农业户口的子女赡养等。

(2)经发包方同意。规定这一法律条件的原因在于：第一，转让土地承包经营权，使得原有的承包关系终止，发包方与受让方要确定新的承包关系；特别是将土地承包经营权向本集体组织之外的农户转让，发包方与承包方的关系也不再是集体经济组织与其成员的内部关系，受让方是否符合法律规定的主体资格，是否具有承包经营的能力,直接关系承包义务的履行。第二,转让土地承包经营权,将使承包人失去土地,即失去在农村的生活保障,如果由承包方随意转让土地,就有可能将保障承包人生活的义务不自觉地转移给集体经济组织,这样容易引发农村社会矛盾。所以,法律规定转让土地承包经营权,经发包方同意才能进行。

(3)受让方应当是从事农业生产经营的农户。具体而言,第一,受让方必须从事农业生产。从事工业、商业、服务业生产经营的人不得成为土地承包经营权的受让方;第二,受让方是农户。投资开发农业的工商企业、城镇居民、外商不能成为受让方。要求受让人是从事农业生产经营的农户,可以保证土地的农业生产用途,满足其他农户对土地这一生产资料的需求。

另外,在转让的程度或范围上,承包人转让的土地承包经营权,可以是全部,也可以是部分。对于已经转让的,不论是全部转让,还是部分转让,受让方都应与发包人确立新的承包关系。对于未转让的部分,原承包人与发包人应重新确立承包关系,变更原有的承包合同。

≫法条链接≫

《农村土地承包法》第四十一条:承包方有稳定的非农职业或者有稳定的收入来源的,经发包方同意,可以将全部或者部分土地承包经营权转让给其他从事农业生产经营的农户,由该农户同发包方确立新的承包关系,原来承包方与发包方在该土地上的承包关系即行终止。

≫合同范本≫

农村土地承包经营权转让合同

转让方(以下简称甲方):＿＿＿＿＿＿＿

受让方(以下简称乙方):＿＿＿＿＿＿＿

甲乙双方依据《中华人民共和国农村土地承包法》等有关法律、法规和国家有关政策的规定,本着平等、自愿、有偿的原则,就土地承包经营权转让事宜协商一致,订立本合同。

一、转让标的

甲方将其承包经营的＿＿＿＿＿＿乡(镇)＿＿＿＿＿村＿＿＿＿＿组＿＿＿＿＿亩土地(地块名称、等级、四至、土地用途附后)的承包经营权转让给乙方从事(主营项目)＿＿＿＿＿＿生产经营。

二、转让期限

转让的土地承包经营权年限为____年,即自____年____月____日起至____年____月____日止。

三、转让价格

转让的土地承包经营权的转让金为_____元人民币。甲方承包经营相关地块时对该地块实际投入资金和人力改造的,可收取合理的补偿金。本合同的补偿金为_____元(没有补偿金时可填写为零元)。总金额为_____元人民币。

四、支付方式和时间

乙方采取下列第_____种方式和时间支付转让金和补偿金:

1. 现金方式(一次或分次)支付转让金和补偿金(无补偿金时可划去),支付的时间为_____;

2. 实物方式(一次或分次)支付转让金和补偿金(无补偿金时可划去),实物为_____(具体内容见附件),时间为_____。

五、土地承包经营权的交付时间和方式

甲方应于____年____月____日前将转让承包经营权的土地交付乙方。交付方式为_____或实地一次性全部交付。

六、承包经营权转让和使用的特别约定

1. 转让土地承包经营权必须经发包方同意,并由甲方办理有关手续,在合同生效后,甲方终止与发包方的承包关系。

2. 甲方交付的承包经营土地必须符合双方约定的标准。

3. 乙方必须在与发包方确立新的承包关系,变更土地经营权证书,签订新的土地承包经营合同后,才能获得土地承包经营权。

4. 乙方获得土地承包经营权后,依法享有该土地的使用、收益、自主组织生产经营和产品处置权。

5. 乙方必须按土地亩数承担相关税费和国家政策规定的其他义务。

6. 乙方必须依法保护和合理利用土地,不得掠夺性经营,不得给土地造成永久性损害,并负责保护好承包土地上的林木、排灌设施等国家和集体财产。

7. 乙方不得改变土地的农业用途,不得用于非农建设。

8. 其他约定。

七、违约责任

1. 甲乙双方在合同生效后应本着诚信的原则严格履行合同义务。如一方当事人违约,应向守约一方支付违约金,违约金的数额为_____。

2. 如果违约金尚不足以弥补守约方经济损失时,违约方应在违约金之外增加支付赔偿金。赔偿金的数额依具体损失情况由甲乙双方协商或土地承包仲裁机构裁决,也可由人民法院判决。

八、争议条款

因本合同的订立、效力、履行、变更及解除等发生争议时,甲乙双方应协商解决,协商不成的按下列第_____种方式解决:

1. 提请村民委员会、乡(镇)人民政府、农村土地承包管理机关调解;

2. 提请_____仲裁委员会仲裁;

3. 向有管辖权的人民法院提起诉讼。

九、生效条件

甲乙双方约定,本合同须经双方签字、发包方同意并经 乡(镇)政府农村经营管理机构备案(或鉴证)后生效。

十、其他条款

本合同未尽事宜,可经双方协商一致签定补充协议。补充协议与本合同具有同等效力。

本合同一式四份,由甲乙双方、发包方和鉴证、备案单位各执一份。

甲方代表人(签章):_____ 乙方代表人(签章):_____

身份证号:_____ 身份证号:_____

住址:_____ 住址:_____

签约日期:____年____月____日

发包方(签章)_____

法定代表人身份证号:_____

鉴证单位(签章):_____

鉴证日期:____年____月____日

41. 对荒山、荒沟、荒丘、荒滩等农村土地如何进行承包?

按照《农村土地承包法》的规定,不宜采取家庭承包方式的荒山、荒沟、荒丘、荒滩等农村土地,通过招标、拍卖、公开协商等方式承包。

招标是指在一定范围内公开货物、工程或服务采购的条件和要求,邀请众多投标人参加投标,并按照规定程序从中选择交易对象的一种市场交易行为。其根本原则是公开、公平、公正和诚实信用。农民集体所有的"四荒"等农村土地依法属于村农民集体所有的,由村集体经济组织或者村民委员会作为招标方;已经分别属于村内两个以上农村集体经济组织的农民集体所有的,由村内各该农村集体经济组织或者村民小组作为招标方;国家所有依法由农民集体使用的,由使用该土地的农村集体经济组织、村民委员会或者村民小组作为招标方。招标方通过发布招标公告或者向有意投标承包的集体经济组织内部成员或外部农业生产者发出招标邀请等方式发出招标信息,列出欲发包的荒山、荒沟、荒丘、荒滩等土地名称、坐落、面积、质量及承包要求、承包期限,以及对承包经营者的资格要求等招标条件,表明将选择最能够满足承包要求的农业承包经营者与之签订承包合同的意向。由各有意承包的农业承包经营者作为投标方,向招标方书面提出自己响应招标要求的条件,参加投标竞争。经招标方对各投标者的条件进行审查比较后,从中择优选定中标者,并与其签订土地承包合同。

拍卖是指以公开竞价的形式,将特定物的财产权利转让给最高应价方的买卖方式。首先,拍卖是一种公开的竞买活动。在"四荒"资源流转的所有形式中,主要的形式是拍卖,这也是第二轮土地制度变革的主要特征。通过拍卖"四荒",可以促进土地资源的优化配置,促进社区内农业生产的改善和农村经济的可持续发展。

公开协商强调的是对"四荒"承包的确定应当公开化,即内容公开、程序公开、结果公开,以防承包确定中的不公正或违法现象的发生。

》法条链接》

《农村土地承包法》第四十四条:不宜采取家庭承包方式的荒山、荒沟、荒丘、荒滩等农村土地,通过招标、拍卖、公开协商等方式承包的,适用本章的规定。

《农村土地承包法》第四十六条:荒山、荒沟、荒丘、荒滩等可以直接通过招标、拍卖、公开协商等实行承包经营,也可以将土地承包经营权折股分给本集体经济组织成员后,再实行承包经营或者股份合作经营。

》合同范本》

(以荒山承包为例,其他可比照)
荒山承包合同

甲方:村民委员会

乙方:_____

根据《土地管理法》和《农村土地承包法》的有关规定,乙方通过_____方式

取得甲方荒山的承包经营权,经双方共同商定,达成如下协议,特订立此合同:

一、甲方将位于村民委员会(组)所有的,_____以北、现_____以西与____毗邻的荒山发包给乙方使用,其四至为:

东至:_____,现_____西边;

南至:_____,与_____村荒山相隔的通往上山的道路毗邻;

西至:这两座山顶东西分水岭一线;

北至:从南侧数第二个山头与第三个山头之间的山谷中分线。

二、乙方承包后,承包使用期五十年不变,即从____年____月____日起至____年____月____日终止。

三、乙方所承包的荒山使用权及其地上附着物总承包款为人民币____元整。付款方式为:_____。

四、乙方承包荒山后应积极治理,在荒山上植树、种草或搞多种经营;从事非农业生产,利用承包范围内的林木、粘土、沙石等矿产资源或建造固定设施的,须经有关部门批准。

五、乙方对所承包的荒山有独立的经营管理权,但不得转包。

六、甲方要尊重乙方所承包荒山的生产经营自主权,保护其合法权益不受侵犯,对荒山的开发治理成果全部归乙方所有。

七、乙方对所承包的荒山在合同履行期内除交纳承包款外,不负责其他任何名目的费用。

八、乙方将荒山承包后,甲方有权监督、检查、督促其治理和合理利用荒山资源,发现问题及时书面通知乙方。

九、甲方保证该荒山界线、四至与他人无任何争议。如因此发生纠纷,由甲方负责协调处理;如由此给乙方造成经济损失,由甲方负责全额赔偿。

十、甲乙双方必须信守合同。如甲方违约导致解除此合同,须付给乙方违约金人民币_____万元、退还乙方承包荒山所付的全部价款,同时对乙方的治理投入和治理成果合理作价,作价款一次性付给乙方;如乙方违约导致解除此合同,甲方不予退还乙方的承包款。

十一、如在承包期限内遇国家建设或进行其他开发建设需征用土地时,应首先从征地款中保障向乙方支付实际经济损失和未履行年限的预期利益损失。

十二、合同期满后,如乙方愿意继续承包经营,双方续签合同;如乙方不再承包经营,甲方对乙方的治理成果、经济投入合理作价,作价款一次性付给乙方,不得拖欠。否则,此合同期限顺延至甲方将全部价款付清乙方后合同自行终止。

十三、甲乙双方如因作价款发生分歧,协商不成,须委托甲乙双方共同认可的中介机构进行评估作价,其结果对双方均有约束力。

十四、此合同发生纠纷由_____裁决。

十五、本合同一式四份,甲乙双方各一份、公证处一份、乡(镇)人民政府备案一份,经公证处公证后生效。

甲方(盖章):_____　　　乙方(签字):_____
代表人(签字):_____　　　代表人(签字):_____
签约日期:年___月___日___　　签约日期:年___月___日___

42. 如何理解"以其他方式承包农村土地,在同等条件下,本集体经济组织成员享有优先承包权"?

以其他方式承包的农村土地主要是指以招标、拍卖、公开协商等承包的土地,并且主要是针对荒山、荒沟、荒丘、荒滩等土地的承包问题。需要特别说明的是,采取家庭承包方式承包的耕地、林地、草地不适用这样的规定。

同等条件是指本集体经济组织内部成员和外部竞包者同时参与承包权的竞争,在两者农业技术力量、资金状况、信誉状况、承包费用等条件相当的情况下,本集体经济组织内部成员可以优先取得该土地的承包权。如果内部成员和外部人员资信、技术等条件有所差异,在此情形下,应采取择优选用的标准,而不是当然的将土地发包给条件处于劣势的本集体经济组织内部成员。否则,就违背了招标、拍卖、公开协商所强调的公开性、公正性和程序性的原则。所以,不能简单地认为在以其他方式承包土地的情况下,本集体经济组织内部成员一定享有优先权,优先是以"同等条件"为前提的。

≫法条链接≫

《农村土地承包法》第四十七条:以其他方式承包农村土地,在同等条件下,与原文不尽相同本集体经济组织成员,享有优先承包权。

43. 将农村土地承包给本集体经济组织以外的单位和个人,应遵循什么程序?

按照《农村土地承包法》的规定,本集体经济组织以外的单位和个人以其他方式承包农村土地的,应当事先经本集体经济组织成员的村民会议三分之二以上成员或者三分之二以上村民代表的同意。另外,由本集体经济组织以外的单位和个人承包经营的,发包方应当对承包方的资信情况和经营能力进行审查,然后,才能够确定是否签订承包合同。法律之所以这样规定,主要是从维护集体经济组织成员的应有权利,促进农户的经济民主考虑的。此外,法律规定发包方将农村土地发包给本集体经济组织以外的单位或者个人承包并获得村民会议或村民代表同意后,还必须将承包方案报乡(镇)人民政府批准。

≫法条链接≫

《农村土地承包法》第四十八条:发包方将农村土地发包给本集体经济组织以外的单位或者个人承包,应当事先经本集体经济组织成员的村民会议三分之二以上成员或者三分之二以上村民代表的同意,并报乡(镇)人民政府批准。

由本集体经济组织以外的单位或者个人承包的,应当对承包方的资信情况和经营能力进行审查后,再签订承包合同。

44. 以招标、拍卖、公开协商等方式承包农村土地的承包经营权能否流转?

按照《农村土地承包法》的规定,通过招标、拍卖、公开协商等方式承包农村土地,经依法登记取得土地承包经营权证或者林权证等证书的,其土地承包经营权可以依法采取转让、出租、入股、抵押或者其他方式流转。"其他方式的承包"是指对不宜采取家庭承包方式的荒山、荒沟、荒丘、荒滩等农村土地,通过招标、拍卖、公开协商等方式承包的情况。在理解农村土地承包经营权流转问题时,需要把握"其他方式的承包"与"家庭承包"关于承包经营权流转规定的区别。

(1)流转的对象不同。家庭承包经营权流转的对象为耕地、林地和草地的承包经营权。而其他方式承包经营权流转的对象是"四荒"等土地的承包经营权。

(2)流转的方式不同。家庭承包的流转方式有转包、出租、互换、转让等方式。而其他方式承包的流转方式有转让、出租、入股、抵押等方式。需要特别说明的是,在本书撰写时,欣悉2014年中央一号文件已经规定准许家庭土地承包经营权进行抵押,我们相信,相关法律很快会作出修改或完善。

(3)流转的前提不同。家庭承包取得了土地承包经营权后,由于已由人民政府发证并登记造册,土地承包经营权便得到了确认,此时,也就具备了土地流转的权利基础。以招标、拍卖、公开协商等方式取得的土地承包经营权的,由于其与发包方是债权关系,双方必须在依法登记,取得土地承包经营权证或者林权证等证书的前提下才能流转。

(4)流转的条件不同。主要体现在:①家庭承包中的转包、出租和互换,双方当事人在签订合同后,要报发包方备案;采取转让的流转方式的,转让方应当有稳定的非农职业或者稳定的收入来源,并要经过发包方同意。而其他方式的承包中的流转则没有这样的规定;②家庭承包中接受流转的一方有的(如互换)必须为本集体经济组织的成员,或者从事农业生产经营的农户。而在其他方式的承包中,法律对受让方没有这方面的限制,接受流转的一方可以是本集体经济组织以外的个人、农业公司或其他组织。

≫**法条链接**≫

《农村土地承包法》第四十九条:通过招标、拍卖、公开协商等方式承包农村土地,经依法登记取得土地承包经营权证或者林权证等证书的,其土地承包经营权可以依法采取转让、出租、入股、抵押或者其他方式流转。

45. 以其他方式获得的土地承包经营权能否继承?

按照《农村土地承包法》的规定,土地承包经营权通过招标、拍卖、公开协商等方式取得的,若该承包人死亡,则其应得的承包收益,依照继承法的规定继承;在承包期内,其继承人可以继续承包。当然,在理解农村土地承包经营权继承问题时,需要注意"其他方式的承包"与"家庭承包"两者的区别。

(1)继承人身份要求不同。在家庭承包的方式中,土地承包经营权是农村集体经济组织内部成员所享有的财产性权利。农村集体经济组织内部某一成员一旦成为非农业人口的,由于其已经不是农村集体经济组织的成员了,便失去了对土地承包经营权的继承权。而在其他方式的承包中,承包经营权的权利人可以不是集体经济组织内部的成员,土地承包经营权是通过招标、拍卖或者公开协商等方式取得的,这种承包期限较长,投入很大,所以,法律准许该项利的继承。不仅准许继承,而且允许成为非农业人口的继承人继承。

(2)继承的事由不同。在家庭承包中,部分家庭成员死亡的,不发生土地承包经营权本身的继承问题,而是由该承包户内的其他成员继续承包。因为承包是以户为生产经营单位,所以,在承包人死亡,承包方的家庭消亡后,土地承包经营权可以由发包方收回,其他继承人只能继承土地承包的收益,并要求发包方对被继承人在土地上的投入作一定的补偿。而在其他方式的承包中,只要承包人出现死亡情形的,承包经营权就可以由其继承人继续承包;如果所有的继承人都不愿意承包经营,还可以将经营权转让,把转让费作为遗产处理。

> **法条链接**
>
> 《农村土地承包法》第五十条:土地承包经营权通过招标、拍卖、公开协商等方式取得的,该承包人死亡,其应得的承包收益,依照继承法的规定继承;在承包期内,其继承人可以继续承包。

46. 哪些行为属于侵害农民土地承包经营权的行为?

根据《农村土地承包法》的规定,侵害农民土地承包经营权的行为可以归纳如下:

(1)干涉承包方依法享有的生产经营自主权例。例如,干涉农民自主安排的生产经营项目,强迫农民购买指定的生产资料或者按指定的渠道销售农产品。

(2)违法收回农户承包地。例如,强行收回外出务工农民的承包地,收回承包地抵顶欠款;收回进入小城镇落户农民的承包地,以划分"口粮田"和"责任田"等为理由收回承包地搞招标承包等。

(3)违法调整农户承包地。例如,承包期内用行政命令的办法硬性规定在全村范围内几年重新调整一次承包地,借颁发农村土地承包经营权证书之机重新承包土地等。

(4)不落实二轮承包政策。对适合实行家庭承包的耕地,第一轮耕地承包合同到期后,不执行延长土地承包期三十年的政策,不与农户签订土地承包合同,不发放农村土地承包经营权证书、超额预留机动地等。

(5)利用职权变更、解除土地承包合同。例如,因承办人或负责人的变动而变更或解除承包合同,因集体经济组织分立或者合并而变更或解除承包合同等。

(6)强迫承包方流转土地承包经营权。例如,强制收回农民承包地搞土地流转,乡镇政府或村级组织出面租赁农户的承包地再进行转租或发包,假借少数服从多数强迫承包方放弃土地承包经营权而进行土地承包经营权流转等。

(7)阻碍承包方依法流转土地承包经营权。例如,对承包方合法流转土地承包经营权作出限制等。

(8)侵占承包方的土地收益。例如,小调整时随意提高承包费,截留、扣缴承包方土地流转收益,截留、挪用征地补偿费用等。

(9)违法发包农村土地。例如,未经本集体经济组织成员的村民会议三分之二以上成员或者三分之二以上村民代表的同意,将农村土地发包给本集体经济组织以外的单位或个人,将机动地长期用于对外发包,侵吞土地发包收入,泄漏土地承包标底秘密等。

(10)侵害妇女依法享有的土地承包经营权。例如,承包时对妇女实行有别于男子的歧视性土地承包政策,在承包期内违法收回出嫁女子承包地等。

(11)行政、司法机关和村级组织不作为。例如,基层法院不受理农村土地承包纠纷诉讼农村土地承包仲裁管理机关不受理农村土地承包纠纷仲裁请求乡(镇)人民政府不受理农村土地承包纠纷调解、农业行政主管部门不受理农民群众有关农村土地承包纠纷的来信来访等。

47. 在哪些情形下,农村土地发包方应当承担民事责任?

按照《农村土地承包法》第五十四条的规定,具有下列情形之一的,农村土地发包方应当承担相应的民事责任:①干涉承包方依法享有的生产经营自主权;②违反《农村土地承包法》规定收回、调整承包地;③强迫或者阻碍承包方进行土地承包经营权流转;④假借少数服从多数强迫承包方放弃或者变更土地承包经营权而进行土地承包经营权流转;⑤以划分"口粮田"和"责任田"等为由收回承包地搞招标承包;⑥将承包地收回抵顶欠款;⑦剥夺、侵害妇女依法享有的土地承包经营权;⑧其他侵害土地承包经营权的行为。

民事责任的承担方式有停止侵害、返还原物、恢复原状、排除妨害、消除危险、赔偿损失等。

48. 发生土地承包经营权纠纷,可以通过哪些方式来解决?

按照《农村土地承包法》的规定,承包方与发包方或者承包经营权出让人与受让人之间在承包经营权方面出现争议,双方当事人可以通过协商解决,也可以请求村民委员会、乡(镇)人民政府等调解解决。当事人不愿协商、调解或者协商、调解不成的,可以向农村土地承包仲裁机构申请仲裁,也可以直接向人民法院起诉。当事人对农村土地承包仲裁的仲裁裁决不服的,可以在收到裁决书之日起三十日内向人民法院起诉。逾期不起诉的,裁决书即发生法律效力。

和解是指当事人在自愿互谅的基础上,就已经发生的争议进行协商并达成协议,自行解决争议的一种方式。调解是指双方或多方当事人就争议的实体权利义务,在人民调解委员会或有关组织、个人的主持下,自愿进行协商,通过教育疏导,促成各方达成协议、解决纠纷的办法。仲裁一般是当事人根据他们之间订立的仲裁协议,自愿将其争议提交由非官方身份的仲裁员组成的仲裁庭进行裁判,并受该裁判约束的一种制度。仲裁活动和法院的审判活动一样,关乎当事人的实体权益,是解决民事争议的方式之一。需要说明的是,在这几种纠纷解决方式中,只有仲裁和起诉两种方式的处理结果具有法律上的强制执行力。

≫法条链接≫

《农村土地承包法》第五十一条:因土地承包经营发生纠纷的,双方当事人可以通过协商解决,也可以请求村民委员会、乡(镇)人民政府等调解解决。

当事人不愿协商、调解或者协商、调解不成的,可以向农村土地承包仲裁机构申请仲裁,也可以直接向人民法院起诉。

《农村土地承包法》第五十二条:当事人对农村土地承包仲裁机构的仲裁裁决不服的,可以在收到裁决书之日起三十日内向人民法院起诉。逾期不起诉的,裁决书即发生法律效力。

农业技术推广法律制度

49. 哪些农业技术属于《农业技术推广法》的调整对象?

按照《农业技术推广法》第二条的规定,农业技术是指应用于种植业、林业、畜牧业、渔业的科研成果和实用技术。具体包括:①良种繁育、栽培、肥料施用和养殖技术;②植物病虫害、动物疫病和其他有害生物防治技术;③农产品收获、加工、包装、贮藏、运输技术;④农业投入品安全使用、农产品质量安全技术;⑤农田水利、农村供排水、土壤改良与水土保持技术;⑥农业机械化、农用航空、农业气象和农业信息技术;⑦农业防灾减灾、农业资源与农业生态安全和农村能源开发利用技术;⑧其他农业技术。

50. 农业技术推广活动应当坚持哪些法律原则?

按照《农业技术推广法》第四条的规定,农业技术推广应当遵循的原则包括:①有利于农业、农村经济可持续发展和增加农民收入;②尊重农业劳动者和农业生产经营组织的意愿;③因地制宜,经过试验、示范;④公益性推广与经营性推广分类管理;⑤兼顾经济效益、社会效益,注重生态效益。

51. 农业技术推广机构的公益性职责有哪些?

按照《农业技术推广法》第十一条的规定,各级国家农业技术推广机构属于公共服务机构,履行下列公益性职责:①各级人民政府确定的关键农业技术的引进、试验、示范;②植物病虫害、动物疫病及农业灾害的监测、预报和预防;③农产品生产过程中的检验、检测、监测咨询技术服务;④农业资源、森林资源、农业生态安全和农业投入品使用的监测服务;⑤水资源管理、防汛抗旱和农田水利建设技术服务;⑥农业公共信息和农业技术宣传教育、培训服务;⑦法律、法规规定的其他职责。

52. 我国农业技术推广体系是如何构建的？

农业技术推广体系是设立在各级、各地的为农民提供种植业、畜牧业、渔业、林业、农业机械、水利等科研成果和实用技术服务的组织，它是实施科教兴农战略的重要平台和载体。按照我国《农业技术推广法》的规定，我国农业技术推广体系实行国家农业技术推广机构与农业科研单位、有关学校、农民专业合作社、涉农企业、群众性科技组织、农民技术人员等相结合的推广体系。但同时，国家鼓励和支持供销合作社、其他企业事业单位、社会团体以及社会各界的科技人员，开展农业技术推广服务。

在农业技术推广机构设置和管理体制上，法律规定根据科学合理、集中力量的原则以及县域农业特色、森林资源、水系和水利设施分布等情况，因地制宜设置县、乡镇或者区域国家农业技术推广机构。其中，乡镇国家农业技术推广机构，可以实行以县级人民政府农业技术推广部门管理为主或者乡镇人民政府管理为主、县级人民政府农业技术推广部门业务指导的体制，具体由省、自治区、直辖市人民政府确定。

》**法条链接**》

《农业技术推广法》第十条：农业技术推广实行国家农业技术推广机构与农业科研单位、有关学校、农民专业合作社、涉农企业、群众性科技组织、农民技术人员等相结合的推广体系。

国家鼓励和支持供销合作社、其他企业事业单位、社会团体以及社会各界的科技人员，开展农业技术推广服务。

《农业技术推广法》第十二条：……乡镇国家农业技术推广机构，可以实行县级人民政府农业技术推广部门管理为主或者乡镇人民政府管理为主、县级人民政府农业技术推广部门业务指导的体制，具体由省、自治区、直辖市人民政府确定。

53. 法律对农业技术推广机构的专业技术人员配备有哪些规定？

按照《农业技术推广法》的规定，配备农业技术推广机构的专业技术人员主要有以下几方面的特殊规定：

(1)突出农业技术人员的公益性编制。即将农业技术人员作为一种国家公共服务资源合理配置于相应的农业技术推广岗位。按照法律的规定,国家农业技术推广机构的人员编制应当根据所服务区域的种养规模、服务范围和工作任务等合理确定,保证公益性职责的履行。

(2)注重专业技术岗位的设置。即农业技术推广机构的公益性事业编制尽可能地用于专业技术岗位。按照法律的规定,国家农业技术推广机构的岗位设置应当以专业技术岗位为主。法律特别要求乡镇国家农业技术推广机构的岗位应当全部为专业技术岗位,县级国家农业技术推广机构的专业技术岗位不得低于机构岗位总量的百分之八十,其他国家农业技术推广机构的专业技术岗位不得低于机构岗位总量的百分之七十。

(3)强调农业技术人员的专业性和学历层次。按照法律的规定,国家农业技术推广机构的专业技术人员应当具有相应的专业技术水平,符合岗位职责要求。为逐步提高农业技术人员的专业化水平,法律规定今后国家农业技术推广机构聘用的新进专业技术人员,应当具有大专以上有关专业学历,并通过县级以上人民政府有关部门组织的专业技术水平考核。学历标准的放宽或降低只能限于自治县、民族乡和国家确定的连片特困地区,这些地区经省、自治区、直辖市人民政府有关部门批准,可以聘用具有中专有关专业学历的人员或者其他具有相应专业技术水平的人员。

(4)鼓励高校毕业生到农业技术推广第一线工作。按照法律的规定,国家鼓励和支持高等学校毕业生和科技人员到基层从事农业技术推广工作。各级人民政府应当采取措施,吸引人才,充实和加强基层农业技术推广队伍。

(5)肯定农民技术人员的地位和作用。按照法律的规定,村民委员会和村集体经济组织,应当推动、帮助村农业技术服务站点和农民技术人员开展工作。在技术职称上,法律还规定农民技术人员经考核符合条件的,可以按照有关规定授予相应的技术职称,并发给证书。

≫法条链接≫

《农业技术推广法》第十三条:国家农业技术推广机构的人员编制应当根据所服务区域的种养规模、服务范围和工作任务等合理确定,保证公益性职责的履行。

国家农业技术推广机构的岗位设置应当以专业技术岗位为主。乡镇国家农业技术推广机构的岗位应当全部为专业技术岗位,县级国家农业技术推广机构的专业技术岗位不得低于机构岗位总量的百分之八十,其他国家农业技术推广机构的专业技术岗位不得低于机构岗位总量的百分之七十。

《农业技术推广法》第十四条：国家农业技术推广机构的专业技术人员应当具有相应的专业技术水平，符合岗位职责要求。

国家农业技术推广机构聘用的新进专业技术人员，应当具有大专以上有关专业学历，并通过县级以上人民政府有关部门组织的专业技术水平考核。自治县、民族乡和国家确定的连片特困地区，经省、自治区、直辖市人民政府有关部门批准，可以聘用具有中专有关专业学历的人员或者其他具有相应专业技术水平的人员。

国家鼓励和支持高等学校毕业生和科技人员到基层从事农业技术推广工作。各级人民政府应当采取措施，吸引人才，充实和加强基层农业技术推广队伍。

54. 法律对农业技术推广规定了哪些保障性措施？

按照《农业技术推广法》规定，国家对农业技术推广的保障性措施归纳如下：

(1)推广经费的保障。按照法律的规定，具体包括：①国家逐步提高对农业技术推广的投入；②各级人民政府在财政预算内应当保障用于农业技术推广的资金，并按规定使该资金逐年增长；③各级人民政府通过财政拨款以及从农业发展基金中提取一定比例的资金的渠道，筹集农业技术推广专项资金，用于实施农业技术推广项目；④中央财政对重大农业技术推广给予补助；⑤县、乡镇国家农业技术推广机构的工作经费根据当地服务规模和绩效确定，由各级财政共同承担；⑥任何单位或者个人不得截留或者挪用用于农业技术推广的资金。

(2)待遇方面的保障。按照法律的规定，具体措施包括：①各级人民政府应当采取措施，保障和改善县、乡镇国家农业技术推广机构的专业技术人员的工作条件、生活条件和待遇，并按照国家规定给予补贴，保持国家农业技术推广队伍的稳定；②对在县、乡镇、村从事农业技术推广工作的专业技术人员的职称评定，应当以考核其推广工作的业务技术水平和实绩为主。

(3)工作条件方面的保障。按照法律的规定，具体措施有：①各级人民政府应当采取措施，保障国家农业技术推广机构获得必需的试验示范场所、办公场所、推广和培训设施设备等工作条件；②地方各级人民政府应当保障国家农业技术推广机构的试验示范场所、生产资料和其他财产不受侵害。

(4)技术方面的保障。按照法律的规定，农业技术推广部门和县级以上国家农业技术推广机构应当有计划地对农业技术推广人员进行技术培训，组织专业进修(例如定期组织到农业高等院校、科研院所进行短期培训等),使其不断更新知识,提高业务水平。

≫ 法条链接 ≫

《农业技术推广法》第二十八条:国家逐步提高对农业技术推广的投入。各级人民政府在财政预算内应当保障用于农业技术推广的资金,并按规定使该资金逐年增长。

各级人民政府通过财政拨款以及从农业发展基金中提取一定比例的资金的渠道,筹集农业技术推广专项资金,用于实施农业技术推广项目。中央财政对重大农业技术推广给予补助。

县、乡镇国家农业技术推广机构的工作经费根据当地服务规模和绩效确定,由各级财政共同承担。

任何单位或者个人不得截留或者挪用用于农业技术推广的资金。

《农业技术推广法》第二十九条:各级人民政府应当采取措施,保障和改善县、乡镇国家农业技术推广机构的专业技术人员的工作条件、生活条件和待遇,并按照国家规定给予补贴,保持国家农业技术推广队伍的稳定。

《农业技术推广法》第三十条:各级人民政府应当采取措施,保障国家农业技术推广机构获得必需的试验示范场所、办公场所、推广和培训设施设备等工作条件。

地方各级人民政府应当保障国家农业技术推广机构的试验示范场所、生产资料和其他财产不受侵害。

《农业技术推广法》第三十一条:农业技术推广部门和县级以上国家农业技术推广机构,应当有计划地对农业技术推广人员进行技术培训,组织专业进修,使其不断更新知识、提高业务水平。

55. 2012年的《农业技术推广法》有哪些重要修改?

2012年《农业技术推广法》修改的内容可以归纳为以下几个方面:

(1)规定了农技推广的分类管理原则。具体而言,就是将公益性推广和经营性推广分类管理,并强调公益性推广由国家各级推广机构承担,经营性推广由其他多元主体承担。

(2)强调了国家农技推广机构的公共服务机构性质。针对农业技术推广涉及面广、投入量大、社会效益大,而经济效益小、难以通过市场调节配置技术资源、盈利性组织不会大范围、长时间介入等特点,特别需要政府履行好公益性职责,为此,法律修改时把国家农技推广机构确定为公共服务机构,明确了其七项公益性职责,并特别强调国家农技推广机构对农民实行无偿服务。这是此次法律修改的最大亮点。

(3)规定了国家农技推广机构的设置原则和管理体制。针对我国各地生产力发展水平不一致的客观实际,为了不实行"一刀切"的管理体制,法律修改时明确了各地可以因地制宜设置县、乡镇和区域性国家农技推广机构。在乡镇农业技术推广机构管理体制上,特别明确了乡镇国家农业技术推广机构,可以实行县级农业技术推广部门管理为主或者乡镇人民政府管理为主、县级农业技术推广部门业务指导的体制,具体由省、自治区、直辖市人民政府确定。

(4)明确了多元化推广组织的法律地位。此次法律修改时将农业科研单位、有关学校、农民专业合作社、涉农企业、群众性科技组织、农民技术人员确定为农技推广体系的重要组成部分。同时,也肯定了农场、林场、牧场、渔场、水利工程管理单位和农业示范区在农技推广中的作用。这些农业技术推广组织可以提供公益性服务,也可以开展有偿服务。法律规定,对多元化组织开展经营性服务的,可享受国家税收、信贷方面的优惠政策。

(5)规定了国家农技推广机构队伍建设的原则和制度。这些原则和制度包括编制、人员结构、知识结构、考评制度等方面,实现了农业技术推广组织建设的法制化。

(6)严格了农技推广工作规范。为保障农业技术推广工作的规范化、法制化运行,新修订的法律强调农业技术推广工作要按规划、计划开展,明确规定,推广的农业技术要经过应用示范和安全性验证,并规定了自愿原则和提高推广效率原则。

(7)突出了农业技术推广工作的保障措施。新修订的法律关于保障措施的规定包括建立农技推广资金稳定增长机制,明确中央财政对重大农技推广给予补助,明确中央财政对基层农技推广机构工作经费的补贴责任,保障基层农技推广人员的福利待遇,保障国家农技推广机构具备必要的工作条件,提高农技推广人员的专业素质等。

(8)明确了法律责任。此次修订的法律进一步明确了政府及有关部门未履行职责的责任、国家农业技术推广机构及其工作人员不认真履行职责的责任、截留或者挪用农业技术推广资金的责任等。明确规定了从政府行政管理部门到农技推广机构,再到推广人员的行政责任、民事责任和刑事责任等。

56. 《农业技术推广法》为何确定农业技术推广的分类管理原则?

1993年首次制定的《农业技术推广法》是我国在计划经济向市场经济转轨初期的时代背景下制定的,立法必然会受到当时经济、政治、社会以及立法技术本身的约束。在首次立法时,为弥补农业技术推广活动经费和技术人员补贴的不足,立法确立了有偿服务的原则,即要求农技推广机构在实行事业费包干的基础上自主经营,逐步做到经费自理。农技推广机构可以发展多种有偿技术服务和兴办技农(工)贸一体化的技术经济实体,扩大经费来源,增强自我发展能力。同时,按照当时立法的规定,准许国家农技推广机构实行技物结合、技术承包。国家农技推广机构既承担公益性服务,又有经营性推广活动。在这样的立法规范的趋导下,很多基层农业技术推广机构和技术人员将主要精力放在盈利性推广活动上,致使公益性的农业技术推广活动十分匮乏。再加上当时机构改革与事业编制人员精简的影响,很多地方农业技术推广机构和人员编制呈现萧条萎缩的趋势,这与农业现代化建设显然是不相适应的。

2012年修改《农业技术推广法》时,针对上述国家农技推广机构公益性职责与经营性推广不分所产生的问题,立法进行了相应的完善,即明确了分类管理的原则,规定不同类型的农技推广工作由不同的推广组织承担。基础性农业普遍受益的技术服务由国家农业技术推广部门承担;特殊性技术服务需求,通过市场配置技术资源,引入竞争机制,由经营性服务来补充。事实上,这样的立法调整也是对党和国家关于农业技术推广政策的回应和响应。早在2002年,中共中央、国务院就在《关于做好农业和农村工作的意见》中确立了"继续推进农业科技推广体系改革,逐步建立起分别承担经营性服务和公益性职能的农业技术推广体系"的政策;2005年、2006年的中央一号文件均指出:"按照强化公益性职能、放活经营性服务的要求,加大农业技术推广体系的改革力度。""积极探索对公益性职能与经营性服务实行分类管理的办法,完善农技推广的社会化服务机制。"2006年国务院《关于深化改革加强基层农业技术推广体系建设的意见》指出,"坚持政府主导,支持多元化发展,有效履行政府公益性职能,充分发挥各方面积极性。"2008年党的十七届三中全会通过的《中共中央关于推进农村改革发展若干重大问题的决定》对加强农业公共服务能力建设,在全国普遍健全公共服务机构及农技推广的公益性进一步作了明确定位。所以,坚持分类管理的立法原则有其必然性。

57. 农业技术推广机构为何被依法规定为公共服务机构?

按照《农业技术推广法》的规定,各级国家农业技术推广机构属于公共服务机构,需要依法履行相应的公益性职责,主要包括:①各级人民政府确定的关键农业技术的引进、试验、示范;②植物病虫害、动物疫病及农业灾害的监测、预报和预防;③农产品生产过程中的检验、检测、监测咨询技术服务;④农业资源、森林资源、农业生态安全和农业投入品使用的监测服务;⑤水资源管理、防汛抗旱和农田水利建设技术服务;⑥农业公共信息和农业技术宣传教育、培训服务等。法律之所以做出这样的规定,其原因主要在于以下两方面:

(1)农技推广的诸多领域和行为是市场难以有效调整的。农业技术推广及应用在一些领域具有明显的专业性、科学性和公益性等,例如,动植物疫病监测、预防和防控,农产品质量安全检验、检测和监测服务,农业面源污染防治,水土保持和森林资源保护等,这些技术性或技术管理性工作不仅涉及面广、投入量大,而且社会效益大,经济效益小,是很难通过市场调节实现技术资源的有效配置,并以此保证农业技术推广公益性、管理性技术目标的实现。

(2)农技推广机构公益性职责是国家扶持农业发展的具体体现和重要手段。"以工促农,以城带乡"、"工业化、城镇化和农业现代化同步推进"是党和国家统筹城乡发展战略的具体目标。始于上个世纪末的取消农业税、农村综合改革、对村级公益事业建设"一事一议"等改革举措以及近年来进行的财政奖补,对农业生产进行种粮直补、良种补贴、农机具购置补贴和农资综合补贴、增加农业投入等,都是统筹城乡发展的具体实践。将国家农技推广机构定性为公共服务机构,无偿向农民提供公益性服务,是扶持农业发展在技术领域的展开和体现,是实现农业现代化的必由之路之一。

≫**法条链接**≫

《农业技术推广法》第十一条:各级国家农业技术推广机构属于公共服务机构,……

58. 如何依法规范农业技术推广工作?

按照《农业技术推广法》的规定,农业技术推广活动的规范化主要体现在以下几个方面:

(1)按规划、计划推广。为保证农业技术推行为的有序性、规范性和科学性,《农业技术推广法》规定重大农业技术的推广应当列入国家和地方相关发展规划、计划,由农业技术推广部门会同科学技术等相关部门按照各自的职责,相互配合,组织实施。

(2)经过应用示范和安全性验证。为保证农业技术推广过程和结果的安全性,《农业技术推广法》规定推广农业技术,应当选择有条件的农户、区域或者工程项目,进行应用示范。向农业劳动者和农业生产经营组织推广的农业技术,必须在推广地区经过试验证明具有先进性。可见,法律强调了农业技术推广前的安全性示范与试验。

(3)坚持使用者自愿原则。《农业技术推广法》规定农业劳动者和农业生产经营组织根据自愿的原则应用农业技术,任何单位或者个人不得强迫。与1993年的《农业技术推广法》相比,2012年修订的《农业技术推广法》将农业生产经营组织纳入到自愿应用农业技术的范围。

(4)规范经营性推广行为。为规范农业技术经营性推广活动的合法性和有限性,《农业技术推广法》规定国家农业技术推广机构以外的单位及科技人员以技术转让、技术服务、技术承包、技术咨询和技术入股等形式提供农业技术的,可以实行有偿服务,其合法收入和植物新品种、农业技术专利等知识产权受法律保护。进行农业技术转让、技术服务、技术承包、技术咨询和技术入股,当事人各方应当订立合同,约定各自的权利和义务。与旧法和《农业法》相比,新的《农业技术推广法》将"技术咨询"纳入到经营性服务的范围,并强调了对"植物新品种、农业技术专利等知识产权"的保护。

(5)提高推广效率。为提高农业技术推广活动的实效性和高效性,《农业技术推广法》规定国家鼓励运用现代信息技术等先进传播手段,普及农业科学技术知识,创新农业技术推广方式方法,提高推广效率。

≫法条链接≫

《农业技术推广法》第五条:……国家鼓励运用现代信息技术等先进传播手段,普及农业科学技术知识,创新农业技术推广方式方法,提高推广效率。

《农业技术推广法》第十九条:重大农业技术的推广应当列入国家和地方相关发展规划、计划,由农业技术推广部门会同科学技术等相关部门按照各自的职责,相互配合,组织实施。

《农业技术推广法》第二十一条:向农业劳动者和农业生产经营组织推广的农业技术,必须在推广地区经过试验证明具有先进性、适用性和安全性。

《农业技术推广法》第二十二条:……农业劳动者和农业生产经营组织

根据自愿的原则应用农业技术,任何单位或者个人不得强迫。

59.《农业技术推广法》规定了哪些法律责任?

《农业技术推广法》规定了农业行政主管部门及其工作人员、农业技术推广机构及其农业技术人员的违法情形和法律责任,相应的法律责任在种类上包括行政责任、民事责任和刑事责任三种,具体规定如下:

(1)政府及有关部门未履行职责的责任。《农业技术推广法》规定各级人民政府有关部门及其工作人员未依照本法规定履行职责的,对直接负责的主管人员和其他直接责任人员依法给予处分。

(2)国家农业技术推广机构及其工作人员不认真履行职责的责任。《农业技术推广法》规定国家农业技术推广机构及其工作人员未依照本法规定履行职责的,由主管机关责令限期改正,通报批评;对直接负责的主管人员和其他直接责任人员依法给予处分。

另外,农业技术推广机构及其工作人员违反法律规定,向农业劳动者、农业生产经营组织推广未经试验证明具有先进性、适用性或者安全性的农业技术,造成损失的,应当承担赔偿责任;强迫农业劳动者、农业生产经营组织应用农业技术,造成损失的,依法承担赔偿责任。

(3)截留或者挪用农业技术推广资金的责任。《农业技术推广法》规定截留或者挪用用于农业技术推广的资金的,对直接负责的主管人员和其他直接责任人员依法给予处分;构成犯罪的,依法追究刑事责任。

>> **法条链接** >>

《农业技术推广法》第三十四条:各级人民政府有关部门及其工作人员未依照本法规定履行职责的,对直接负责的主管人员和其他直接责任人员依法给予处分。

《农业技术推广法》第三十五条:国家农业技术推广机构及其工作人员未依照本法规定履行职责的,由主管机关责令限期改正,通报批评;对直接负责的主管人员和其他直接责任人员依法给予处分。

《农业技术推广法》第三十六条:违反本法规定,向农业劳动者、农业生产经营组织推广未经试验证明具有先进性、适用性或者安全性的农业技术,造成损失的,应当承担赔偿责任。

种子法律制度

60. 如何理解《种子法》所规范和调整的种子？

在农业领域，种子是指农作物和林木的种植材料或者繁殖材料，包括籽粒、果实和根、茎、苗、芽、叶等。农作物是指水稻、小麦、玉米、棉花、大豆以及国务院农业行政主管部门和省、自治区、直辖市人民政府农业行政主管部门各自分别确定的其他一至二种农作物。按照《种子法》的规定，种子是指农作物和林木的种植材料或繁殖材料，包括籽粒、果实和根、茎、苗、芽、叶等。

种子是最基本的农业生产资料，但并非所有的农作物种子都受《种子法》调整，根据法律的规定，受《种子法》调整的种子只是商品种子，即用来作为商品与他人进行交换的种子，不与他人发生社会关系的自用种子，不受《种子法》规范和调整。另外，不是作为商品种子出售，而是作为商品粮食、饲料等出售，但被购买者作为种子使用的，也不属于《种子法》调整的范围。

≫法条链接≫

《种子法》第二条：在中华人民共和国境内从事品种选育和种子生产、经营、使用、管理等活动，适用本法。本法所称种子，是指农作物和林木的种植材料或者繁殖材料，包括籽粒、果实和根、茎、苗、芽、叶等。

61. 什么是种质资源？

种质系指农作物亲代传递给子代的遗传物质，它往往存在于特定品种之中。例如，新培育的推广品种、重要的遗传材料以及野生近缘植物等都属于种质资源的范围。但《种子法》所规定调整的种质资源，是指选育新品种的基础材料，包括植物的栽培种、野生种的繁殖材料以及利用上述繁殖材料人工创造的各种植物的遗传材料。具体包括粮、棉、油、麻、桑、茶、糖、菜、烟、果、药、花卉、牧草、绿肥及其他种用的籽粒、果实和根、茎、苗、芽等繁殖材料和近缘野生植物以及人工创造的各种遗传材料。

≫**法条链接**≫

《中华人民共和国种子管理条例农作物种子实施细则》第十一条：农作物种质资源的范围，包括本细则第二条所指的繁殖材料和近缘野生植物以及人工创造的各种植物遗传材料。

《中华人民共和国种子管理条例农作物种子实施细则》第二条：农作物种子包括粮、棉、油、麻、桑、茶、糖、菜、烟、果、药、花卉、牧草、绿肥及其他种用的籽粒、果实和根、茎、苗、芽等繁殖材料。

62.《种子法》对保护种质资源作了哪些规定？

按照《种子法》的规定，国家对保护种质资源作了以下几项规定：

(1)对天然种质资源获取实行行政许可。按照法律规定，国家依法保护种质资源，任何单位和个人不得侵占和破坏种质资源。禁止采集或者采伐国家重点保护的天然种质资源。因科研等特殊情况需要采集或者采伐的，应当经国务院或者省、自治区、直辖市人民政府的农业、林业行政主管部门批准。

(2)对种质资源实行档案管理制度。按照法律的规定，国家有计划地收集、整理、鉴定、登记、保存、交流和利用种质资源，定期公布可供利用的种质资源目录。具体办法由国务院农业、林业行政主管部门规定。国务院农业、林业行政主管部门应当建立国家种质资源库，省、自治区、直辖市人民政府农业、林业行政主管部门可以根据需要建立种质资源库、种质资源保护区或者种质资源保护地。

(3)对种质资源的国际交易实行严格的行政管理。按照法律的规定，国家对种质资源享有主权，任何单位和个人向境外提供种质资源的，如果确有必要，则应当经国务院农业、林业行政主管部门批准；对于从境外引进种质资源的，依照国务院农业、林业行政主管部门的有关规定办理。

≫**法条链接**≫

《种子法》第八条：国家依法保护种质资源，任何单位和个人不得侵占和破坏种质资源。

禁止采集或者采伐国家重点保护的天然种质资源。因科研等特殊情况需要采集或者采伐的，应当经国务院或者省、自治区、直辖市人民政府的农业、林业行政主管部门批准。

《种子法》第九条：国家有计划地收集、整理、鉴定、登记、保存、交流和利用种质资源，定期公布可供利用的种质资源目录。具体办法由国务院农业、林业行政主管部门规定。国务院农业、林业行政主管部门应当建立国家种质资源库,省、自治区、直辖市人民政府农业、林业行政主管部门可以根据需要建立种质资源库、种质资源保护区或者种质资源保护地。

《种子法》第十条:国家对种质资源享有主权,任何单位和个人向境外提供种质资源的,应当经国务院农业、林业行政主管部门批准;从境外引进种质资源的,依照国务院农业、林业行政主管部门的有关规定办理。

63. 为什么要保护种质资源?

种质资源是指选育新品种的基础材料,包括各种植物的栽培种、野生种的繁殖材料以及利用上述繁殖材料人工创造的各种植物的遗传材料。我国是资源大国,种质资源很丰富,但财力有限,对资源的开发利用跟不上,为防止资源流失,特别需要国家立法予以保护。

FAO粮食与农业遗传委员会在《植物遗传资源国际约定》中规定,各缔约方承认各国对本国粮食与农业植物遗传资源拥有主权,但前提是资源拥有国法律必须对此作出规定。所以,我国《种子法》在第十条规定了国家对种质资源享有主权。

种质不同于种子,种质是种子的基因资源,种子是种质的载体,保护好种质资源,才能使育种新途径、新技术充分发挥作用。为此,必须加大种质资源搜集、保存、鉴定和利用的力度,以保证育种工作有效开展。法律强调国家对种质资源享有主权只是针对种质资源的国际交易而言的,在国内,这一规定并不影响单位和个人的权益。国家建立种质资源库,定期公布可供利用的种质资源。按照相关部门规章的规定,我国将种质资源分为三类:一是可以交换的;二是不可以交换的;三是有条件进行交换的。法律只有作出这些规定,才能够防止我国珍贵种质资源的流失,控制向外提供种质资源,并防止进口域外种质资源时带进病、虫、杂草等国家规定为检疫对象的有害生物。

64.《种子法》规定了哪些扶持、保护种子产业发展的措施?

按照《种子法》的规定,国家对种子产业发展的扶持和保护措施包括:

(1)国家扶持种质资源保护工作和选育、生产、更新、推广使用良种,鼓励品种选育和种子生产、经营相结合,奖励在种质资源保护工作和良种选育、推等工作中成绩显著的单位和个人。

(2)国务院和省、自治区、直辖市人民政府设立专项资金,用于扶持良种选育和推广。

(3)县级以上人民政府应当根据科教兴农方针和种植业、林业发展的需要制定种子发展规划,并按照国家有关规定在财政、信贷和税收等方面采取措施保证规划的实施。

(4)对种子选育者、生产者、经营者、使用者的合法权益应当进行保护。保护的主要措施包括:①国家鼓励和支持科研单位、学校、科技人员研究开发和依法经营、推广农作物新品种和林木良种;②实行植物新品种保护制度,育种者和经其授权的人对植物新品种享有排它的独占权和依法获得相应经济利益的权利;③种子使用者有权按照自己的意愿购买种子,任何单位和个人不得非法干预;强迫种子使用者违背自己的意愿购买、使用种子造成损失的,要承担赔偿责任;当使用者因种子质量问题造成损失时,使用者有权要求种子销售者赔偿购种价款、可得利益损失和有关费用;④种子生产者和经营者依法享有生产、经营自主权,当其合法权益受到侵害时,有申请行政复议或向人民法院提起诉讼的权利;⑤国家建立种子储备制度,应对发生灾害时的生产需要,保障农业生产安全。

≫ **法条链接** ≫

《种子法》第四条:国家扶持种质资源保护工作和选育、生产、更新、推广使用良种,鼓励品种选育和种子生产、经营相结合,奖励在种质资源保护工作和良种选育、推广等工作中成绩显著的单位和个人。

《种子法》第五条:县级以上人民政府应当根据科教兴农方针和种植业、林业发展的需要制定种子发展规划,并按照国家有关规定在财政、信贷和税收等方面采取措施保证规划的实施。

《种子法》第六条:国务院和省、自治区、直辖市人民政府设立专项资金,用于扶持良种选育和推广。具体办法由国务院规定。

65. 什么是种子标签制度?

标签是指固定在种子包装物表面及内外的特定图案及文字说明。种子标签制度是许多国家种子法律制度的主要内容之一,其实质是要求经营者真实标明其产品的质量,给使用者充分的选择权利。鉴于当前我国种子经营者的法制观念还比较淡薄,农民的整体文化水平和专业素质较低,鉴别种子真伪的能力较弱等现状,法律要求种子经营者在销售种子时,实行种子标签制度。为此,《种子法》明确规定了标签载明的内容。

按照《种子法》的规定,标签一般有浅蓝、浅红、白色三种,浅蓝为原种标签;浅红为亲本种子的标签;白色为生产用种。销售转基因植物品种种子的,必须用明显的文字条标注,并应当提示使用时的安全控制措施。另外,《种子法》第三十八条规定:"调运或者邮寄出县的种子应当附有检疫证书"。

66. 种子标签应该标注什么内容?

按照《种子法》以及相关法规、规章的规定,在国内销售的种子应当附有标签。标签标注的主要内容如下:

(1)作物种类。该项内容应明确至植物分类学的种。

(2)品种名称。该项内容应当符合《植物新品种保护条例》及其实施细则的规定,属于授权品种或审定通过的品种,应当使用批准的名称。

(3)产地。该项内容是指种子繁育所在地,按照行政区划最大标注至县级。

(4)质量指标。该项内容是指生产商承诺的质量指标,按品种纯度、净度、发芽率、水分指标标注。

(5)检疫证明编号。该项内容标注产地检疫合格证明的编号。进口种子是指引进种子、苗木检疫审批单的编号。

(6)种子批号。该项内容是指种子生产商检验种子质量时的种子批号。

(7)生产年月。该项内容是指种子收获的时间。

(8)净含量。该项内容是指种子的实际重量或数量。

(9)生产商。该项内容是指最初的商品种子供应商,进口商是指直接从境外购买种子的单位。

(10)生产商地址。该项内容应当按种子经营许可证注明的地址标注。

种子标签在标注以上内容的同时,属于下列情况之一的,还应当分别加注特定的内容:①主要农作物种子应当加注种子生产许可证编号和品种审定编号;②药剂处理的种子应当标明药剂名称、注意事项;并根据药剂毒性附骷髅或十字骨的警示标志,标注红色"有毒"字样;③属于杂交种及转基因种子的应当注明;④销售进口种子应当附有中文标签并加注进口商名称。

标签标注内容可直接印制在包装物表面,也可制成印刷品固定在包装物外或放在包装物内,但作物种类、品种名称、生产商、质量指标、净含量、警示标志和"转基因"标识内容必须在包装物外。可以不经加工包装进行销售的种子,标签应当制成印刷品,在销售种子时提供给种子使用者。

》法条链接》

《种子法》第三十五条:销售的种子应当附有标签。标签应当标注种子类别、品种名称、产地、质量指标、检疫证明编号、种子生产及经营许可证编号或者进口审批文号等事项。标签标注的内容应当与销售的种子相符。

销售进口种子的,应当附有中文标签。

67. 法律规定对哪些种子的生产实行许可制度,申请许可证应具备哪些条件?

按照《种子法》以及农业部《农作物种子生产经营许可管理办法》的规定,主要农作物和林木的商品种子生产实行许可制度。主要农作物杂交种子及其亲本种子、常规种原种种子、主要林木良种的种子生产许可证,由生产所在地县级人民政府农业、林业行政主管部门审核;省、自治区、直辖市人民政府农业、林业行政主管部门核发;其他种子的生产许可证,由生产所在地县级以上人民政府农业、林业行政主管部门核发。

申请领取种子生产许可证,应当具备以下条件:

(1)申请杂交稻、杂交玉米种子及其亲本种子生产许可证的,注册资本不少于3000万元;申请其他主要农作物种子生产许可证的,注册资本不少于500万元;

(2)生产的品种通过品种审定;生产具有植物新品种权的种子,还应当征得品种权人的书面同意;

(3)具有完好的净度分析台、电子秤、置床设备、电泳仪、电泳槽、样品粉碎机、烘箱、生物显微镜、电冰箱各1台(套)以上,电子天平(感量百分之一、千分之一和万分之一)1套以上,扦样器、分样器、发芽箱各2台(套)以上;申请杂交稻、杂交玉米种子生产许可证的,还应当配备pcr扩增仪、酸度计、高压灭菌锅、磁力搅拌器、恒温水浴锅、高速冷冻离心机、成套移液器各1台(套)以上;

(4)检验室100平方米以上;申请杂交稻、杂交玉米种子及其亲本种子生产许可证的,检验室150平方米以上;

(5)有仓库500平方米以上,晒场1000平方米以上或者相应的种子干燥设施设备;

(6)有专职的种子生产技术人员、贮藏技术人员和经省级以上人民政府农业行政主管部门考核合格的种子检验人员(涵盖田间检验、扦样和室内检验,下同)各 3 名以上;其中,生产杂交稻、杂交玉米种子及其亲本种子的,种子生产技术人员和种子检验人员各 5 名以上;

(7)生产地点无检疫性有害生物;

(8)符合种子生产规程要求的隔离和生产条件;

(9)农业部规定的其他条件。

≫法条链接≫

《种子法》第二十条:主要农作物和主要林木的商品种子生产实行许可制度。

主要农作物杂交种子及其亲本种子、常规种原种种子、主要林木良种的种子生产许可证,由生产所在地县级人民政府农业、林业行政主管部门审核;省、自治区、直辖市人民政府农业、林业行政主管部门核发;其他种子的生产许可证,由生产所在地县级以上人民政府农业、林业行政主管部门核发。

68. 农作物种子经营许可证由谁核发?

按照《种子法》第二十六条的规定,种子经营许可证实行分级审批发放制度。

(1)种子经营许可证由种子经营者所在地县级以上地方人民政府农业、林业行政主管部门核发。主要农作物杂交种子及其亲本种子、常规种原种种子、主要林木良种的种子经营许可证,由种子经营者所在地县级人民政府农业、林业行政主管部门审核,省、自治区、直辖市人民政府农业、林业行政主管部门核发。

(2)实行选育、生产、经营相结合并达到国务院农业、林业行政主管部门规定的注册资本金额的种子公司和从事种子进出口业务的公司的种子经营许可证,由省、自治区、直辖市人民政府农业、林业行政主管部门审核,国务院农业、林业行政主管部门核发。

69. 申请杂交稻、杂交玉米种子及其亲本种子经营许可证应当具备哪些条件?

按照农业部《农作物种子生产经营许可管理办法》的规定,申请杂交稻、杂交玉米种子及其亲本种子经营许可证,应当具备以下条件:

(1)注册资本不少于 3000 万元,固定资产不少于 1000 万元;

(2)具有完好的净度分析台、电子秤、置床设备、电泳仪、电泳槽、样品粉碎机、烘箱、生物显微镜、电冰箱各1台(套)以上,电子天平(感量百分之一、千分之一和万分之一)1套以上,扦样器、分样器、发芽箱各2台(套)以上,pcr扩增仪、酸度计、高压灭菌锅、磁力搅拌器、恒温水浴锅、高速冷冻离心机、成套移液器各1台(套)以上;检验室150平方米以上;

(3)有符合本办法第七条第五项要求的种子仓库、晒场或者相应的干燥设施设备,营业场所300平方米以上;

(4)具有种子加工成套设备,总加工能力杂交玉米种子不低于10吨/小时,杂交稻种子不低于5吨/小时,加工厂房500平方米以上;

(5)有专职种子加工技术人员5名以上,种子贮藏技术人员3名以上,经省级以上人民政府农业行政主管部门考核合格的种子检验人员5名以上;

(6)农业部规定的其他条件。

70. 申请杂交稻、杂交玉米种子及其亲本种子以外的应当加工、包装的农作物种子经营许可证,应当具备哪些条件?

按照农业部《农作物种子生产经营许可管理办法》的规定,申请杂交稻、杂交玉米种子及其亲本种子以外的应当加工、包装的农作物种子经营许可证,应当具备以下条件:

(1)申请主要农作物种子经营许可证的,注册资本不少于500万元,固定资产不少于250万元;申请非主要农作物种子经营许可证的,注册资本不少于200万元,固定资产不少于100万元;

(2)具有完好的净度分析台、电子秤、置床设备、电泳仪、电泳槽、样品粉碎机、烘箱、生物显微镜、电冰箱各1台(套)以上,电子天平(感量百分之一、千分之一和万分之一)1套以上,扦样器、分样器、发芽箱各2台(套)以上;检验室100平方米以上;

(3)经营主要农作物种子的,有符合本办法第七条第五项要求的种子仓库、晒场或者相应的干燥设施设备,营业场所200平方米以上;经营非主要农作物种子的,有仓库300平方米以上,晒场500平方米以上或者相应的干燥设施设备,营业场所200平方米以上;

(4)经营常规稻、小麦种子的,种子加工成套设备总加工能力10吨/小时以上;经营大豆种子的,种子加工成套设备总加工能力3吨/小时以上;经营棉花、

油菜种子的,种子加工成套设备总加工能力1吨/小时以上;经营其他农作物种子的,具有相应的种子加工设备;

(5)经营主要农作物种子的,种子加工厂房500平方米以上;经营非主要农作物种子的,种子加工厂房200平方米以上;

(6)有专职的种子加工技术人员、贮藏技术人员和经省级以上人民政府农业行政主管部门考核合格的种子检验人员各3名以上。

申请农业部规定的可以不经加工、包装的农作物种子经营许可证的,其注册资本和固定资产应当符合上述第(1)的规定,种子检验、仓储设施设备和人员的具体要求由省级人民政府农业行政主管部门规定,报农业部备案。

71. 设立选育、生产、经营相结合的种子公司,申请种子经营许可证应当具备哪些条件?

按照农业部《农作物种子生产经营许可管理办法》的规定,实行选育、生产、经营相结合,注册资本达到1亿元以上的公司,申请种子经营许可证的,应当具备以下条件:

(1)固定资产不少于5000万元;

(2)具有完好的净度分析台、电子秤、置床设备、电泳仪、电泳槽、样品粉碎机、烘箱、生物显微镜、电冰箱各2台(套)以上,电子天平(感量百分之一、千分之一和万分之一)2套以上,扦样器、分样器、发芽箱各3台(套)以上,pcr扩增仪、酸度计、高压灭菌锅、磁力搅拌器、恒温水浴锅、高速冷冻离心机、成套移液器各2台(套)以上;检验室200平方米以上;

(3)申请经营主要农作物种子的,有仓库1500平方米以上,晒场3000平方米以上或者相应的种子干燥设施设备,营业场所500平方米以上;申请经营非主要农作物种子的,有仓库300平方米以上,晒场500平方米以上或者相应的种子干燥设施设备,营业场所300平方米以上;

(4)申请经营杂交稻和杂交玉米种子及其亲本种子的,应当配备与其种子经营规模相适应的种子干燥设施设备,杂交稻种子及其亲本种子加工成套设备总加工能力达到10吨/小时以上,杂交玉米种子及其亲本种子加工成套设备总加工能力达到20吨/小时以上,加工厂房800平方米以上;申请经营其他农作物种子的,加工能力和加工厂房达到本办法第十四条第四、五项的相应要求;

(5)有专职的种子生产、加工、贮藏技术人员和经省级以上人民政府农业行政主管部门考核合格的种子检验人员各5名以上；

(6)有专门的育种机构,固定的育种人员和工作经费,年科研经费投入不得低于年利润的10%；自有科研实验室300平方米以上,稳定的育种用地100亩以上,其中,在全国3个以上不同生态区各有3个以上的测试点,每个点有10亩以上试验用地以及相应的播种、收获、考种设施设备；有专职从事科研育种的中级以上职称(或者相关专业本科以上学历)研究人员5名以上；生产经营主要农作物种子的,每种作物还应当有从事科研育种的专职高级职称(或者相关专业硕士以上学历)研究人员1名以上；

(7)有稳定的种子生产基地。其中,经营主要农作物种子的,基地5000亩以上；经营其他农作物种子的,基地500亩以上；

(8)有健全的售后服务体系；

(9)申请经营主要农作物种子的,有2个以上以申请企业名义单独申请并通过国家级审定的品种,或者5个以上以申请企业名义单独申请并至少在3个省(自治区、直辖市)通过省级审定的品种；申请经营非主要农作物种子的,有5个以上以申请企业名义单独获得植物新品种权的品种；

(10)申请经营作物种类的种子经营量在申请之日前3年内(不含申请当年),有1年以上占全国该种类作物种子市场份额的1%以上。自主知识产权品种的经营量占公司经营总量的比例10%以上；

(11)农业部规定的其他条件。

72. 种子经营者有哪些义务？

按照《种子法》以及农业部《农作物种子生产经营许可管理办法》等部门规章的规定,种子经营者应当遵守有关法律、法规的规定,向种子使用者提供种子的简要性状、主要栽培措施、使用条件的说明与有关咨询服务,并对种子质量负责。具体来说,种子经营者的义务主要有：

(1)种子经营者必须在领取《种子经营许可证》和《营业执照》后,方可按照指定的经营地点、经营范围、经营方式开展种子经营活动。

(2)每年到发证单位进行《种子经营许可证》的年检。种子经营者必须每年3月底以前带《种子经营许可证》正本和副本及有关材料,到发证部门进行年检,种子管理部门对《农作物种子经营许可证》的登记事项及该单位的农作物种子经营状况进行检查核对,有变动的项目及时更改,发现违背法律法规规定的,及时给予纠正,对不符合种子经营条件的,吊销其《种子经营许可证》。没有通过年检的,不得继续经营农作物种子。

(3)经营的农作物种子应当经过加工、分级包装,质量达到国家或地方规定的质量标准并附有种子标签,同时还应附上持证检验员签发的《农作物种子质量合格证》。

(4)种子包装标识和内外标签必须载明品种名称、品种特征特性(含栽培要点)、质量指标、数量、生产日期、销售单位等,并与包装内种子相符。

(5)经营进口农作物种子的应当附有中文说明。

(6)建立种子经营档案,载明种子来源、加工、贮藏、运输和质量检测各环节的简要说明及责任人、销售去向等内容。按照《种子法》的规定,一年生农作物种子的经营档案应当保存至销售后二年,多年生农作物和林木种子经营档案的保存期限由国务院农业、林业行政主管部门规定。

(7)接受种子管理和工商、技术监督等部门的监督检查。

(8)根据《种子法》的规定,不得伪造、变造、买卖、租借种子经营许可证;禁止任何单位和个人无证或者未按照许可证的规定经营种子。

≫**法条链接**≫

《种子法》第三十二条:种子经营者应当遵守有关法律、法规的规定,向种子使用者提供种子的简要性状、主要栽培措施、使用条件的说明与有关咨询服务,并对种子质量负责。

73. 我国对设立外商投资农作物种子企业有哪些规定?

外商在我国投资设立的种子企业是指中外合资、合作开发、生产经营农作物种子的企业,法律暂不允许设立外商投资经营销售型农作物种子企业和外商独资的种子企业。按照1997年农业部等四部委《关于设立外商投资农作物种子企业审批和登记管理的规定》的规定,申请设立外商投资种子企业,除符合有关法律、法规规定的条件和我国种子产业政策外,还应具备以下条件:

(1)申请设立外商投资农作物种子企业的中方应是具备农作物种子生产经营资格并经其主管部门审核同意的企业;外方应是具有较高的科研育种、种子生产技术和企业管理水平,有良好信誉的企业。

(2)能够引进或采用国(境)外优良品种(种质资源)、先进种子技术和设备。

(3)粮、棉、油作物种子企业的注册资本不低于200万美元;其他农作物种子企业的注册资本不低于50万美元。

(4)设立粮、棉、油作物种子企业,中方投资比例应大于50%。

申请设立外商投资种子企业办理《农作物种子经营许可证》,须提交下列文件:①项目建议书和可行性研究报告的批准文件;②设立外商投资种子企业的合同、章程;③合同、章程的批准文件及审批部门颁发的《外商投资企业批准文件》;④外商投资农作物种子企业董事会成员名单及各方董事委派书;⑤其他应提交的证件、文件。

≫法条链接≫

《种子法》第五十四条:境外企业、其他经济组织或者个人来我国投资种子生产、经营的,审批程序和管理办法由国务院有关部门依照有关法律、行政法规规定。

74. 种子使用者的权益有哪些?

按照《种子法》和《消费者权益保护法》的规定,种子使用者的合法权益包括以下几方面:

(1)享有知悉其购买、使用的种子的真实情况和权利。种子使用者有权询问他所购买的种子的品种特性、质量状况、适应范围、栽培技术要点以及日期、是否通过审定等,种子经营者必须如实提供真实情况。

(2)享有自主选择种子的权利。有权自主选择到哪家种子经营机构购买种子,购买什么种子,多少数量,有权对购买的种子进行挑选。

(3)享有公平交易的权利。种子使用者在购买种子时有权获得质量可靠、价格合理、计量正确的公平交易,有权拒绝经营者的强制交易行为。

(4)请求赔偿的权利。种子使用者在购买到假冒伪劣种子或者其他因为经营者不履行义务等原因而受到损失时有权要求赔偿损失。

≫法条链接≫

《种子法》第三十九条:种子使用者有权按照自己的意愿购买种子,任何单位和个人不得非法干预。

《种子法》第四十一条:种子使用者因种子质量问题遭受损失的,出售种子的经营者应当予以赔偿,赔偿额包括购种价款、有关费用和可得利益损失。

经营者赔偿后,属于种子生产者或者其他经营者责任的,经营者有权向生产者或者其他经营者追偿。

75. 种子使用者权益受损包括哪些情形?

种子使用者权益受损主要是指种子使用者购买种子时,由于种子经营者没有履行或没有完全履行其法定义务和约定义务,致使种子使用者购买到了假冒伪劣种子,给种子使用者造成损失。按照《种子法》以及其他相关法律的规定,种子使用者权益受损的主要类型有:

(1)因种子质量不合格而受损。即种子质量不符合标准从而导致使用者减产减收。

(2)因假冒种子而受损。假冒种子包括假种子和冒牌种子两种情形。假种子是指经营者交付给购买者的种子不是种子购买者所约定购买的品种种子,或者种子包装标明的种子与实际包装的种子不相符而又没有告诉购买者,从而使种子使用者利益受损。冒牌种子通常是一种质量低劣的种子,不仅损害名牌种子的信誉,也给种子使用者造成损失。

(3)因未经审定或审定未通过品种的种子而受损。未经审定的品种没有经过科学的区域试验和生产示范,其优质性、抗病性、适应性、产量等没有经过鉴定,是否能在生产上使用推广还是未知数,一旦存在某种缺陷,使用后将给农民和农业生产造成严重后果。这也是实践中种子使用者利益受损的一种情形。

(4)因包装标识不符合要求而受损。具体情形包括:没有说明;包装标识说明与实际装入的种子不符;包装标识缺乏必要的项目,如品种特性、栽培要点、质量状况等;夸大其辞,错误诱导种子使用者购买和使用;进口种子没有中文说明;剧毒的包衣种子等没有警示标志。因这些情形的出现而给种子使用者造成损失,也是实践中常发生的。

(5)因过期种子而受损。即因为超过使用期限的种子无法正常发芽和生长而给种子使用者造成损失的情形。

(6)因短斤少两,数量不足而受损。短斤少两、数量不足表现为种子经营者交付给种子购买者的种子实际数量不足。这种情形从种子交易一开始就侵害了使用者即消费者的合法权益。

76. 种子使用者权益受损,应当向谁索赔?

按照《种子法》、《消费者权保护法》等法律法规的规定,种子使用者在购买使用种子时,其合法权益受到损害的可以向种子销售者要求赔偿,销售者不得推诿,即直接销售者具有先行赔偿的法定义务。直接销售者赔偿损失后,如果属于生产者或者属于向直接销售者提供种子的其他销售者的责任,直接销售者有权向有责任的生产者或者其他销售者追偿,以补回其所受损失。根据《种子法》的规定,赔偿额包括购种价款、有关费用和可得利益损失。其中,可得利益损失是指因种子造成该作物产量与前三年平均产量的减产损失部分。

≫法条链接≫

《种子法》第四十一条:种子使用者因种子质量问题遭受损失的,出售种子的经营者应当予以赔偿,赔偿额包括购种价款、有关费用和可得利益损失。

经营者赔偿后,属于种子生产者或者其他经营者责任的,经营者有权向生产者或者其他经营者追偿。

77. 什么是假种子、劣种子?

假种子是指以非种子冒充种子或者以此种品种冒充他种品种种子,或者种子种类、品种、产地与标签标注的内容不符的种子。假种子分为两种类型:

(1)以非种子冒充种子或者以此品种种子冒充他种品种种子的。非种子是指不能作为种子使用的材料,如普通商品粮、育种过程中的中间材料以及沙粒、草籽等。以此品种种子冒充他种品种种子的往往是将淘汰或农民不欢迎的品种冒充优良品种。

(2)种子种类、品种、产地与标签标注的内容不符的。种子标签是用种者购买和使用种子的重要依据,也是种子生产者和经销者向使用者的质量承诺。种子的种类、品种的说明要在包装上的标签中得到体现。消费者购种以后,按品种要求的条件种植,若出现问题,便于追查责任。

劣种子是指农作物或林木种子质量低于国家标准或者承诺标准。劣种子包括以下几种情况:

(1)质量低于国家规定的种用标准的。国家规定的种子质量标准主要有四项指标:种子含水量、种子净度、发芽率和品种纯度。国家对大部分农作物都有明确的种用标准。这些标准能保证种子在田间正常生长。

(2)质量低于标签标注指标的。依据种子质量是否达到标签标注的质量指标,可以判定种子是否劣质。特别是对于国外引进的品种或国家对此种作物没有规定种用标准的,可以根据标签标注的质量指标来鉴别和衡量,种子的质量不能低于其标签上各项标注。

(3)因变质不能作种子使用的。如霉烂、发芽率低于国家标准的种子。

(4)杂草种子的比率超过规定的。在种子质量指标中,净度是检测杂草及异种子含量的重要指标。杂草种子比率直接影响种子播种量和发芽率。过多的杂草种子,自然增加了用种量,而且杂草的幼苗与作物幼苗混杂,减少实际田间产量,甚至传播病虫害。

(5)带有国家规定检疫对象的有害生物的。预防检疫对象是农业部门维护正常农业生产的重要工作。若引进了带有检疫对象的种子,就会造成检疫对象的扩散,严重的会给当年和以后的农业生产带来灾害性的后果。

≫法条链接≫

《种子法》第四十六条:禁止生产、经营假、劣种子。

下列种子为假种子:

(一)以非种子冒充种子或者以此种品种种子冒充他种品种种子的;

(二)种子种类、品种、产地与标签标注的内容不符的。

下列种子为劣种子:

(一)质量低于国家规定的种用标准的;

(二)质量低于标签标注指标的;

(三)因变质不能作种子使用的;

(四)杂草种子的比率超过规定的;

(五)带有国家规定检疫对象的有害生物的。

78. 农民购买种子时应注意哪些问题?

按照《种子法》以及其他经济法律法规的规定,为了保护自己的合法权益,科学选用优良品种,农民在选购种子时应注意以下问题:

(1)到具备资质、证照齐全、商誉良好的种子经营单位选购种子。从事种子经营必须持有种子经营许可证和营业执照,否则,就属于违法经营。申领种子经营许可证必须具备相应的条件,如法定的经营设施、技术力量等。在具备资质、证照齐全的经营单位中尽可能挑选信誉良好、服务周到的单位购种,只有这样,使用种子才更为放心,即使真的出现种子质量问题,也便于解决。

(2)注意选用适宜于自己的作物品种。对主要农作物品种(稻、小麦、玉米、大豆、棉花等)管理实行审定制度。审定通过的品种是经农业行政主管部门组织有关单位按照严格程序进行试验、筛选出的适宜种植的优良品种,这些品种使用安全、性能适宜,有推广价值。非主要农作物品种的选择也应注意品种的适应性。特别是到外地购种,包括各级农技服务组织到外地引种,不可盲目,要坚持先试验后推广的原则。此外,还要根据自己的栽培方式、地力条件、种植茬口选择对路的品种。

(3)注意检查种子包装及种子标签。按照《种子法》规定,不包装的种子不准上市经营,经营的种子必须附有标签。包装不规范、不标注种子种类、品种名称、经营单位和地址的种子属于不合格种子,种子种类、品种名称、产地与标签标注不符的应视为假种,切勿购买。一些种子经营单位在种子包装时采取了防伪措施,这也特别需要农户选种时谨慎购买,必要时可以向专业部门咨询。

(4)购种时要索取购种凭证,播种后要保存包装物。索取购种凭证和保存包装物的目的就是防范因种子质量问题造成损失时,作为证据进行索赔。

79. 如何对种子质量问题进行投诉?

农民在购买和使用种子时,如果认为是种子质量问题,应向种子经营单位反映,双方应当尽可能地先协商解决。如协商不成,购种者可向当地县市农业执法机构或相关部门投诉。投诉时,要出具购买种子的原始发票及单据,请工作人员进行调解;如对农作物损害的程度、有无赔偿等存在争议,可请当地种子鉴定部门到现场调查,并出具加盖鉴定单位公章的鉴定报告,鉴定费用由双方协商解决;如调解未果,购种者可申请仲裁或向法院起诉。法院受理后,可指定当地种子权威鉴定部门进行调查鉴定,然后,依法判决。如确认种子存在质量问题,种子经营者应予以赔偿,赔偿额包括购种价款、有关费用和可得利益损失。

≫**法条链接**≫

《种子法》第四十二条:因使用种子发生民事纠纷的,当事人可以通过协商或者调解解决。当事人不愿通过协商、调解解决或者协商、调解不成的,可以根据当事人之间的协议向仲裁机构申请仲裁。当事人也可以直接向人民法院起诉。

80. 如何计算种子直接损失和可得利益损失？

根据《农作物种子实施细则》第八十三条及农业部有关解释意见的规定，直接损失是指购种费，即购买种子实际支付的价款，其计算方法是：直接损失＝购种数量×种子销售单价。

可得利益损失是指因种子造成的该作物产量与前三年平均产量的减产损失部分。其中，前三年平均产量应按所在乡该作物前三年平均单产（以县统计局统计数据为依据）来确定。如果受损失的是杂交种，则应按该乡该作物杂交种前三年平均单产确定。如果受损失的是常规种，则应按该乡该作物常规种前三年平均单产确定。其计算方法为：

可得利益损失＝（该作物前三年平均单产－受损失地块的实际单产）×受损失面积。

以2013年某杂交稻地块因种子质量问题造成损失为例，考虑价格变化的因素，可得利益损失的计算公式为：

可得利益损失＝[（2010年该乡杂交稻平均单产×2010年稻谷单价＋2011年该乡杂交稻平均单产×2011年稻谷单价＋2012年该乡杂交稻平均单产×2012年稻谷单价）]÷3－2013年该地块实际单产×2013年稻谷单价×受损失面积

农药法律制度

81. 法律对农药是如何界定的?

农药是指用于预防、消灭或者控制危害农业、林业的病、虫、草和其他有害生物以及有目的地调节植物、昆虫生长的化学合成或者来源于生物、其他天然物质的一种物质或者几种物质的混合物及其制剂。

按照法律的规定,农药使用目的和场所包括下列六类:①预防、消灭或者控制危害农业、林业的病、虫(包括昆虫、螨、蜱)、草和鼠、软体动物等有害生物的;②预防、消灭或者控制仓储病、虫、鼠和其他有害生物的;③调节植物、昆虫生长的;④用于农业、林业产品防腐或者保鲜的;⑤预防、消灭或者控制蚊、蝇、蜚蠊、鼠和其他有害生物的;⑥预防、消灭或者控制危害河流堤坝、铁路、机场、建筑物和其他场所的有害生物的。

>> **法条链接** >>

《农药管理条例》第二条:本条例所称农药,是指用于预防、消灭或者控制危害农业、林业的病、虫、草和其他有害生物以及有目的地调节植物、昆虫生长的化学合成或者来源于生物、其他天然物质的一种物质或者几种物质的混合物及其制剂。

82. 国内首次生产的农药,申请登记应当按照哪几个阶段进行?

按照《农药管理条例》、《农药管理条例实施办法》等法规规章的规定,新农药应申请田间试验、临时登记和正式登记。具体要求和内容如下:

(1)田间试验。农药研制者在我国进行田间试验,应当经其所在地省级农业行政主管部门所属的农药检定机构初审后,向农业部农药检定所提出申请。经审查批准后,农药研制者持农药田间试验批准证书与取得认证资格的农药登记药效试验单位签订试验合同。试验应当按照《农药田间药效试验准则》实施。

省级农业行政主管部门所属的农药检定机构对田间试验的初审,应当在农药研制者交齐资料之日起一个月内完成。境外及港、澳、台地区农药研制者的田间试验申请直接向农业部农药检定所提出。农业部农药检定所对田间试验申请,应当在农药研制者交齐资料之日起三个月内给予答复。

(2)临时登记。田间试验后,需要进行示范试验(面积超过 10 公顷)、试销以及在特殊情况下需要使用的农药,其生产者须申请原药和制剂临时登记。其申请登记资料应当经所在地省级农业行政主管部门所属的农药检定机构初审后,向农业部农药检定所提出临时登记申请,由农业部农药检定所进行综合评价,经农药临时登记评审委员会评审,符合条件的,由农业部发给原药和制剂农药临时登记证。

省级农业行政主管部门所属的农药检定机构对临时登记资料的初审,应当在农药生产者交齐资料之日起一个月内完成。境外及港、澳、台地区农药生产者,直接向农业部农药检定所提出临时登记申请。

农业部组织成立农药临时登记评审委员会,每届任期三年。农药临时登记评审委员会一至二个月召开一次全体会议。农药临时登记评审委员会的日常工作由农业部农药检定所承担。农业部农药检定所对农药临时登记申请,应当在农药生产者交齐资料之日起三个月内给予答复。农药临时登记证有效期为一年,可以续展,累积有效期不得超过四年。

(3)正式登记。经过示范试验、试销可以作为正式商品流通的农药,其生产者须向农业部农药检定所提出原药和制剂正式登记申请,经国务院农业、化工、卫生、环境保护部门和全国供销合作总社审查并签署意见后,由农药登记评审委员会进行综合评价,符合条件的,由农业部发给原药和制剂农药登记证。

农药生产者申请农药正式登记,应当提供两个以上不同自然条件地区的示范试验结果。示范试验由省级农业、林业行政主管部门所属的技术推广部门承担。农业部组织成立农药登记评审委员会,下设农业、毒理、环保、工业等专业组。农药登记评审委员会每届任期三年,每年召开一次全体会议和一至二次主任委员会议。农药登记评审委员会的日常工作由农业部农药检定所承担。农业部农药检定所对农药正式登记申请,应当在农药生产者交齐资料之日起一年内给予答复。农药登记证有效期为五年,可以续展。

>>**法条链接**>>

《农药管理条例》第七条:国内首次生产的农药和首次进口的农药的登记,按照下列三个阶段进行:

(一)田间试验阶段:申请登记的农药,由其研制者提出田间试验申请,经批准,方可进行田间试验;田间试验阶段的农药不得销售。

(二)临时登记阶段:田间试验后,需要进行田间试验示范、试销的农药以及在特殊情况下需要使用的农药,由其生产者申请临时登记,经国务院农业行政主管部门发给农药临时登记证后,方可在规定的范围内进行田间试验示范、试销。

(三)正式登记阶段:经田间试验示范、试销可以作为正式商品流通的农药,由其生产者申请正式登记,经国务院农业行政主管部门发给农药登记证后,方可生产、销售。

农药登记证和农药临时登记证应当规定登记有效期限;登记有效期限届满,需要继续生产或者继续向中国出售农药产品的,应当在登记有效期限届满前申请续展登记。

经正式登记和临时登记的农药,在登记有效期限内改变剂型、含量或者使用范围、使用方法的,应当申请变更登记。

83. 农药生产企业应当具备哪些条件?

按照《农药管理条例》第十三条的规定,开办农药生产企业(包括联营、设立分厂和非农药生产企业设立农药生产车间),应当具备下列条件,并经企业所在地的省、自治区、直辖市工业产品许可管理部门审核同意后,报国务院工业产品许可管理部门批准;法律、行政法规对企业设立的条件和审核或者批准机关另有规定的,从其规定:

(1)有与其生产的农药相适应的技术人员和技术工人;

(2)有与其生产的农药相适应的厂房、生产设施和卫生环境;

(3)有符合国家劳动安全、卫生标准的设施和相应的劳动安全、卫生管理制度;

(4)有产品质量标准和产品质量保证体系;

(5)所生产的农药是依法取得农药登记的农药;

(6)有符合国家环境保护要求的污染防治设施和措施,并且污染物排放不超过国家和地方规定的排放标准。

农药生产企业经批准后,方可依法向工商行政管理机关申请领取营业执照。

另外,上述的有关法律、行政法规规定的条件,是指《民法通则》第三十七条规定的法人应当具备的条件,即(1)依法成立;(2)有必要的财产或者经费;(3)有自己的名称、组织机构和场所;(4)能够独立承担民事责任。如果农药生产企业是按照《公司法》设立的,还应遵守该部法律的相关规定。

84. 哪些单位可以经营农药?

按照《农药管理条例》第十八条的规定,下列单位可以经营农药:
(1)供销合作社的农业生产资料经营单位;
(2)植物保护站;
(3)土壤肥料站;
(4)农业、林业技术推广机构;
(5)森林病虫害防治机构;
(6)农药生产企业;
(7)国务院规定的其他经营单位。

经营的农药属于化学危险物品的,应当按照国家有关规定办理经营许可证。

85. 农药经营单位应当具备哪些条件?

按照《农药管理条例》第十九条的规定,农药经营单位应当具备下列条件和有关法律、行政法规规定的条件,并依法向工商行政管理机关申请领取营业执照后,方可经营农药:
(1)有与其经营的农药相适应的技术人员;
(2)有与其经营的农药相适应的营业场所、设备、仓储设施、安全防护措施和环境污染防治设施、措施;
(3)有与其经营的农药相适应的规章制度;
(4)有与其经营的农药相适应的质量管理制度和管理手段。

有关法律、行政法规规定的条件是指《民法通则》第三十七条规定的法人应当具备的条件,即(1)依法成立;(2)有必要的财产或者经费;(3)有自己的名称、组织机构和场所;(4)能够独立承担民事责任。另外,如果农药经营企业是按照《公司法》设立的,还应遵守该部法律的相关规定。

86. 哪些属于法律禁止生产和经营的假农药和劣质农药？

按照《农药管理条例》第三十一条和第三十二条的规定，假农药是指：①以非农药冒充农药或者以此种农药冒充他种农药的；②所含有效成份的种类、名称与产品标签或者说明书上注明的农药有效成份的种类、名称不符的。劣质农药包括：①不符合农药产品质量标准的；②失去使用效能的；③混有导致药害等有害成份的。

另外，按照《农药管理条例实施办法》的规定，农药经营单位不得经营下列农药：①无农药登记证或者农药临时登记证、无农药生产许可证或者生产批准文件、无产品质量标准的国产农药；②无农药登记证或者农药临时登记证的进口农药；③无产品质量合格证和检验不合格的农药；④过期而无使用效能的农药；⑤没有标签或者标签残缺不清的农药；⑥撤销登记的农药。

87. 农药管理的执法主体是谁？

按照《农药管理条例》第五条的规定，国务院农业行政主管部门负责全国的农药登记和农药监督管理工作。省、自治区、直辖市人民政府农业行政主管部门协助国务院农业行政主管部门做好本行政区域内的农药登记，并负责本行政区域内的农药监督管理工作。县级人民政府和设区的市、自治州人民政府的农业行政主管部门负责本行政区域内的农药监督管理工作。

88. 农药产品标签或说明书应注明哪些内容？

按照《农药管理条例》第十六条的规定，农药产品包装必须贴有标签或者附具说明书。标签应当紧贴或者印制在农药包装物上。标签或者说明书上应当注明农药名称、企业名称、产品批号和农药登记证号或者农药临时登记证号、农药生产许可证号或者农药生产批准文件号以及农药的有效成份、含量、重量、产品性能、毒性、用途、使用技术、使用方法、生产日期、有效期和注意事项等；农药分装的，还应当注明分装单位。

89. 申请办理农药经营许可证应提交哪些材料？

按照农药管理法规规章的规定，申请办理农药经营许可证应提交的材料包括：(1)填报的《农药经营许可证申请表》；(2)营业场所房屋产权或使用证明；

(3)安全环境条件证明;(4)设备设施、规章制度等书面说明材料;(5)法定代表人照片三张、身份证复印件;(6)设立网点经营农药的,须提交网站同经营单位之间的有关法律责任划分的协议书复印件;(7)主体资格不明确的经营单位设网点经营农药的,须提交营业执照和农药经营许可证复印件;(8)农业行政主管部门培训考核合格的《上岗证》。

90. 怎样从外观识别假农药、劣质农药?

按照农药管理法规规章以及相关经济法律的规定,判断识别假农药和劣质农药的基本方法有下属三种:

(1)从包装识别:合格的农药包装材料坚实,无破损,无泄漏,字迹清晰。

(2)从标签内容识别:农药标签内容应按法规要求标注标识,内容全面详实。

(3)从不同剂型外观识别:可湿性粉剂应疏松均匀,不结块,用手捏搓无团块和颗粒;乳油、水剂应液状透明,无沉淀、无漂浮物;悬浮剂应为可流动的悬浮液,无结块,存放后允许有分层现象,但下沉农药经摇晃后能轻易浮起,形成均一的悬浮液;颗粒剂应为均匀颗粒,不应有结块和太多粉末。

91. 禁止在所有农作物上使用的农药品种有哪些?

按照农业部第一百九十九号公告《禁止使用农药品种清单》的规定,禁止在所有农作物上使用的农药品种及其有效成份的混配剂包括:甲拌磷(3911)、乙拌磷、治螟磷(苏化203)、内吸磷(1059)、三苯基醋酸锡(薯瘟锡)、三苯基氯化锡、毒菌锡、三环锡(普特丹)、氟化钙、氟铝酸钠、氟硅酸钠、滴滴涕、六六六、林丹、艾氏剂、狄氏剂、砷、铅类、汞制剂、溴甲烷、二溴乙烷、二溴氯丙烷、克百威、涕灭威(铁灭克)、杀虫脒、稻瘟醇(五氯苯甲醇)、五氯硝基苯、草枯磷、除草醚、毒杀芬、敌枯双、氟乙酰胺、甘氟、毒鼠强、氟乙酸钠、毒鼠硅。

92. 禁止在蔬菜、茶叶、瓜类、果树和中药材上使用的农药品种有哪些?

按照农业部第一百九十九号公告《禁止使用农药品种清单》的规定,禁止在蔬菜、茶叶、瓜类、果树和中药材上使用的农药品种包括:甲胺磷、甲基对硫磷(甲基1605)、对硫磷、久效磷、磷胺、甲基异硫磷、特丁硫磷、甲基硫环磷、灭线磷、硫环磷、蝇毒磷(蝇毒硫磷)、氯唑磷、苯线磷、三氯杀螨醇、水胺硫磷、地虫磷(地虫硫磷、大风雷)、氧化乐果、速扑杀、灭多威(万灵)、磷化铝、三硫磷。

此外,其他禁用和限用的农药品种有:①氰戊菊脂、三氯杀螨醇及混配剂禁止在茶叶上使用;②所有拟除虫菊脂类农药单剂及混配剂和稻瘟净、异稻瘟净单剂禁止在水稻上使用;③农田化学除草剂胺苯磺隆、绿磺隆、甲磺隆单剂及其复配制剂仅限于水旱轮作田使用。

肥料法律制度

93. 法律对肥料是如何界定的?

按照《肥料登记管理办法》第三条的规定,肥料是指用于提供、保持或改善植物营养和土壤物理、化学性能以及生物活性,能提高农产品产量,或改善农产品品质,或增强植物抗逆性的有机、无机、微生物及其混合物料。

94. 肥料市场的执法主体是谁?

按照《肥料登记管理办法》第七条的规定,农业部负责全国肥料登记和监督管理工作。省、自治区、直辖市人民政府农业行政主管部门协助农业部做好本行政区域内的肥料登记工作。县级以上地方人民政府农业行政主管部门负责本行政区域内的肥料监督管理工作。由此可见,肥料市场的执法主体是县级以上地方人民政府农业行政主管部门。

95. 肥料登记需要经过哪些阶段,哪些肥料可免予登记?

按照《肥料登记管理办法》第六条的规定,肥料登记分为临时登记和正式登记两个阶段。(1)临时登记:经田间试验后,需要进行田间示范试验、试销的肥料产品,生产者应当申请临时登记;(2)正式登记:经田间示范试验、试销可以作为正式商品流通的肥料产品,生产者应当申请正式登记。

按照《肥料登记管理办法》第十四条的规定,对经农田长期使用,有国家或行业标准的下列产品免予登记:硫酸铵,尿素,硝酸铵,氰氨化钙,磷酸铵(磷酸一铵、二铵),硝酸磷肥,过磷酸钙,氯化钾,硫酸钾,硝酸钾,氯化铵,碳酸氢铵,钙镁磷肥,磷酸二氢钾,单一微量元素肥,高浓度复合肥。

96. 肥料登记有哪些类型?

根据《肥料登记管理办法》第六条、第十一条和第二十二条的规定,,肥料登记分四种类型:

(1)临时登记——经田间小区试验后,需要进行田间示范试验、试销的肥料产品,生产者应当申请临时登记。

(2)正式登记——在获得临时登记后,经田间示范试验、试销可以作为正式商品流通的肥料产品,生产者应当申请正式登记。

(3)续展登记——登记证有效期满,需要继续生产、销售该产品的,生产者应当申请续展登记。

(4)变更登记——在登记证有效期内,改变产品使用范围、名称和企业名称等未涉及产品质量的,生产者应当申请变更登记。

97. 肥料临时登记和正式登记有效期限分别是多少?有哪些规定?

按照《肥料登记管理办法》第二十一条的规定,肥料临时登记证有效期为一年。肥料临时登记证有效期满,需要继续生产、销售该产品的,应当在有效期满两个月前提出续展登记申请,符合条件的经农业部批准续展登记。续展有效期为一年。续展临时登记最多不能超过两次。

肥料正式登记证有效期为五年。肥料正式登记证有效期满,需要继续生产、销售该产品的,应当在有效期满六个月前提出续展登记申请,符合条件的经农业部批准续展登记。续展有效期为五年。

登记证有效期满没有提出续展登记申请的,视为自动撤销登记。登记证有效期满后提出续展登记申请的,应重新办理登记。经登记的肥料产品,在登记有效期内改变使用范围、商品名称、企业名称的,应申请变更登记;改变成分、剂型的,应重新申请登记。

98. 申请肥料临时登记需要提交哪些资料?

按照《肥料登记资料要求》第二项(一)的规定,申请临时登记,申请者应填写《肥料临时登记申请表》,并提交下列中文资料(3份)及肥料样品。其中,毒性报告、菌种安全鉴定报告可以在办理登记时委托受理单位送相关或指定单位办理;残留试验及残留检测方法资料,如没有要求可不提交。

具体内容应包括：①生产者基本概况；②产品执行标准；③产品标签样式(包括标识、使用说明书)；④肥料效应小区试验资料；⑤毒性报告；⑥菌种安全鉴定报告；⑦残留试验及残留检测方法资料；⑧肥料样品；⑨初审意见。

99. 法律对肥料包装及标识内容有哪些规定？

按照《肥料登记管理办法》、《肥料登记资料要求》的规定,产品标签应包含以下内容：

(1)产品名称(以醒目大字表示)。在名称选择上,应当使用表明该产品真实属性的专用名称,并符合下列条件：①国家标准、行业标准对产品名称有规定的,应当采用国家标准、行业标准规定的名称；②国家标准、行业标准对产品名称没有规定的,应当使用不使消费者误解或混淆的常用名称或俗名；③在使用"商标名称"或其他名称时,必须同时使用本条①或②规定的任意一个名称。

(2)预留肥料登记证号位置。

(3)产品执行标准号。境内产品,应当标明企业所执行的国家标准、行业标准或经备案的企业标准的编号。

(4)有效成分的名称和含量。

(5)净含量。

(6)生产者名称和地址。境内产品,必须标明经依法登记注册的、能承担产品质量责任的生产者的名称和地址。国外及港、澳、台地区产品,应当标明该产品的原产地(国家或地区),以及代理商在中国依法注册的名称和地址。

(7)使用说明。按申请登记的适用作物简述安全有效的使用时期、使用量和使用方法及有关注意事项。

(8)生产日期。如产品需限期使用,则应标注保质期或失效日期。如产品的保质期与贮藏条件有关,则必须标明产品的贮藏方法。

(9)必要的警示标志和贮存要求。对于易碎、怕压、需要防潮、不能倒置以及其他特殊要求的产品,应标注警示标志或中文警示说明,标注贮运注意事项。

(10)限用范围。

(11)与其他物质混用禁忌。

对于销售包装的最大表面积小于10平方厘米的,标签内容可仅为产品名称、生产者名称、生产日期、保质期,其他内容可以标注在产品的其他说明物上。

以上内容,(1)至(9)项是必需的,(10)和(11)项根据申请者申报的产品资料情况由农业部确定是否需要。如在执行过程中国家出台新规定,按新规定规范。

>> **法条链接** >>

《肥料登记管理办法》第二十三条:肥料产品包装应有标签、说明书和产品质量检验合格证。标签和使用说明书应当使用中文,并符合下列要求:(1)标明产品名称、生产企业名称和地址;(2)标明肥料登记证号、产品标准号、有效成分名称和含量、净重、生产日期及质量保证期;(3)标明产品适用作物、适用区域、使用方法和注意事项;(4)产品名称和推荐适用作物、区域应与登记批准的一致;禁止擅自修改经过登记批准的标签内容。

100. 肥料田间报告应包括哪些内容?

按照《肥料登记资料要求》第二项(一)4 的规定,田间试验报告应是与标签(说明书)标明的产品主要功效相对应的、每一种作物 1 年 2 种以上(含)不同的土壤类型地区或 2 年 1 种土壤类型地区的试验结果。报告的格式和内容:

(1)试验日期、地点、依据、单位(盖章)和主持人签名(中级以上职称)。

(2)供试肥料的生产者名称、产品分类、产品名称、剂型、含量及来源。

(3)供试作物。

(4)使用方法、用量、时期、次数。

(5)处理、重复次数、小区面积和对照。微生物肥料产品,试验处理要有经强放射性辐照如放射性同位素 60Co 灭菌的产品作基质对照。

(6)土壤条件和气候条件。

(7)试验数据生物统计分析结果。内容应包括:①对产量的影响;②对收获物品质的影响;③对生态环境等其他方面的影响;④对肥料效益评价,并推荐最佳施肥量范围、最佳施用生长期和使用方法。

(8)产品特点和使用注意事项。

101. 法律对肥料的毒性报告是如何作出规定的?

按照《肥料登记资料要求》第二项(一)5 的规定,由省级以上卫生行政部门认定单位出具的产品经口急性毒性试验报告。报告格式和内容应包括以下几项:

(1)试验日期、地点、依据、单位(盖章)和技术负责人姓名(签名)。

(2)受试肥料名称(通用名、商品名)、剂型、性状、含量、处理及来源。

(3)受试动物的来源、品系、数目、性别、体重。

(4)染毒途径、剂量分组、空腹时间及灌胃量。

(5)观察期限、中毒症状、死亡时间。

(6)半数致死量(LD50)及其95%可信限、结论。

特殊产品根据申请者提交的资料情况,由农业部有关部门确定是否提交或进行产品的其他类型毒性试验。

102. 法律对肥料残留实验是如何作出规定的?

按照《肥料登记资料要求》第二项(一)7的规定,产品残留试验由农业部指定单位承担,在2个以上不同自然条件地区以田间小区规范试验方式连续进行2年。报告格式和内容包括以下几项:

(1)试验日期、地点、依据、单位(盖章)和技术负责人签名(中级以上职称)。

(2)试验肥料产品分类、产品名称、剂型、性状、含量及来源。

(3)应试作物。

(4)使用方法、用量(浓度)、时期、次数、器械。

(5)处理、重复次数、小区面积(或株数)和取样时间。

(6)分析的项目(可食用部分、土壤和水,特殊肥料增加检测气体排放量)。

(7)试验地土壤的pH值、质地、有机质和各种养分含量,以及水的pH值,及气候条件、耕作制度。

(8)所用残留分析方法来源及回收率、变异系数、方法灵敏度(最低检出量或最低检出浓度)。

(9)试验结果。作物、土壤、水(含地下水)中残留量和时间的关系(即消解动态);常规使用量和高于常用量1.5—2.0倍条件下,作物、土壤耕作层、水中的实际残留量。

103. 肥料效应示范试验资料应包括哪些事项?

按照《肥料登记资料要求》第二项(二)4的规定,肥料效应示范试验资料是指提交由农业部认定单位最近4年内在2个以上(含)不同省完成并出具的示范试验资料。原则上要求每种作物的示范试验面积为经济作物面积5亩以上、大田作物20亩以上,对照1—2亩。具体方案由承担试验的农业部认定单位与生产企业参照登记肥料肥效试验技术规程(暂行)协商制定。

对有国家标准或行业标准或农业部肥料登记评审委员会建议并经农业部种植业管理司认定的产品或同一生产企业的相同有效成份、改变剂型,并且至少有1个产品已获正式登记的产品,免提交肥料效应示范试验资料。

肥料效应示范试验资料包括:①田间示范试验肥料的样品检测报告。由省级以上经计量认证的肥料检验机构检测出具;②田间示范试验报告。报告应是与标签(说明书)标明的产品主要功效相对应的、经临时登记作物的田间示范试验结果。示范试验报告的格式和内容参考"临时登记"的"肥料效应小区试验"部分要求;③作用方式和作用机制研究报告。根据申请者提供的产品资料情况,由农业部确定是否必须提交;④国外及港、澳、台地区产品在本国(地区)或其他国家(地区)新的肥效试验结果报告。

104. 申请肥料登记证续展应提交哪些资料?

按照《肥料登记资料要求》第二项(三)的规定,肥料登记续展分为临时登记证续展和正式登记证续展两种,二者的基本要求不尽相同。

(1)《临时登记证》续展。在《临时登记证》有效期满两个月前,申请者应当填写《肥料续展登记申请表》,并提交下列资料:①生产者原登记证复印件;②该产品在有效期内的使用情况,内容包括:使用面积、施用作物、应用效果和主要推广地区等;③质量复核样品。此项仅是对有不良反映或在登记证有效期内的质量抽查中不合格的产品要求。对质量复核样品的具体要求和做法与"临时登记"的"肥料样品"部分相同。

(2)《正式登记证》续展。在《正式登记证》有效期满两六个月前,申请者应当填写《肥料续展登记申请表》,并提交下列资料:①生产厂商原登记证复印件;②产品使用面积、施用作物、应用效果和主要推广地区等材料;③国外及港、澳、台地区产品提供生产国(地区)最新批准生产和销售的证明文件、产品说明书和产品质量标准;④质量复核样品。对质量复核样品的具体要求和做法与"正式登记"的"肥料样品"部分相同;⑤国内产品要提交生产者所在省级农业行政主管部门意见。

105. 法律要求肥料变更登记应提交哪些资料?

按照《肥料登记资料要求》第二项(四)的规定,肥料变更登记应提交以下资料:

要求进行下述变更登记的,申请者应当填写《肥料变更登记申请表》,并提供与变更内容相关的证明材料。

(1)变更产品使用范围的,应补充提交以下资料:①生产厂商的变更产品使用范围申请书和原登记证复印件;②肥料效应小区试验报告。变更产品使用范围的作物在我国1年2种以上含2种不同土壤类型地区或2年1种土壤类型地区的田间肥效试验资料;③产品标签样式(包括标识、使用说明书);④国外及港、澳、台地区产品在其他国家(地区)相应的登记使用情况证明材料。

(2)变更产品名称的。应提交生产厂商的变更产品名称申请书和原登记证复印件。

(3)变更企业名称的,应提交以下资料:①生产者的变更企业名称申请书和原登记证复印件;②企业工商注册证明文件;③其他与企业名称变更相关的文件材料。

106. 申请肥料正式登记需要提交哪些资料?

按照《肥料登记资料要求》第二项(二)的规定,申请正式登记,申请者应填写《肥料正式登记申请表》,并补充提交下列中文资料(临时登记已提供了详细资料的,在正式登记时重复资料可不再要求提交)及肥料样品。具体包括:①生产者基本资料;②产品执行标准;③产品标签样式(包括标识、使用说明书);④肥料效应示范试验资料;⑤毒性报告;⑥残留试验及残留检测方法资料;⑦肥料样品。

107. 哪些肥料由省级人民政府农业行政主管部门负责审批、登记?

按照《肥料登记管理办法》第三十一条和第三十二条的规定,省、自治区、直辖市人民政府农业行政主管部门负责本行政区域内的复混肥、配方肥(不含叶面肥)、精制有机肥、床土调酸剂的登记审批、登记证发放和公告工作。省、自治区、直辖市人民政府农业行政主管部门不得越权审批登记。省、自治区、直辖市人民政府农业行政主管部门参照本办法制定有关复混肥、配方肥(不含叶面肥)、精制有机肥、床土调酸剂的具体登记管理办法,并报农业部备案。省、自治区、直辖市人民政府农业行政主管部门可委托所属的土肥机构承担本行政区域内的具体肥料登记工作。

省、自治区、直辖市农业行政主管部门批准登记的复混肥、配方肥(不含叶面肥)、精制有机肥、床土调酸剂,只能在本地区销售使用。如要在其他省区销售使用,须由生产者、销售者向销售使用地省级农业行政主管部门备案。

108. 禁止在农作物上使用的肥料种类有哪些?

按照农业部相关部门规章的规定,禁止在农作物上使用的肥料种类包括:(1)以城市、医院、工业区垃圾、有害污泥等为有机原料制成的有机肥(垃圾肥);(2)未腐熟的人粪尿;(3)未腐熟的饼肥;(4)以废酸生产的过磷酸钙或其他磷肥(废磷酸肥);(5)含激素或激素类叶面肥料;(6)含氯肥料(氯化铵、氯化钾、含氯的复混肥料)禁止在忌氯作物上使用;(7)含硝态氮的肥料(包括硝酸铵、硝酸钾复合肥及含硝态氮的复混肥料)。

植物检疫和菌种法律制度

109. 确定植物检疫对象的原则是什么?

按照《植物检疫条例》第四条规定,凡局部地区发生危险性大、能随植物及其产品传播的病、虫、杂草应列为检疫对象。也就是说,列为植物检疫的对象必须具备三个条件:①仅局部发生,分布不广,国内、省内未发生过的;②危险性大,危害损失严重;③自然远距离传播力弱,只能靠人为力量随种子、苗木及其包装运输物而传播蔓延。

110. 地(市)、县级植物检疫机构的主要职责有哪些?

按照《植物检疫条例实施细则》(农业部分)第四条第(三)项的规定,地(市)、县级植物检疫机构的主要职责有:

(1)贯彻《植物检疫条例》及国家、地方各级政府发布的植物检疫法令和规章制度的精神,向基层干部和农民宣传普及检疫知识;

(2)拟订和实施当地的植物检疫工作计划;

(3)开展检疫对象调查,编制当地的检疫对象分布资料,负责检疫对象的封锁、控制和消灭工作;

(4)在种子、苗木和其他繁殖材料的繁育基地执行产地检疫。按照规定承办应施检疫的植物、植物产品的调运检疫手续。对调入的应施检疫的植物、植物产品,必要时进行复检。监督和指导引种单位进行消毒处理和隔离试种;

(5)监督指导有关部门建立无检疫对象的种子、苗木繁育、生产基地;

(6)在当地车站、机场、港口、仓库及其他有关场所执行植物检疫任务。

111. 植物检疫机构和检疫人员依法应具备哪些条件？

按照《植物检疫条例实施细则》（农业部分）第五条的规定，各级植物检疫机构必须配备一定数量的专职植物检疫人员，并逐步建立健全相应的检疫实验室和检验室。

专职植物检疫员应当是具有助理农艺师以上技术职务、或者虽无技术职务而具有中等专业学历、从事植保工作三年以上的技术人员，并经培训考核合格，由省级农业主管部门批准，报农业部备案后，发给专职植物检疫员证。各级植物检疫机构可根据工作需要，在种苗繁育、生产及科研等有关单位聘请兼职植物检疫员或特邀植物检疫员协助开展工作。兼职检疫员由所在单位推荐，经聘请单位审查合格后，发给聘书。

省级植物检疫机构应充实、健全植物检疫实验室，地（市）、县级植物检疫机构应根据情况逐步建立健全检验室，按照《植物检疫操作规程》进行检验，为植物检疫签证提供科学依据。

112. 法律对植物检疫证书的签发作了哪些要求？

按照《植物检疫条例实施细则》（农业部分）第六条的规定，植物检疫证书的签发应当遵循以下程序性规范：

(1) 省间调运种子、苗木等繁殖材料及其他应施检疫的植物、植物产品，由省级植物检疫机构及其授权的地（市）、县级植物检疫机构签发植物检疫证书；省内种子、苗木及其他应施检疫的植物、植物产品的调运，由地（市）、县级植物检疫机构签发检疫证书。

(2) 植物检疫证书应加盖签证机关植物检疫专用章，并由专职植物检疫员署名签发；授权签发的省际间调运植物检疫证书还应当盖有省级植物检疫机构的植物检疫专用章。

(3) 植物检疫证书式样由农业部统一制定。证书一式四份，正本一份，副本三份。正本交货主随货单寄运；副本一份由货主交收寄、托运单位留存，一份交收货单位或个人所在地（县）植物检疫机构（省际间调运寄给调入省植物检疫机构），一份留签证的植物检疫机构。

113. 农业植物检疫范围包括哪些?

按照《植物检疫条例实施细则》(农业部分)第九条的规定,农业植物检疫范围包括粮、棉、油、麻、桑、茶、糖、菜、烟、果(干果除外)、药材、花卉、牧草、绿肥、热带作物等植物、植物的各部分,包括种子、块根、块茎、球茎、鳞茎、接穗、砧木、试管苗、细胞繁殖体等繁殖材料,以及来源于上述植物、未经加工或者虽经加工但仍有可能传播疫情的植物产品。

全国植物检疫对象和应施检疫的植物、植物产品名单,由农业部统一制定;各省、自治区、直辖市补充的植物检疫对象和应施检疫的植物、植物产品名单,由各省、自治区、直辖市农业主管部门制定,并报农业部备案。

114. 省间调运植物、植物产品必须检疫的情形有哪些?

按照《植物检疫条例实施细则》(农业部分)第十条的规定,省际间调运植物、植物产品,属于下列情况的必须实施检疫:

(1)凡种子、苗木和其他繁殖材料,不论是否列入应施检疫的植物、植物产品名单和运往何地,在调运之前,都必须经过检疫;

(2)列入全国和省、自治区、直辖市应施检疫的植物、植物产品名单的植物产品,在运出发生疫情的县级行政区域之前,必须经过检疫;

(3)对可能受疫情污染的包装材料、运载工具、场地、仓库等也应实施检疫。

≫法条链接≫

《植物检疫条例》第七条:调运植物和植物产品,属于下列情况的,必须经过检疫:

(一)列入应施检疫的植物、植物产品名单的,运出发生疫情的县级行政区域之前,必须经过检疫;

(二)凡种子、苗木和其他繁殖材料,不论是否列入应施检疫的植物、植物产品名单和运往何地,在调运之前,都必须经过检疫。

115. 法律对植物疫区划定和管理有哪些要求?

按照《植物检疫条例实施细则》(农业部分)第十三条、第十四条的规定,划定疫区和保护区,要同时制定相应的封锁、控制、消灭或保护措施。在发生疫情的地区,植物检疫机构可以按照《植物检疫条例》第五条第三款的规定,派人参加道路联合检查站或者经省、自治区、直辖市人民政府批准,设立植物检疫检查站,开展植物检疫工作。各省、自治区、直辖市植物检疫机构应当就本辖区内设立或者撤销的植物检疫检查站名称、地点等报农业部备案。

疫区内的种子、苗木及其他繁殖材料和应施检疫的植物、植物产品,只限在疫区内种植、使用,禁止运出疫区;如因特殊情况需要运出疫区的,必须事先征得所在地省级植物检疫机构批准,调出省外的,应经农业部批准。

疫区内的检疫对象,在达到基本消灭或已取得控制蔓延的有效办法以后,应按照疫区划定时的程序,办理撤销手续,经批准后明文公布。

> **法条链接**

《植物检疫条例》第五条:局部地区发生植物检疫对象的,应划为疫区,采取封锁、消灭措施,防止植物检疫对象传出;发生地区已比较普遍的,则应将未发生地区划为保护区,防止植物检疫对象传入。

疫区应根据植物检疫对象的传播情况、当地的地理环境、交通状况以及采取封锁、消灭措施的需要来划定,其范围应严格控制。

在发生疫情的地区,植物检疫机构可以派人参加当地的道路联合检查站或者木材检查站;发生特大疫情时,经省、自治区、直辖市人民政府批准,可以设立植物检疫检查站,开展植物检疫工作。

116. 省间调运应检疫的植物、植物产品需要履行哪些检疫程序?

按照《植物检疫条例实施细则》(农业部分)和其他规章的规定,省(区、市)间调运种子、苗木和应施检疫的植物及其产品,应按以下程序办理检疫手续:(1)调入单位或个人必须事先征得本省(区、市)植物检疫机构的同意,领取植物检疫要求书,向调出省(区、市)提出检疫要求;(2)调出单位根据调入省(区、市)的要求向省(区、市)植物检疫机构申请检疫,填写《植物检疫申报单》,并按章交纳检疫费;(3)根据检疫结果,领取植物检疫证书或检疫处理通知单。

省内地市之间、县与县(市)之间调运种子、苗木和其他繁殖材料,调入单位和个人也应照此精神,根据当地规定,履行调运检疫手续。省间调运种子、苗木等繁殖材料及其他应施检疫的植物、植物产品,由省级植检站及其委托的地(市)、县检疫机构签发植物检疫证书;省内种子、苗木的调运由地(市)县级植检机构签发检疫证书。

> **法条链接**

《植物检疫条例》第十条:省、自治区、直辖市间调运本条例第七条规定必须经过检疫的植物和植物产品的,调入单位必须事先征得所在地的省、自治区、直辖市植物检疫机构同意,并向调出单位提出检疫要求;调出单位必须根据该检疫要求向所在地的省、自治区、直辖市植物检疫机构申请检疫。对调入的植物和植物产品,调入单位所在地的省、自治区、直辖市的植物检疫机构应当查验检疫证书,必要时可以复检。

117. 从国外引进种子、苗木等繁殖材料,必须符合哪些检疫要求?

按照《植物检疫条例实施细则》(农业部分)第二十二条的规定,从国外引进种子、苗木等繁殖材料,必须符合下列检疫要求:

(1)引进种子、苗木和其他繁殖材料的单位或者代理单位必须在对外贸易合同或者协议中订明中国法定的检疫要求,并订明输出国家或者地区政府植物检疫机关出具检疫证书,证明符合中国的检疫要求。

(2)引进单位在申请引种前,应当安排好试种计划。引进后,必须在指定的地点集中进行隔离试种,隔离试种的时间,一年生作物不得少于一个生育周期,多年生作物不得少于二年。

在隔离试种期内,经当地植物检疫机关检疫,证明确实不带检疫对象的,方可分散种植。如发现检疫对象或者其他危险性病、虫、杂草,应认真按植物检疫机构的意见处理。

118. 植物检疫机关在什么情况下才能签发植物检疫证书?

按照《植物检疫条例实施细则》(农业部分)第十六条的规定,检疫机构按下列不同情况决定签发植物检疫证书:(1)在无植物检疫对象发生地调运植物、植物产品,经核实后签发植物检疫证书;(2)在零星发生植物检疫对象的地区调运种子、苗木等繁殖材料时,应凭产地检疫合格证签发检疫证书;(3)对产地植物检疫对象发生情况不清楚的植物、植物产品,必须按《调运检疫操作规程》的规定进行抽样、检验,证明不带植物检疫对象后,才能签发植物检疫证书;(4)调运检疫过程中发现有检疫对象的,经严格消毒处理合格后,方可签发植物检疫证书;未经消毒处理或处理不合格的,不准放行。

119. 邮电、民航、公路、铁路等部门在执行国家植物检疫法规中有哪些职权职责？

根据《进出境动植物检疫法》的规定，各级邮政、民航、铁路和交通运输部门收寄、承运植物产品时，一律凭有效期限内的植物检疫证书（正本）办理。植物检疫证书应随邮单或货物运单寄运，最后递交收货单位或个人；凡无检疫证书或寄运货物的种类、数量与植物检疫证书不符的，一律不得邮寄或托运。植物检疫人员在车站、机场、港口、邮局等有关场所执行检疫任务时，有关部门要密切配合，提供必要的协助，共同做好植物检疫工作。在收寄、承运植物和植物产品时，如发现寄运种类、数量与检疫证书不符，伪造或涂改证书，冒名顶替等弄虚作假行为者，收寄、承运部门有权扣留寄运物，并通知当地植物检疫部门按有关规定处理。

≫**法条链接**≫

《进出境动植物检疫法》第八条：口岸动植物检疫机关在港口、机场、车站、邮局执行检疫任务时，海关、交通、民航、铁路、邮电等有关部门应当配合。

120. 什么是植物产地检疫？为什么要开展植物产地检疫？

按照《植物检疫条例实施细则》（农业部分）第十八条的规定，产地检疫就是植物检疫机构对种子、苗木及应实施检疫的植物和植物产品在原产地进行的检疫检查。

产地检疫的目的就是把准备交换和调运的种子、苗木及应实施检疫的植物和植物产品的检疫检查工作完成在植物生长期间和这些货物被调运之前，调运时只要凭产地检疫合格证就可以出具植物检疫证书，这样可以缩短检验时间，提高检验的准确性，有利于促进农村商品的流通和交换。

具体而言，开展植物产地检疫的积极意义有以下几点：

首先，可以避免调运时发现产品不符合检疫要求所造成的经济损失，避免因处理造成的压车、压场、压仓、压站，增加流通时间，甚至延误农时；其次，货主事先申报产地检疫，可以在植检部门指导下，采取预防措施，在生产环节消除检疫对象和应检病虫，生产出合格种苗和产品；第三，大多数检疫对象和应检病虫都能在其寄主生长季节造成明显的危害症状，容易发现和识别，比调运时抽样检查更加快速准确，简便易行。

121. 建立种苗繁育基地有哪些要求?

按照《植物检疫条例实施细则》(农业部分)第十九条的规定,种苗繁育单位或个人必须有计划地在无植物检疫对象分布的地区建立种苗繁育基地。新建的良种场、原种场、苗圃等,在选址以前,应征求当地植物检疫机构的意见;植物检疫机构应帮助种苗繁育单位选择符合检疫要求的地方建立繁育基地。

已经发现检疫对象的良种场、原种场、苗圃等,应立即采取有效措施封锁消灭。在检疫对象未消灭以前,所繁育的材料不准调入无病区,经过严格除害处理并经植物检疫机构检疫合格的,可以调运。

122. 产地检疫合格证和植物检疫证书有何区别?

所谓的产地检疫合格证,是指该批货物在原产地(主要是生长期间)经产地检疫检查符合国家检疫规定的凭证,可以作为该批货物交换或调运时换取植物检疫证书的依据。植物检疫证书是交换或调运的货物经过检疫检验符合国家检疫规定的凭证。应检货物可凭产地检疫合格证换取植物检疫证书,未经产地检疫的也可现场抽样检验,合格者发植物检疫证书。植物检疫证书是应检货物在交换和流通领域中证明其符合国家检疫规定的唯一合法的公文。《植物检疫条例》、《植物检疫条例实施细则》及省(市、区)实施办法都明文规定,承运、邮寄应检货物必须凭植物检疫证书办理有关手续。

123. 怎样办理从国外引种检疫审批手续?

按照《植物检疫条例实施细则》(农业部分)和其他规章的规定,凡从国外引种,引种单位或个人必须办理以下手续:

(1)在填写订货卡片的同时,要填报《引进种子、苗木检疫审批单》,属于国务院有关部门在京单位的引种,按业务分工(农业种苗和林业种苗)分别由农业部全国植保站和国家林业局林政保护司审批;京外单位及各省(区、市)有关部门引种的,由所在省(区、市)农(林)业厅(局)植检站或森保站审批;

(2)承办引种的单位凭订货卡片和审批单办理对外引种手续,并将检疫审批单中的检疫要求列入合同和有关协议;

(3)当种苗到达到口岸前或到达口岸时,收货单位或其代理人应按规定向种苗入境口岸检疫机关办理检疫手续,报验时缴验引进种苗检疫审批单(第二联),

无检疫审批单的,口岸检疫机关不予检疫放行,并视情况分别进行罚款或限期补办审批手续、退回或没收处理;

(4)从国外引进可能潜伏有危险病虫的种苗繁殖材料,引种单位在申请引种前,应安排好试种计划,否则,不予办理检疫审批手续。

124. 口岸检疫已经合格的引进种苗、繁殖材料为什么还必须隔离(或集中)试种观察?

按照《植物检疫条例》的规定,从国外引种可能潜伏有危险性病虫的种子、苗木和繁殖材料,必须隔离试种。其原因有以下几方面:

(1)某些危险性病虫在收获的种苗上往往表现较强的隐蔽性,而在生长期间易于鉴别。

(2)检疫对象主要根据国外危险性病、虫、杂草的疫情分布资料来制定,一般国内没有或少有发生分布,因而,检疫对象的确定往往带有一定的盲目性,有些种植后出现的危害严重的病虫,并不是规定检疫性的病虫。

(3)口岸抽样检验受现有检疫检验技术的抽样方法的限制,也有一定的偶然性。因此,引进的种苗和繁殖材料经口岸检疫合格后,还必须进行隔离试种,一般一年生作物不少于一个生长周期,多年生作物不少于二年,证明确实不带危险性病、虫、杂草后,方可分散种植。

≫**法条链接**≫

《植物检疫条例》第十二条:从国外引进可能潜伏有危险性病。虫的种子、苗木和繁殖材料,必须隔离试种。

125. 在隔离试种观察中,引种者应履行什么义务?

按照《植物检疫条例实施细则》(农业部分)第二十二条的规定,引进单位在申请引种前,应安排好试种计划,引进后,应按植物检疫机构的要求,在指定的地点集中进行隔离试种。

为了做好隔离试种观察,引种单位或个人应该履行下列义务:(1)引种前事先办理好检疫审批手续,以便按照审批要求制定出隔离试种计划;(2)种苗到货以前,按规定做好隔离试种的各项准备工作;(3)种苗到达口岸后,在履行种苗入境检疫手续的同时,应主动与试种地植物检疫站联系,以便在当地检疫部门的指导和监督下,按审批要求隔离试种;(4)若在隔离试种期间发现疫情,应按检疫要求及时处理;(5)提供隔离试种期间因检疫所需的工作条件、交通工具和经费等。

126. 试种观察期间发现了检疫对象或危险病虫应如何处理?

《植物检疫条例实施细则》(农业部分)第二十二条的相关规定,由于检疫对象和其他危险性病虫一般具有局部地区发生、经济损失较大、随植物和植物产品人为传播等特点,因此,如果发现检疫对象或其他危险性病、虫、杂草,应认真按检疫机构的意见处理。具体而言,引种种苗试种期间一旦发现检疫对象或其他危险性病、虫,基本处理程序是:第一,应立即向有关检疫部门(试种地植检站、审批单位等)报告,拟订出封锁扑灭措施;第二,及时采取严格的封锁和隔离措施,防止疫情传播和扩散;第三,在检疫部门的指导和监督下,严格按检疫要求处理疫情。

127. 植物检疫收费的原则是什么?怎样计算植物检疫收费?

按照农业部、国家物价局、财政部联合颁发的《关于加强国内植物检疫收费管理的规定和调整国内植物检疫收费标准的通知》,植物检疫收费是服务性、事业性收费,因此,在制定检疫收费标准时,首先坚持低收费的原则,同时,考虑检疫检验所花费的人工、试剂等费用的开支、货主的承受能力以及各地经济发展水平等因素,制订了检疫收费标准。

植物检疫收费基本要求是:(1)货物数量在收费起点限量以内的,按起点额收费;若限量内的货物价值不足起点额的3倍的,不收起点费,仅按货值比率收费。(2)货物数量超过收费起点限量的,检疫收费总额为收费起点额加上超过起点部分货物的货值比率费额。其货值按货物的合同价计算,没有合同价的按市场价计算。对产地的应检作物,其价值按国家牌价计算,没有国家牌价的按市场价计算。(3)对产地检疫也可根据上述原则,换算出每亩平均收费额后按亩计收。(4)对邮寄、托运限量内的植物、植物产品和因不可抗拒的自然灾害,经省种子、粮食部门批准调运救灾备荒粮油、种子实施检疫时,免收检疫费,只收证书工本费。

128. 植物检疫工作在哪些情形下应受到奖励?

《植物检疫条例实施细则》(农业部分)第二十四条的规定,凡执行《植物检

条例》有下列突出成绩之一的单位和个人,由农业部、各省、自治区、直辖市人民政府或者农业主管部门给予奖励:

(1)在开展植物检疫对象和危险性病、虫、杂草普查方面有显著成绩的;

(2)在植物检疫对象的封锁、控制、消灭方面有显著成绩的;

(3)在积极宣传和模范执行《植物检疫条例》、植物检疫规章制度以及与违反《植物检疫条例》行为作斗争等方面有突出成绩的;

(4)在植物检疫技术的研究和应用上有重大突破的;

(5)铁路、交通、邮政、民航等部门和当地植物检疫机构密切配合,贯彻执行《植物检疫条例》有显著成绩的。

129. 植物检疫工作在哪些情形下应受到罚款处罚?

《植物检疫条例实施细则》(农业部分)第二十五条规定,有下列违法行为之一,尚未构成犯罪的,由植物检疫机构处以罚款:

(1)在报检过程中故意谎报受检物品种类、品种,隐瞒受检物品数量、受检作物面积,提供虚假证明材料的;

(2)在调运过程中擅自开拆检讫的植物、植物产品,调换或者在夹带其他未经检疫的植物、植物产品,或者擅自将非种用植物、植物产品作种用的;

(3)伪造、涂改、买卖、转让植物检疫单证、印章、标志、封识的;

(4)违反《植物检疫条例》第七条、第八条第一款、第十条规定之一,擅自调运植物、植物产品的;

(5)违反《植物检疫条例》第十一条规定,试验、生产、推广带有植物检疫对象的种子、苗木和其他繁殖材料,或者违反《植物检疫条例》第十三条规定,未经批准在非疫区进行检疫对象活体试验研究的;

(6)违反《植物检疫条例》第十二条第二款规定,不在指定地点种植或者不按要求隔离试种,或者在隔离试种期间擅自分散种子、苗木和其他繁殖材料的。

130. 生产经营菌种应当具备哪些法定条件?

按照《食用菌菌种管理办法》第十三条的规定,从事菌种生产经营的单位和个人,应当取得《食用菌菌种生产经营许可证》。对于仅从事栽培种经营的单位和个人,可以不办理《食用菌菌种生产经营许可证》,但经营者要具备菌种的相关知识,具有相应的菌种贮藏设备和场所,并报县级人民政府农业行政主管部门备案。

131. 申请母种和原种《食用菌菌种生产经营许可证》应当具备哪些条件?

按照《食用菌菌种管理办法》第十五条的规定,申请母种和原种《食用菌菌种生产经营许可证》的单位和个人,应当具备下列条件:

(1)生产经营母种的注册资本应达100万元以上,生产经营原种的注册资本应达50万元以上;

(2)有省级人民政府农业行政主管部门考核合格的检验人员1名以上、生产技术人员2名以上;

(3)有相应的灭菌、接种、培养、贮存等设备和场所,有相应的质量检验仪器和设施。生产母种还应当有做菇试验所需的设备和场所;

(4)生产场地环境卫生及其他条件符合农业部《食用菌菌种生产技术规程》的要求。

132. 申请栽培种《食用菌菌种生产经营许可证》应当具备哪些条件?

按照《食用菌菌种管理办法》第十六条的规定,申请栽培种《食用菌菌种生产经营许可证》的单位和个人,应当具备下列条件:

(1)注册资本达10万元以上;

(2)有省级人民政府农业行政主管部门考核合格的检验人员1名以上、生产技术人员1名以上;

(3)有必要的灭菌、接种、培养、贮存等设备和场所,有必要的质量检验仪器和设施;

(4)栽培种生产场地的环境卫生及其他条件符合农业部《食用菌菌种生产技术规程》的要求。

另外,按照《食用菌菌种管理办法》第十七条的规定,申请《食用菌菌种生产经营许可证》,申请者还应当向县级人民政府农业行政主管部门提交相应的材料。具体包括:食用菌菌种生产经营许可证申请表;注册资本证明材料;菌种检验人员、生产技术人员资格证明;仪器设备和设施清单及产权证明,主要仪器设备的照片;菌种生产经营场所照片及产权证明;品种特性介绍;菌种生产经营质量保证制度。

林业法律制度

133.《森林法》的立法目的是什么？

立法目的即立法宗旨,是指制定一部法律所要达到的任务目标和要解决的问题。按照《森林法》的规定,其立法目的如下：

(1)保护、培育和合理利用森林资源。森林资源具有蓄水保土、调节气候、改善环境和提供林产品等功能。同时,森林资源又具有生长周期长、投资多、见效慢、易受病虫害和火灾等自然灾害威胁等特点。因此,制定森林法首先要体现保护、培育和合理利用森林资源的目的。

(2)加快国土绿化。我国是森林自然资源相对贫乏的国家,因此,绿化祖国将是我国目前乃至今后相当长时期内的一项历史性的任务,是保持水土、防止水土流失,维护和改善生态环境的根本性措施。

(3)发挥森林蓄水保土、调节气候、改善环境的作用。森林的功能很多,但最主要的是通过水的循环,蓄住水,保住土；通过影响气温、降水、风速等的变化,调节气候；通过净化空气,防风固沙、降低噪声。

(4)适应社会主义建设和人民生活的需要。森林一方面可以蓄水保土、调节气候,使森林所在地区的自然环境等适宜人类的生存和发展。另一方面,森林蓄水保土、防风固沙、改善自然环境等功能能够促使农业稳产、高产,为人类提供充足的农产品；森林还可以提供大量的木材和各种林产品,形成国民经济重要组成部分的林业产业。

≫法条链接≫

《森林法》第一条：为了保护、培育和合理利用森林资源、加快国土绿化,发挥森林蓄水保土、调节气候、改善环境和提供林产品的作用,适应社会主义建设和人民生活的需要,特制定本法。

134. 法律是如何规定森林、林木、林地的权属及权属证书发放的?

森林、林木、林地的所有者和使用者的合法权益,受法律保护,任何单位和个人不得侵犯。森林、林木、林地的权属,通常也称为"林权",主要是指森林、林木和林地的所有权和使用权。按照《森林法》的规定,森林、林木、林地的权属有三种形式。

一是国家所有权。我国《宪法》第九条明确规定,"矿藏、水流、森林、山岭、草原、荒地、滩涂等自然资源,都属于国家所有,即全民所有;由法律规定属于集体所有的森林、山岭、草原、荒地、滩涂除外。"因此,森林资源属于国家所有,由法律规定属于集体所有的除外。

二是集体所有权。按照《宪法》第九条的规定,法律规定属于集体所有的森林,属于集体所有。因此,森林、林木和林地可以由集体依照法律规定享有所有权。

三是个人的林木所有权和林地使用权。个人所有的林木,主要是指农村居民在房前屋后、自留地、自留山和农业集体经济组织指定的其他地方种植的树木,在以承包和其他合法方式取得的有使用权的林地上和在承包的荒山、荒地、荒滩上种植的树木(按照承包合同约定归个人所有的),以及城镇居民在自有房屋的庭院内种植的树木。个人的林地使用权,是指承包造林的林地及其他依法取得的林地使用权。在我国,土地不可以由个人所有,所以,个人只能拥有林地的使用权,而不能有林地的所有权。

关于林权的确认与林权证的发放,法律规定,国家所有的和集体所有的森林、林木和林地,个人所有的林木和使用的林地,必须由县级以上人民政府登记造册,发放证书后,才能确认所有权或者使用权。如果没有经过人民政府的登记确认,不能依法享有所有权或者使用权,其权益也就得不到法律的有效保护。可见,林权的确认需要进行登记,并取得权利证书。

≫法条链接≫

《森林法》第三条:森林资源属于国家所有,由法律规定属于集体所有的除外。

国家所有的和集体所有的森林、林木和林地,个人所有的林木和使用的林地,由县级以上人民政府登记造册,发放证书,确认所有权或者使用权。国务院可以授权国务院林业主管部门,对国务院确定的国家所有的重点林区的森林、林木和林地登记造册,发放证书,并通知有关地方人民政府。

135. 法律对森林种类是如何划分的？

森林种类的划分是指按照培育、保护和利用森林的主要目的为标准，将森林划分成不同的种类。按照《森林法》的规定，森林分为防护林、用材林、经济林、薪炭林、特种用途林五类。

(1)防护林。防护林是指以防护为主要目的的森林、林木和灌木丛。防护林包括水源涵养林、水土保持林、防风固沙林、护岸林、护路林以及农田防护林、牧场防护林。

(2)用材林。用材林是指以生产木材为主要目的的森林和林木，包括以生产竹材为主要目的的竹林。我国人均占有木材蓄积量远远低于世界平均水平，大力发展用材林，对于适应社会主义现代化建设和人民生活的需要，具有十分重大的意义。

(3)经济林。经济林是指以生产果品、食用油料、饮料、调料、工业原料和药材等为主要目的的林木。经济林是人们为了取得林木的果实、叶片、皮层、胶液等产品作为工业原料或者供人们食用所营造的林木，如油茶、油桐、核桃、樟树、花椒、茶、桑、果等。

(4)薪炭林。薪炭林是指以生产燃料为主要目的的林木。发展薪炭林，对于解决农村居民的实际生活需要，具有重要的现实意义。

(5)特种用途林。特种用途林是指以国防、环境保护、科学实验等为主要目的的森林和林木。特种用途林包括国防林、实验林、母树林、环境保护林、风景林，以及名胜古迹和革命纪念地的林木、自然保护区的森林。

≫法条链接≫

《森林法》第四条：森林分为以下五类：

(一)防护林：以防护为主要目的的森林、林木和灌木丛，包括水源涵养林，水土保持林，防风固沙林，农田、牧场防护林，护岸林，护路林；

(二)用材林：以生产木材为主要目的的森林和林木，包括以生产竹材为主要目的的竹林；

(三)经济林：以生产果品，食用油料、饮料、调料，工业原料和药材等为主要目的的林木；

(四)薪炭林：以生产燃料为主要目的的林木；

(五)特种用途林：以国防、环境保护、科学实验等为主要目的的森林和林木，包括国防林、实验林、母树林、环境保护林、风景林，名胜古迹和革命纪念地的林木,自然保护区的森林。

136. 法律对保护林农和承包造林者的合法权益是如何规定的?

保护农民的合法权益不受侵犯,是党和国家的一贯政策,也是我国法律一直坚持的原则之一。保护林农及承包造林的集体和个人的合法权益,直接关系林农和承包造林的集体和个人的生产积极性,而且也关系保护森林资源及林业生产持续、稳定、协调发展和国家的长治久安。按照《森林法》的规定,保护林农和承包造林的集体和个人合法权益包括以下两方面的内容:

(1)国家保护林农的合法权益,依法减轻林农的负担,禁止向林农违法收费、罚款,禁止向林农进行摊派和强制集资。违法收费、罚款、摊派和强制集资,表面上是加重了林农的负担,实际上是对林农合法权益的侵犯,危害性极大。

(2)国家保护承包造林的集体和个人的合法权益,任何单位和个人不得侵犯承包造林的集体和个人依法享有的林木所有权和其他合法权益。具体而言,一是国家保护承包造林的集体和个人依法享有的林木所有权;二是国家保护承包造林的集体和个人的其他合法权益。

≫法条链接≫

《森林法》第七条:国家保护林农的合法权益,依法减轻林农的负担,禁止向林农违法收费、罚款,禁止向林农进行摊派和强制集资。

国家保护承包造林的集体和个人的合法权益,任何单位和个人不得侵犯承包造林的集体和个人依法享有的林木所有权和其他合法权益。

137. 法律是如何规定森林资源保护性措施的?

按照《森林法》的规定,对森林资源的保护性措施有以下几方面:

(1)对森林实行限额采伐,鼓励植树造林、封山育林,扩大森林覆盖面积。即国家根据用材林的消耗量低于生长量的原则,严格控制森林年采伐量,采伐林木必须申请采伐许可证,按许可证的规定进行采伐,并按照采伐许可证规定的面积、株数、树种、期限完成更新造林任务,更新造林的面积和株数必须大于采伐的面积和株数。

(2)根据国家和地方人民政府有关规定,对集体和个人造林、育林给予经济扶持或者长期贷款。在经济扶持方面,主要包括调整林区的木材价格、将提价增收的部分留给木材生产单位;建立林业基金和森林生态效益补偿基金,保证林业建设的资金来源。在贷款方面,主要是国家对造林、育林给予低息长期贷款,具体的贷款指标和贷款利率,由中国人民银行拟定,报国务院批准。

(3)提倡木材综合利用和节约使用木材,鼓励开发、利用木材代用品。木材制品和重要林产品的需求呈上升趋势,森林资源的消耗日益增大。因此,提倡木材综合利用、节约使用木材,鼓励开发、利用木材代用品,也是保护森林资源的必要措施。

(4)征收育林费,专门用于造林育林。育林费就是从木材、竹材和一部分林产品的销售收入中,征收一定数额的资金,用来造林育林,也叫"育林基金"。征收育林费是发展林业,不断更新和扩大森林资源的重要措施,是国家法律准许予以保障。

(5)对煤炭、造纸等部门,按照煤炭和木浆纸张等产品的产量提取一定数额的资金,专门用于制作坑木、造纸等。

(6)建立林业基金制度。林业基金由国家对林业的投资、各级财政的拨款、银行的贷款、按照规定提取的育林基金和更新改造资金、接收的捐赠款、经过批准的其他资金等组成,主要用于营林生产性支出。

>>**法条链接**>>

《森林法》第八条:国家对森林资源实行以下保护性措施:

(一)对森林实行限额采伐,鼓励植树造林、封山育林,扩大森林覆盖面积;

(二)根据国家和地方人民政府有关规定,对集体和个人造林、育林给予经济扶持或者长期贷款;

(三)提倡木材综合利用和节约使用木材,鼓励开发、利用木材代用品;

(四)征收育林费,专门用于造林育林;

(五)煤炭、造纸等部门,按照煤炭和木浆纸张等产品的产量提取一定数额的资金,专门用于营造坑木、造纸等用材林;

(六)建立林业基金制度。

国家设立森林生态效益补偿基金,用于提供生态效益的防护林和特种用途林的森林资源、林木的营造、抚育、保护和管理。森林生态效益补偿基金必须专款专用,不得挪作他用。具体办法由国务院规定。

138. 如何理解植树造林是一种法律义务?

我国是一个森林资源相对贫乏的国家,大力植树造林,提高森林覆盖率是扩大森林资源,保证林业事业持续、稳定、健康发展的迫在眉睫的任务。另外,植树造林,绿化祖国,也是改善生态环境,实现自然生态系统良性循环的关键措施。因此,法律将植树造林规定为公民的应尽义务。

植树造林义务有三层含义:(1)植树造林是法律规定的带有强制性的任务,任何单位与公民都必须履行;(2)植树造林是无报酬的参加绿化劳动,也就是说,不能因为去栽规定的三至五棵树,或者参加相应的绿化活动,而要求付给报酬;(3)植树造林是每个公民对国家和社会应尽的义务。

≫**法条链接**≫

《森林法》第十一条:植树造林、保护森林,是公民应尽的义务。各级人民政府应当组织全民义务植树,开展植树造林活动。

139. 为什么要建立森林资源清查和资源档案制度?

国家之所以通过立法确立森林资源清查和资源档案制度,原因在于以下两个方面:

(1)森林资源清查是指对各类森林资源进行调查,它是森林资源管理工作的基础。森林资源清查的目的在于为编制林业区划、规划、计划和编制森林经营方案,建立森林资源档案以及确定森林利用方案和森林采伐限额提供基础资料和依据。其主要任务是查清森林资源的种类、结构、数量、质量分布,掌握资源消长变化的规律,客观反映自然、经济条件,通过综合评价,提出准确的森林资源调查材料、图面材料、统计资料和调查报告等。

(2)森林资源档案工作是森林资源管理的又一项基础工作,也是森林资源管理的基本内容。森林资源档案是对各个时期森林资源状况的记录资料,它是在森林资源清查的基础上建立的。完备的森林资源档案可以有效地反映森林资源的消长变化情况,也可以借助查明森林经营的效果。建立森林资源档案的依据是森林资源清查的结果,包括调查设计、专业调查、区划、规划、森林经营方案、总体设计、作业设计等文件、图表、文字、数据资料。森林资源档案的主要内容一般包括森林资料档案卡片、簿册、统计表、消长变化表等,以及林相图、资源基本图、经营规划图、资源变化图和有关资源调查、科研、经营的文件、文字资料等。建立森林资源档案工作的主要任务是掌握森林资源的现状及其变化情况,评定森林经营利用效果,为编制林业规划、设计、计划,确定森林经营措施和安排各项经营活动,提供可靠的依据。

>> **法条链接** >>

《森林法》第十四条：各级林业主管部门负责组织森林资源清查，建立资源档案制度，掌握资源变化情况。

140. 法律对森林、林木、林地使用权流转是如何规定的？

随着我国市场经济体制的建立和林业改革的深入，森林、林木、林地使用权作为生产要素进入市场流转已是大势所趋。其意义在于：第一，有利于调动林业生产者的积极性；第二，有利于加快林业规模经营、集约经营的发展；第三，将森林、林地或者林地使用权作价入股，或者作为合资、合作条件设立经营林业的中外合作、合资企业，有利于吸引国内外的资金，用于林业生产和经营，发展林业。

根据《森林法》的规定，国家允许森林、林木、林地作为资产有偿转让，或者将其作价入股，可以作为合资、合作条件的林权包括：(1)用材林、经济林、薪炭林的林木所有权；(2)用材林、经济林、薪炭林的林地使用权；(3)用材林、经济林、薪炭林的采伐迹地、火烧迹地的林地使用权；(4)国务院规定的其他森林、林木和其他林地使用权。可见，并不是所有的森林、林木和林地使用权都可以有偿流转。

从流转的标的来看，一是林木的所有权，二是林地使用权。在转让方式上，它们可以分别转让，也可以同时转让。现实中的流转方式主要有林木(活立木)的转让，林地、宜林地使用权和林木所有权拍卖，林地使用权租赁经营，经济林(果园)收成转让等。如果将森林资源作价入股或者作为合资、合作的出资条件的，主要方式有林地使用权、林木所有权折价入股，以此与外商合资、合作，通过设立合资、合作企业，投资造林等。

>> **法条链接** >>

《森林法》第十五条：下列森林、林木、林地使用权可以依法转让，也可以依法作价入股或者作为合资、合作造林、经营林木的出资、合作条件，但不得将林地改为非林地：

(一)用材林、经济林、薪炭林；

(二)用材林、经济林、薪炭林的林地使用权；

(三)用材林、经济林、薪炭林的采伐迹地、火烧迹地的林地使用权；

(四)国务院规定的其他森林、林木和其他林地使用权。

依照前款规定转让、作价入股或者作为合资、合作造林、经营林木的出资、合作条件的，已经取得的林木采伐许可证可以同时转让，同时转让双方都必须遵守本法关于森林、林木采伐和更新造林的规定。

除本条第一款规定的情形外,其他森林、林木和其他林地使用权不得转让。

141. 法律对林木、林地所有权和使用权权属争议处理是如何规定的?

妥善处理好林权争议对维护权利人的合法权益,保护森林资源,争议时促进林业发展,维护社会安定,具有重要意义。按照《森林法》的规定,政府处理程序主要是:第一,递交有关林木、林地权属争议处理的书面申请,其内容应当包括:当事人的姓名、地址及其法定代表人的姓名、职务;争议的现状,包括争议面积、林木蓄积,争议地所在的行政区域位置、四至和附图;争议的事由,包括发生争议的时间、原因、当事人的协商意见;第二,当事人对其提出的主张应当出具证据,如提供林权证、土地证等权属证明,不能出具证据,不影响林权争议处理机构依据有关规定和证据认定争议事实;第三,由林权争议处理机构先进行调解解决争议,经调解达成协议的,当事人应当在协议上签字或盖章,并由调解人员署名,加盖林权争议处理机构的印章,并报同级人民政府备案;经调解未达成协议的,林权争议处理机构应当制作处理意见书,由人民政府作出决定。

如果当事人对有关人民政府作出的处理决定不服的,可以在接到通知之日起一个月内,向人民法院起诉,由法院作出最终的裁决。

>> **法条链接** >>

《森林法》第十七条:单位之间发生的林木、林地所有权和使用权争议,由县级以上人民政府依法处理。

个人之间、个人与单位之间发生的林木所有权和林地使用权争议,由当地县级或者乡级人民政府依法处理。

当事人对人民政府的处理决定不服的,可以在接到通知之日起一个月内,向人民法院起诉。

在林木、林地权属争议解决以前,任何一方不得砍伐有争议的林木。

142. 法律对征用和占用林地及森林植被恢复费的使用是如何规定的?

征用林地是指国有企业事业单位、机关、团体、部队等单位因进行勘查、开采矿藏和各项建设工程的需要,依法征用集体所有的林地。占用林地是指国有企业事业单位、机关、团体、部队等单位因进行勘查、开采矿藏和各项建设工程的需要,依法使用国家所有的林地。

按照《森林法》的规定,必须占用或者征用林地的,应当按照三个程序办理:一是经县级以上人民政府林业主管部门审核同意;二是依照有关土地管理的法律、行政法规办理建设用地审批手续;三是由用地单位依照有关规定缴纳森林植被恢复费。为了更加合理、有效地利用森林植被恢复费,法律专门对森林植被恢复费如何使用作出了明确的规定,即森林植被恢复费必须专款专用,法律同时规定了两项监督措施:一是要求上级林业主管部门应当定期督促、检查下级林业主管部门利用森林植被恢复费组织植树造林、恢复森林植被的情况;二是规定任何单位和个人不得挪用森林植被恢复费,由县级以上人民政府审计机关对森林植被恢复费使用的情况加强监督。

≫法条链接≫

《森林法》第十八条:进行勘查、开采矿藏和各项建设工程,应当不占或者少占林地;必须占用或者征用林地的,经县级以上人民政府林业主管部门审核同意后,依照有关土地管理的法律、行政法规办理建设用地审批手续,并由用地单位依照国务院有关规定缴纳森林植被恢复费。森林植被恢复费专款专用,由林业主管部门依照有关规定统一安排植树造林,恢复森林植被,植树造林面积不得少于因占用、征用林地而减少的森林植被面积。上级林业主管部门应当定期督促、检查下级林业主管部门组织植树造林、恢复森林植被的情况。

任何单位和个人不得挪用森林植被恢复费。县级以上人民政府审计机关应当加强对森林植被恢复费使用情况的监督。

143. 地方各级人民政府和护林员分别有哪些护林职责?

按照《森林法》的规定,地方各级人民政府应当做好以下有关护林方面的工作:(1)组织有关部门建立护林组织,负责护林工作;(2)根据实际需要,在大面积林区增加护林设施;(3)督促有林的和林区的基层单位,订立护林公约,组织群众护林,划定护林责任区,有条件的地方要配备专职的护林员,不具备配备专职护林员条件的可以配备兼职的护林员。

按照《森林法》的规定,护林员可以由县级或者乡级人民政府委任。护林员是在所划定的森林保护区内的管理森林、保护森林的人员。护林员分为专职和兼职两种。护林员的主要职责有以下三个方面：一是巡护森林和管护森林，掌握森林内的情况，随时排除一切有害于森林的因素；二是制止破坏森林资源的行为，如制止非法盗伐林木的行为、违反规定将火源带入林区的行为等。对造成森林资源破坏的，护林员有权要求当地有关部门处理；三是对造成森林资源破坏的单位或者个人，护林员有权送交或者报告当地有关部门，并有权要求有关部门处理。

≫法条链接≫

《森林法》第十九条：地方各级人民政府应当组织有关部门建立护林组织，负责护林工作；根据实际需要在大面积林区增加护林设施，加强森林保护；督促有林的和林区的基层单位，订立护林公约，组织群众护林，划定护林责任区，配备专职或者兼职护林员。

护林员可以由县级或者乡级人民政府委任。护林员的主要职责是：巡护森林，制止破坏森林资源的行为。对造成森林资源破坏的，护林员有权要求当地有关部门处理。

144. 森林公安机关的职权和职责有哪些？

按照《森林法》的规定，森林公安机关的主要职责是：(1)负责维护辖区社会治安秩序，保护辖区内的森林资源；(2)可以依照本法规定，在国务院林业主管部门授权的范围内，代行本法第三十九、第四十二条、第四十三条、第四十四条规定的行政处罚权。主要包括：①对盗伐森林或者其他林木的，责令补种盗伐株数十倍的树木，没收盗伐的林木或者变卖所得，并处盗伐林木价值三倍以上十倍以下的罚款；②对滥伐森林或者其他林木的，责令补种滥伐株数五倍的树木，并处滥伐林木价值二倍以上五倍以下的罚款；③对违反本法规定，买卖林木采伐许可证、木材运输证件、批准出口文件、允许进出口证明书的，没收违法所得，并处违法买卖证件、文件的价款一倍以上三倍以下的罚款；④对在林区非法收购明知是盗伐、滥伐的林木的，责令停止违法行为，没收违法收购的盗伐、滥伐的林木或者变卖所得，可以并处违法收购林木的价款一倍以上三倍以下的罚款；⑤对违反本法规定，进行开垦、采石、采砂、采土、采种、采脂和其他活动，致使森林、林木受到毁坏的，责令停止违法行为，补种毁坏株数一倍以上三倍以下的树木，可以处毁坏林木价值一倍以上五倍以下的罚款；⑥对违反本法规定，在幼林地和特种用途林内砍柴、放牧致使森林、林木受到毁坏的,责令停止违法行为,补种毁坏株数一倍以上三倍以下的树木。

> ≫**法条链接**≫
>
> 《森林法》第二十条:依照国家有关规定在林区设立的森林公安机关,负责维护辖区社会治安秩序,保护辖区内的森林资源,并可以依照本法规定,在国务院林业主管部门授权的范围内,代行本法第三十九条、第四十二条、第四十三条、第四十四条规定的行政处罚权。

145. 《森林法》对地方人民政府预防和扑救森林火灾工作是如何规定的?

按照《森林法》的规定,地方各级人民政府应做好的森林火灾预防和扑救工作,具体内容包括以下几方面:

(1)规定森林防火期。县级以上人民政府应当根据本地区的自然条件和火灾发生规律,规定森林防火期,在森林防火期内出现高温、干旱、大风等高火险天气时,可以划定森林防火戒严区,规定森林防火戒严期。

(2)在林区设置防火设施。在林区建设的森林防火设施包括设置火情瞭望台,开设防火隔离带或者营造防火林带,配备防火交通运输工具、探火灭火器械和通信器械等。在重点林区修筑防火道路,建立防火物资储备仓库,建立森林火险监测和预报站(点)。

(3)组织当地军民和有关部门扑救火灾。在发生森林火灾时,当地人民政府或者森林防火指挥部都要按照《森林法》的规定,立即组织当地军民尽力扑救,将损失减少到最低限度,同时,要尽快将火情逐级报告省级以上森林防火指挥部或者林业主管部门,以便及时组织力量扑灭森林火灾。

(4)对扑救森林火灾负伤、致残、牺牲的职工给予医疗、抚恤。根据本法和国家有关规定,因扑火伤亡的,国家职工(包括合同制工人和临时工)由其所在单位提供医疗费、抚恤费。在治疗期间,负伤职工的工资照发,如负伤的职工经治疗不能恢复健康,被确定为残废的,所在单位还应根据伤残程度,按规定发给残废抚恤金或者因公伤残补助费。扑火牺牲的职工由其所在单位发给丧葬费和供养直系亲属的抚恤费;如牺牲的职工事迹突出,被省级人民政府批准为烈士,还要按规定发给其家属烈士抚恤金。非国家职工在扑火中负伤、致残、牺牲的,应由起火单位按规定给予医疗费和抚恤费。如果起火单位对火灾没有责任或者确实无力负担的,由当地人民政府给予医疗费、抚恤费,对负伤的,要负责进行医疗,经过医治不能完全恢复健康或者丧失了劳动能力的,要给予生活保障;对牺牲的应按规定发给家属抚恤费。

≫**法条链接**≫

《森林法》第二十一条:地方各级人民政府应当切实做好森林火灾的预防和扑救工作:

(一)规定森林防火期,在森林防火期内,禁止在林区野外用火;因特殊情况需要用火的,必须经过县级人民政府或者县级人民政府授权的机关批准;

(二)在林区设置防火设施;

(三)发生森林火灾,必须立即组织当地军民和有关部门扑救;

(四)扑救森林火灾负伤、致残、牺牲的,国家职工由所在单位给予医疗、抚恤;非国家职工由起火单位按照国务院有关主管部门的规定给予医疗、抚恤,起火单位对起火没有责任或者确实无力负担的,由当地人民政府给予医疗、抚恤。

146.《森林法》对森林病虫害防治工作是如何规定的?

按照《森林法》、《森林病虫害防治条例》的规定,森林病虫害防治工作实行"预防为主,综合治理"的方针。具体预防措施主要包括以下几方面:(1)森林经营单位和个人要在经营活动中加强检疫和防治工作;(2)各级人民政府林业主管部门应当有计划地组织建立无检疫对象的林木种苗基地;(3)林业主管部门负责规定林木种苗的检疫对象,划定疫区和保护区,对林木种苗进行检疫;(4)地方各级人民政府林业主管部门应当对经常发生森林病虫害的地区,实施以营林措施为主,生物、化学和物理防治相结合的治理措施,逐步改变森林生态环境,提高森林抗御自然灾害的能力;(5)做好森林病虫害预测预报工作;(6)建设必要的森林病虫害防治设施;(7)制定对森林病虫害的除治措施等。

≫**法条链接**≫

《森林法》第二十二条:各级林业主管部门负责组织森林病虫害防治工作。

林业主管部门负责规定林木种苗的检疫对象,划定疫区和保护区,对林木种苗进行检疫。

147. 如何依法保护自然保护区及自然保护区外的珍贵树木？

自然保护区是指为了保护自然环境和自然资源，拯救和保护珍贵稀有或者濒于灭绝的生物物种，保存有价值的自然历史遗迹以及进行科学研究等的需要而划定的区域。

《森林法》、《森林和野生动物类型自然保护区管理办法》对自然保护区的管理内容主要包括：第一，自然保护区的解除或者范围的调整，必须经原批准机关批准；第二，自然保护区内的自然环境和自然资源，由自然保护区的管理机构统一管理，未经国务院林业主管部门或者省、自治区、直辖市人民政府林业主管部门批准，任何单位和个人不得进入自然保护区建立机构和修筑设施；第三，在自然保护区内开展旅游活动的，必须经过国务院林业主管部门或者省、自治区、直辖市人民政府林业主管部门批准，并须遵守有关规定；第四，进入自然保护区从事科学研究、教学实习、参观考察、拍摄影片、登山等的，必须经过省级人民政府林业主管部门的批准；第五，自然保护区内的居民，应当遵守自然保护区的有关规定，固定生产生活的活动范围，在不破坏自然资源的前提下，从事种植、养殖业等等。

《森林法》规定，对自然保护区以外的珍贵树木和林区内具有特殊价值的植物资源，应当认真保护，未经省、自治区、直辖市林业主管部门批准，不得采伐和采集。

≫法条链接≫

《森林法》第二十四条：国务院林业主管部门和省、自治区、直辖市人民政府，应当在不同自然地带的典型森林生态地区、珍贵动物和植物生长繁殖的林区、天然热带雨林区和具有特殊保护价值的其他天然林区，划定自然保护区，加强保护管理。

自然保护区的管理办法，由国务院林业主管部门制定，报国务院批准施行。

对自然保护区以外的珍贵树木和林区内具有特殊价值的植物资源，应当认真保护；未经省、自治区、直辖市林业主管部门批准，不得采伐和采集。

148.《森林法》是如何规定禁止猎捕国家保护的野生动物的？

按照《森林法》的规定，林区内列为国家保护的野生动物，禁止猎捕；因特殊需要而猎捕的，则按照国家有关法规办理。根据《野生动物保护法》的规定，野生动物资源属于国家所有,国家保护野生动物及其生存环境,禁止任何单位和个人非法猎捕或者破坏。所有珍贵、濒危的陆生、水生野生动物和有益的或者有重要经济、科学研究价值的陆生野生动物,都依法受保护。

国家对珍贵、濒危的野生动物实行重点保护,国家重点保护的野生动物分为一级保护野生动物和二级保护野生动物。禁止捕猎、杀害国家重点保护的野生动物,因科学研究、驯养繁殖、展览或者其他特殊情况,需要捕捉、捕捞国家一级保护野生动物的,必须向国务院野生动物行政主管部门申请特许猎捕证;猎捕国家二级保护野生动物的,必须向省、自治区、直辖市政府野生动物行政主管部门申请特许猎捕证;猎捕非国家重点保护野生动物的,必须取得狩猎证并服从猎捕量限额管理。

>> **法条链接** >>

《森林法》第二十五条:林区内列为国家保护的野生动物,禁止猎捕;因特殊需要猎捕的,按照国家有关法规办理。

149. 营造的林木所有权归谁所有?

为了鼓励植树造林,充分调动各单位和个人造林、育林、护林的积极性,《森林法》根据谁造谁有的原则,明确规定营造的林木归营造的单位和个人所有;如造林单位是国有单位,造林单位有权按照国家有关规定支配林木的收益。具体内容阐述如下:

(1)国有企业事业单位、机关、团体、部队营造的林木,其林木所有权归国家所有,但是,由造林单位负责经营管理,并按照国家有关规定支配林木收益。

(2)集体所有制单位营造的林木,归该营造单位所有,并有收益和处分的权利。

(3)农村居民在其房前屋后、自留地、自留山种植的林木,以及城镇居民和职工在自有房屋的庭院内种植的林木,完全归个人所有。个人享有使用、收益和处分的权利,并允许继承。

(4)承包宜林山荒地造林的权属问题。依照法律规定,集体或者个人承包国家所有和集体所有的宜林荒山荒地造林的,林地所有权不变,承包后种植的林木归承包的集体或者个人所有;如果承包合同对种植的林木权属和收益另有约定的,按照承包合同的约定执行。

>>**法条链接**>>

《森林法》第二十七条:国有企业事业单位、机关、团体、部队营造的林木,由营造单位经营并按照国家规定支配林木收益。

集体所有制单位营造的林木,归该单位所有。

农村居民在房前屋后、自留地、自留山种植的林木,归个人所有。城镇居民和职工在自有房屋的庭院内种植的林木,归个人所有。

集体或者个人承包国家所有和集体所有的宜林荒山荒地造林的,承包后种植的林木归承包的集体或者个人所有;承包合同另有规定的,按照承包合同的规定执行。

150. 什么是封山育林？有何意义？如何实施？

封山育林是指利用林木天然更新的能力,在有条件的山区,定期封山,禁止或者限制开荒、砍柴或者其他有害于林木生长的人畜活动,经过封禁和管理,使森林植被得以恢复的育林方式。由于人工造林会受到劳动力、资金等方面的限制,而采取封山育林的方式,可以充分发挥林木的天然更新能力,用工少、成本低、效益大,这既是加快林业发展的有效措施,也有利于改善野生动植物的生存环境,有利于生态环境的保护。因此,应当在积极开展人工造林的同时,多开展封山育林活动。

由于封山育林涉及山区群众的利益,因此,要采取一些必要的行政手段,制定有效的封山措施,确保封山育林收到良好的效果。在组织实施上,法律规定在新造幼林地和其他必须封山育林的地方,由当地人民政府组织封山育林活动。

>>**法条链接**>>

《森林法》第二十八条:新造幼林地和其他必须封山育林的地方,由当地人民政府组织封山育林。

151. 如何依法控制森林年采伐量？

年森林采伐量是指国家根据合理经营、永续利用的原则,对森林和林木实行限制采伐的最大控制指标,依照法定程序和方法对所有森林的林木分林种测算并经国家批准的合理年采伐限量。《森林法》规定,国家根据用材林的消耗量低于生长量的原则,严格控制森林年采伐量。具体内容如下:

按照《森林法》的规定,应将成熟的用材林的主伐,国防林、母树林、环境保护林、风景林的抚育采伐和更新性质的采伐、低产林的改造以及四旁林木的采伐等,都纳入年森林采伐限额。《森林法》规定严禁采伐的特种用途林中的名胜古迹和革命纪念地的林木、自然保护区的森林和林木、农村居民自留地、房前屋后个人所有的零星林木,不计算在年采伐限额以内。

年采伐量确定的程序是:国家所有的森林和林木以国有的林业局、林场、农场、厂矿为单位,集体所有的森林的林木及农村居民自留山的林木以县为单位,根据合理经营和永续利用的原则,依据森林经营方案所确定的合理年采伐量,提出年森林采伐限额指标,逐级上报,由省、自治区、直辖市林业主管部门汇总平衡,经同级人民政府审核后,报国务院批准。

国务院批准的年森林采伐量是具有法律约束力的森林采伐控制指标,非经法定程序批准,不得突破。根据国务院制定的《森林法实施条例》的规定,国务院批准的年森林采伐限额每五年调整一次。

≫法条链接≫

《森林法》第二十九条:国家根据用材林的消耗量低于生长量的原则,严格控制森林年采伐量。国家所有的森林和林木以国有林业企业事业单位、农场、厂矿为单位,集体所有的森林和林木、个人所有的林木以县为单位,制定年采伐限额,由省、自治区、直辖市林业主管部门汇总,经同级人民政府审核后,报国务院批准。

152. 采伐森林和林木必须依法遵守哪些规定?

按照《森林法》和相关法规的规定,森林和林木采伐方式应遵守如下规定:

(1)对成熟的用材林应当根据不同情况分别采取择伐、皆伐和渐伐方式。择伐适用于中幼龄树木多的复层异龄林,择伐强度不得大于采伐前林木蓄积量的40%,两次择伐间隔期不得少于一个龄级期。皆伐适用于成过熟单层林、中幼龄树木少的异龄林。皆伐面积一次不得超过5公顷,坡度平缓、土壤肥沃、容易更新的林区,可以扩大到20公顷;在采伐带、采伐块之间,应当保留相当于皆伐面积的林带,待采伐迹地上更新的幼树生长稳定后,方可采伐保留的林带、林块。渐伐适用于天然更新能力强的成过熟单层林,在一段时间内分几次将伐区内的林木全部采伐,一边采伐一边实现林木树木的更新。

(2)防护林和特种用途林中的国防林、母树林、环境保护林、风景林,只准进行抚育和更新性质的采伐。特种用途林中的国防林、母树林、环境保护林、风景林等,是以国防、环境保护和科学实验为目的而栽植或营造的,不是以生产木材为主要目的的,为了不使这些林木失去其应有的效能和作用,只能进行抚育和更新性质的采伐。

（3）特种用途林中的名胜古迹和革命纪念地的林木、自然保护区的森林,严禁采伐。这些森林和林木一旦被采伐或者被毁坏,将失去其珍贵价值,而且难以恢复甚至是无法恢复的。为了保护我国的名胜古迹和革命纪念地的完整性,保证国家和地方重点保护的野生动物、野生植物的繁衍生存场所,《森林法》规定严禁采伐这类森林和林木。

≫ **法条链接** ≫

《森林法》第三十一条:采伐森林和林木必须遵守下列规定:

（一）成熟的用材林应当根据不同情况,分别采取择伐、皆伐和渐伐方式,皆伐应当严格控制,并在采伐的当年或者次年内完成更新造林;

（二）防护林和特种用途林中的国防林、母树林、环境保护林、风景林,只准进行抚育和更新性质的采伐;

（三）特种用途林中的名胜古迹和革命纪念地的林木、自然保护区的森林,严禁采伐。

153. 什么是林木采伐许可证？如何申请核发？

林木采伐许可证是采伐林木的单位或者个人依照法律规定办理的准许采伐林木的证明文件。林木采伐许可证一般分为国有林林木采伐许可证和集体、个人所有林林木采伐许可证两种形式,内容包括采伐地点、面积、蓄积(株数)、树种、方式、期限和完成更新造林的时间等。国有林业企业事业单位、机关、团体、部队、学校和其他国有企业事业单位采伐林木,由所在地县级以上林业主管部门依照有关规定审核发放采伐许可证。根据《森林法实施条例》等有关规定,审核发放林木采伐许可证的部门是:县属国有林场和机关、团体、学校,由所在地的县级林业主管部门审核发放;省、自治区、直辖市和设区的市、自治州所属的国有林业单位、其他国有单位和部队,由所在地的省、自治区、直辖市林业主管部门或者其授权的单位审核发放;国务院林业主管部门直属的国有林业单位,由国务院林业主管部门或者其授权的单位审核发放。

≫ **法条链接** ≫

《森林法》第三十二条:采伐林木必须申请采伐许可证,按许可证的规定进行采伐;农村居民采伐自留地和房前屋后个人所有的零星林木除外。

国有林业企业事业单位、机关、团体、部队、学校和其他国有企业事业单位采伐林木,由所在地县级以上林业主管部门依照有关规定审核发放采伐许可证。

铁路、公路的护路林和城镇林木的更新采伐,由有关主管部门依照有关规定审核发放采伐许可证。

农村集体经济组织采伐林木,由县级林业主管部门依照有关规定审核发放采伐许可证。

农村居民采伐自留山和个人承包集体的林木,由县级林业主管部门或者其委托的乡、镇人民政府依照有关规定审核发放采伐许可证。

采伐以生产竹材为主要目的的竹林,适用以上各款规定。

154. 法律对木材运输和木材检查站有何规定?

木材运输证件是从林区运出木材的合法凭证。按照《森林法》及相关法规、规章的规定,从林区运出木材,除国家统一调拨的木材外,必须持有林业主管部门发给的运输证件。木材运输证上应注明树种、材种规格、数量、起止地点、运输方式、运输有效期等内容。

依法取得林木采伐许可证并按照采伐许可证规定采伐下来的木材,就是合法的木材,也就允许从林区运出。在运出林区时,林业主管部门应当发给木材运输证。也就是说,采伐林木的单位或者个人在取得林木采伐许可证并按照采伐许可证的规定采伐了木材以后,如果需要从林区将采伐的林木运出去,可以用林木采伐许可证去换取木材运输证。当然,林业主管部门在发放木材运输证时,也应当进行核查,如核查属实,就应当发给木材运输证。

木材检查站是经省级人民政府批准、由林业主管部门在林区设立的专门负责木材运输检查的基层执法机构。其主要任务是:检查监督从林区运出木材的单位和个人是否持有国家木材统一调拨通知书或者林业主管部门发给的木材运输证,维护林区木材运输秩序,防止非法采伐的木材从林区运出。

≫法条链接≫

《森林法》第三十七条:从林区运出木材,必须持有林业主管部门发给的运输证件,国家统一调拨的木材除外。

依法取得采伐许可证后,按照许可证的规定采伐的木材,从林区运出时,林业主管部门应当发给运输证件。

经省、自治区、直辖市人民政府批准,可以在林区设立木材检查站,负责检查木材运输。对未取得运输证件或者物资主管部门发给的调拨通知书运输木材的,木材检查站有权制止。

畜牧业法律制度

155.《畜牧法》的立法目的和调整对象是什么？

按照《畜牧法》第一条、第二条的规定，制定《畜牧法》的目的是通过法律手段引导、促进畜牧业生产经营方式向现代畜牧业转变，保护和合理利用畜禽遗传资源，规范畜牧业生产经营行为，保证质量合格的畜禽及其产品供应市场，维护畜牧业生产经营者的合法权益，促进畜牧业持续健康发展。《畜牧法》的调整对象是在中华人民共和国境内从事畜禽以及蜂、蚕的遗传资源保护利用、繁育、饲养、经营、运输等活动。

156.《畜牧法》规定了哪些支持和保障畜牧业发展的措施？

按照《畜牧法》的规定，国家支持和保障畜牧业发展的措施可以归纳为以下几点：

(1) 在资金上。国务院和省级人民政府在其财政预算内安排支持畜牧业发展的良种补贴、贴息补助等资金，并鼓励有关金融机构通过提供贷款、保险服务等形式，支持畜禽养殖者购买优良畜禽，繁育良种，改善生产设施，扩大养殖规模，提高养殖效益。

(2) 在用地上。国家支持农村集体经济组织、农民和畜牧业合作经济组织建立家禽养殖场、养殖小区，发展规模化、标准化养殖。乡(镇)土地利用总体规划建立的畜禽养殖场、养殖小区用地按农业用地管理。畜禽养殖场、养殖小区用地使用权限届满，需要恢复为原用途的，由畜禽养殖场、养殖小区土地使用权人负责恢复。在畜禽养殖场、养殖小区用地范围内需要兴建永久性建(构)筑物，涉及农用地转用的，依照《土地管理法》的规定办理。

(3) 在服务上。国家设立畜牧兽医技术推广机构，向农民提供畜禽养殖技术培训、良种推广、疫病防治等服务。县级以上人民政府应当保障国家设立的畜牧兽医技术推广机构从事公益性技术服务的工作经费。国家鼓励畜禽产品加工企业和基地相关生产经营者为畜禽养殖者提供所需的服务。

≫**法条链接**≫

《畜牧法》第三条：国家支持畜牧业发展，发挥畜牧业在发展农业、农村经济和增加农民收入中的作用。县级以上人民政府应当采取措施，加强畜牧业基础设施建设，鼓励和扶持发展规模化养殖，推进畜牧产业化经营，提高畜牧业综合生产能力，发展优质、高效、生态、安全的畜牧业。

157. 国家对畜禽遗传资源保护依法作了哪些规定？

根据《畜牧法》的规定，国家对畜禽遗传资源保护依法作出了如下几方面的规定：

(1)在制度上作了相应的规定，具体内容为：建立完善畜禽遗传资源保护制度、畜禽遗传资源调查制度、畜禽遗传资源信息发布制度和畜禽遗传资源鉴定评估制度等。具体而言，按照《畜牧法》的规定，国务院畜牧兽医行政主管部门设立由专业人员组成的国家畜禽遗传资源委员会，负责畜禽遗传资源的鉴定、评估和畜禽新品种、配套系的审定，承担畜禽遗传资源保护和利用规划论证及有关畜禽遗传资源保护的咨询工作。国务院畜牧兽医行政主管部门负责组织畜禽遗传资源的调查工作，发布国家畜禽遗传资源状况报告，公布经国务院批准的畜禽遗传资源目录。国务院畜牧兽医行政主管部门根据畜禽遗传资源分布状况，制定全国畜禽遗传资源保护和利用规划，制定并公布国家级畜禽遗传资源保护名录，对原产我国的珍贵、稀有、濒危的畜禽遗传资源实行重点保护。省级人民政府畜牧兽医行政主管部门根据全国畜禽遗传资源保护和利用规划及本行政区域内畜禽遗传资源状况，制定和公布省级畜禽遗传资源保护名录，并报国务院畜牧兽医行政主管部门备案。

(2)在责任上作了相应的规定，主要表现为法律对中央政府和地方政府在畜禽遗传资源保护工作中的职责做了具体的规定，并将建立畜禽遗传资源保种场、保护区和基因库作为主要职责。按照《畜牧法》的规定，国务院畜牧兽医行政主管部门根据全国畜禽遗传资源保护和利用规划及国家级畜禽遗传资源保护名录，省级人民政府畜牧兽医行政主管部门根据省级畜禽遗传资源保护名录，分别建立或者确定畜禽遗传资源保种场、保护区和基因库，承担畜禽遗传资源保护任务。享受中央和省级财政资金支持的畜禽遗传资源保种场、保护区和基因库，未经国务院畜牧兽医行政主管部门或者省级人民政府畜牧兽医行政主管部门批准,不得擅自处理受保护的畜禽遗传资源。畜禽遗传资源基因库应当按照国务院畜牧兽医行政主管部门或者省级人民政府畜牧兽医行政主管部门的规定,定期采集和更新畜禽遗传材料。有关单位、个人应当配合畜禽遗传资源基因库采集畜禽遗传材料,并有权获得适当的经济补偿。

(3)在出入境管理上,法律明确规定境外机构、个人要取得原生于我国的畜禽遗传资源,必须经有关部门批准。对属于国家级畜禽遗传资源保护名录中的畜禽遗传资源,按照利益共享原则分享研究和开发畜禽遗传资源所获得的利益。具体而言,《畜牧法》规定向境外输出或者在境内与境外机构、个人合作研究利用列入保护名录的畜禽遗传资源的,应当向省级人民政府畜牧兽医行政主管部门提出申请,同时提出国家利益共享的方案;受理申请的畜牧兽医行政主管部门经审核,报国务院畜牧兽医行政主管部门批准。向境外输出畜禽遗传资源的,还应当依照《进出境动植物检疫法》的规定办理相关手续并实施检疫。新发现的畜禽遗传资源在国家畜禽遗传资源委员会鉴定前,不得向境外输出,不得与境外机构、个人合作研究和利用。

≫法条链接≫

《畜牧法》第九条:国家建立畜禽遗传资源保护制度。各级人民政府应当采取措施,加强畜禽遗传资源保护,畜禽遗传资源保护经费列入财政预算。

畜禽遗传资源保护以国家为主,鼓励和支持有关单位、个人依法发展畜禽遗传资源保护事业。

158. 从事种畜禽生产经营或生产商品代仔畜、雏禽的单位和个人应取得哪些证照?取得相关证照应具备哪些条件?

按照《畜牧法》第二十二条的规定,从事种畜禽生产经营或者生产商品代仔畜、雏禽的单位、个人,应当取得种畜禽生产经营许可证。申请人持种畜禽生产经营许可证依法办理工商登记,取得营业执照后,方可从事生产经营活动。申请取得种畜禽生产经营许可证,应具备的条件包括:

(1)生产经营的种畜禽必须是通过国家畜禽遗传资源委员会审定或者鉴定的品种、配套系,或者是经批准引进的培育品种、配套系;

(2)有与生产经营规模相适应的畜牧兽医技术人员;

(3)有与生产经营规模相适应的繁育设施设备；

(4)具备法律、行政法规和国务院畜牧兽医行政主管部门规定的种畜禽防疫条件；

(5)有完善的质量管理和育种记录制度；

(6)具备法律、行政法规规定的其他条件。

159. 申请取得生产家畜卵子、冷冻精液、胚胎等遗传材料的生产经营许可证,应具备哪些条件?

按照《畜牧法》第二十三条的规定,申请取得生产家畜卵子、冷冻精液、胚胎等遗传材料的生产经营许可证,除应当符合本法第二十二条第二款规定的条件外,还应具备下列条件：

(1)符合国务院畜牧兽医行政主管部门规定的实验室、保存和运输条件；

(2)符合国务院畜牧兽医行政主管部门规定的种畜数量和质量要求；

(3)体外授精取得的胚胎、使用的卵子来源明确,供体畜符合国家规定的种畜健康标准和质量要求；

(4)符合国务院畜牧兽医行政主管部门规定的其他技术要求。

160. 发布种畜禽广告应当注意哪些事项?

根据《畜牧法》第二十八条的规定,发布种畜禽广告应当注意以下事项：

(1)广告主应当提供种畜禽生产经营许可证和营业执照；

(2)广告内容应当符合有关法律、行政法规的规定,并注明种畜禽品种、配套系的审定或者鉴定机构名称；

(3)对主要性状的描述应当符合该品种、配套系的标准。

161. 销售种畜禽时不得有哪些行为?

根据《畜牧法》第三十条的规定,销售种畜禽,不得有下列行为：

(1)以其他畜禽品种、配套系冒充所销售的种畜禽品种、配套系；

(2)以低代别种畜禽冒充高代别种畜禽；

(3)以不符合种用标准的畜禽冒充种畜禽；

(4)销售未经批准进口的种畜禽；

(5)销售未附具本法第二十九条规定的种畜禽合格证明、检疫合格证明的种畜禽或者未附具家畜系谱的种畜;

(6)销售未经审定或者鉴定的种畜禽品种、配套系。

162. 法律对畜禽养殖的用地是怎样规定的?

根据《畜牧法》第三十七条的规定,国家支持农村集体经济组织、农民和畜牧业合作经济组织建立畜禽养殖场、养殖小区,发展规模化、标准化养殖。乡(镇)土地利用总体规划应当根据本地实际情况安排畜禽养殖用地。农村集体经济组织、农民、畜牧业合作经济组织按照乡(镇)土地利用总体规划建立的畜禽养殖场、养殖小区用地按农业用地管理。畜禽养殖场、养殖小区用地使用期限届满,需要恢复为原用途的,由畜禽养殖场、养殖小区土地使用权人负责恢复。在畜禽养殖场、养殖小区用地范围内需要兴建永久性建(构)筑物,涉及农用地转用的,依照《国土地管理法》的规定办理。

163. 兴办畜禽养殖场、养殖小区应当具备哪些条件?

按照《畜牧法》第三十九条和第四十条的规定,兴办畜禽养殖场、养殖小区应当具备下列条件:

(1)有与其饲养规模相适应的生产场所和配套的生产设施;

(2)有为其服务的畜牧兽医技术人员;

(3)具备法律、行政法规和国务院畜牧兽医行政主管部门规定的防疫条件;

(4)有对畜禽粪便、废水和其他固体废弃物进行综合利用的沼气池等设施或者其他无害化处理设施;

(5)具备法律、行政法规规定的其他条件。

养殖场、养殖小区兴办者应当将养殖场、养殖小区的名称、养殖地址、畜禽品种和养殖规模,向养殖场、养殖小区所在地县级人民政府畜牧兽医行政主管部门备案,取得畜禽标识代码。省级人民政府根据本行政区域畜牧业发展状况制定畜禽养殖场、养殖小区的规模标准和备案程序。

另外,禁止在下列区域内建设畜禽养殖场、养殖小区:

(1)生活饮用水的水源保护区、风景名胜区,以及自然保护区的核心区和缓冲区;

(2)城镇居民区、文化教育科学研究区等人口集中区域;

(3)法律、法规规定的其他禁养区域。

164. 畜禽养殖场的养殖档案应当载明哪些内容？

按照《畜牧法》第四十一条的规定，畜禽养殖场应当建立养殖档案，并载明以下内容：

(1)畜禽的品种、数量、繁殖记录、标识情况、来源和进出场日期；

(2)饲料、饲料添加剂、兽药等投入品的来源、名称、使用对象、时间和用量；

(3)检疫、免疫、消毒情况；

(4)畜禽发病、死亡和无害化处理情况；

(5)国务院畜牧兽医行政主管部门规定的其他内容。

165. 从事畜禽养殖者不得实施哪些行为？

按照《畜牧法》第四十三条的规定，从事畜禽养殖者不得有下列行为：

(1)违反法律、行政法规的规定和国家技术规范的强制性要求使用饲料、饲料添加剂、兽药；

(2)使用未经高温处理的餐馆、食堂的泔水饲喂家畜；

(3)在垃圾场或者使用垃圾场中的物质饲养畜禽；

(4)法律、行政法规和国务院畜牧兽医行政主管部门规定的危害人和畜禽健康的其他行为。

渔业法律制度

166. 《渔业法》对我国渔业监督管理体制是如何规定的?

按照《渔业法》第七条的规定,国家对渔业的监督管理,实行统一领导、分级管理。

海洋渔业,除国务院划定由国务院渔业行政主管部门及其所属的渔政监督管理机构监督管理的海域和特定渔业资源渔场外,由毗邻海域的省、自治区、直辖市人民政府渔业行政主管部门监督管理。

江河、湖泊等水域的渔业,按照行政区划由有关县级以上人民政府渔业行政主管部门监督管理;跨行政区域的,由有关县级以上地方人民政府协商制定管理办法,或者由上一级人民政府渔业行政主管部门及其所属的渔政监督管理机构监督管理。

167. 如何确定渔业养殖区域并准入从事养殖生产?

按照《渔业法》第十一条的规定,国家对水域利用进行统一规划,确定可以用于养殖业的水域和滩涂。单位和个人使用国家规划确定用于养殖业的全民所有的水域、滩涂的,使用者应当向县级以上地方人民政府渔业行政主管部门提出申请,由本级人民政府核发养殖证,许可其使用该水域、滩涂从事养殖生产。核发养殖证的具体办法由国务院规定。集体所有的或者全民所有的农业集体经济组织使用的水域、滩涂,可以由个人或者集体承包,从事养殖生产。

168. 如何依法确定渔业资源捕捞量?

按照《渔业法》第二十二条的规定,国家根据捕捞量低于渔业资源增长量的原则,确定渔业资源的总可捕捞量,实行捕捞限额制度。国务院渔业行政主管部门负责组织渔业资源的调查和评估,为实行捕捞限额制度提供科学依据。中华人民共和国内海、领海、专属经济区和其他管辖海域的捕捞限额总量由国务院渔业行政主管部门确定,报国务院批准后逐级分解下达;国家确定的重要江河、湖泊的捕捞限额总量由有关省、自治区、直辖市人民政府确定或者协商确定,逐级分解下达。

捕捞限额总量的分配应当体现公平、公正的原则,分配办法和分配结果必须向社会公开,并接受监督。国务院渔业行政主管部门和省、自治区、直辖市人民政府渔业行政主管部门应当加强对捕捞限额制度实施情况的监督检查,对超过上级下达的捕捞限额指标的,应当在其次年捕捞限额指标中予以核减。

169. 《渔业法》规定的捕捞许可证管理的内容有哪些?

按照《渔业法》第二十三条的规定,国家对捕捞业实行捕捞许可证制度。海洋大型拖网、围网作业以及到中华人民共和国与有关国家缔结的协定确定的共同管理的渔区或者公海从事捕捞作业的捕捞许可证,由国务院渔业行政主管部门批准发放。其他作业的捕捞许可证,由县级以上地方人民政府渔业行政主管部门批准发放;但是,批准发放海洋作业的捕捞许可证不得超过国家下达的船网工具控制指标,具体办法由省、自治区、直辖市人民政府规定。捕捞许可证不得买卖、出租和以其他形式转让,不得涂改、伪造、变造。

到其他国家管辖海域从事捕捞作业的,应当经国务院渔业行政主管部门批准,并遵守中华人民共和国缔结的或者参加的有关条约、协定和有关国家的法律。

170. 申领捕捞许可证应具备哪些条件?

按照《渔业法》第二十四条的规定,具备下列条件的,可发给捕捞许可证:

(1)有渔业船舶检验证书;

(2)有渔业船舶登记证书;

(3)符合国务院渔业行政主管部门规定的其他条件。

县级以上地方人民政府渔业行政主管部门批准发放的捕捞许可证,应当与上级人民政府渔业行政主管部门下达的捕捞限额指标相适应。

171. 《渔业法》对捕捞有重要经济价值的水生动物苗种是如何规定的？

按照《渔业法》第三十一条的规定，禁止捕捞有重要经济价值的水生动物苗种。因养殖或者其他特殊需要，捕捞有重要经济价值的苗种或者禁捕的怀卵亲体的，必须经国务院渔业行政主管部门或者省、自治区、直辖市人民政府渔业行政主管部门批准，在指定的区域和时间内，按照限额捕捞。在水生动物苗种重点产区引水用水时，应当采取措施，保护苗种。

172. 如何确定和征收渔业资源费？

根据《渔业资源增殖保护费征收使用办法》第五条的规定，渔业资源费分为海洋渔业资源费和内陆水域渔业资源费。

海洋渔业资源费年征收金额，由沿海省级人民政府渔业行政主管部门或者海区渔政监督管理机构，在其批准发放捕捞许可证的渔船前3年采捕水产品的平均年总产值(不含专项采捕经济价值较高的渔业资源品种产值)1%至3%的幅度内确定。

内陆水域渔业资源费年征收金额由省级人民政府确定。

专项采捕经济价值较高的渔业资源品种，渔业资源费年征收金额，由省级人民政府渔业行政主管部门或者海区渔政监督管理机构，在其批准发放捕捞许可证的渔船前3年采捕该品种的平均年总产值3%至5%的幅度内确定。

经济价值较高的渔业资源品种名录，由国务院渔业行政主管部门确定。

173. 确定渔业资源费征收标准的原则有哪些？

根据《渔业资源增殖保护费征收使用办法》第六条的规定，渔业资源费的具体征收标准，由省级人民政府渔业行政主管部门或者海区渔政监督管理机构依照下列原则制定：

(1)从事外海捕捞、有利于渔业资源保护或者国家鼓励开发的作业的，其渔业资源费征收标准应当低于平均征收标准，也可以在一定时期内免征渔业资源费。

(2)从事应当淘汰、不利于渔业资源保护或者国家限制发展的作业的，或者持临时捕捞许可证进行采捕作业的，其渔业资源费征收标准应当高于平均征收标准,但最高不得超过平均征收标准金额的3倍。

(3)依法经批准采捕珍稀水生动植物的,依照专项采捕经济价值较高的渔业资源品种适用的征收标准,加倍征收渔业资源费,但最高不得超过上述征收标准金额的3倍。因从事科研活动的需要,依据有关规定经批准采捕珍稀水生动植物的除外。

本于渔业资源费的具体征收标准,省级人民政府渔业行政主管部门制定的,由省级人民政府物价部门核定;海区渔政监督管理机构制定的,报国务院渔业行政主管部门审查后,由国务院物价部门核定。

174. 渔业资源费的使用范围有哪些?

根据《渔业资源增殖保护费征收使用办法》第十二条的规定,渔业资源费用于渔业资源的增殖、保护。使用范围是:

(1)购买增殖放流用的苗种和培育苗种所需的配套设施,修建近海和内陆水域人工鱼礁、鱼巢等增殖设施;

(2)为保护特定的渔业资源品种,借给渔民用于转业或者转产的生产周转金(不得作为生活补助和流动资金);

(3)为增殖渔业资源提供科学研究经费补助;

(4)为改善渔业资源增殖保护管理手段和监测渔业资源提供经费补助。

渔业资源费用于渔业资源增殖与保护之间的比例,属于海区掌握的,由海区渔政监督管理机构确定;属于省、自治区、直辖市掌握的,由省级人民政府渔业行政主管部门商同级财政部门确定。

农业机械法律制度

175. 《农业机械化促进法》的立法目的是什么?

立法目的是指制定一部法律所要达到的最直接的任务目标和要解决的具体问题。《农业机械化促进法》第一条规定的立法目的主要有以下两个方面:

(1)鼓励、扶持农民和农业生产经营组织使用先进适用的农业机械。目前我国广大农民的收入水平还比较低,购买农业机械的资金往往不足,而农业机械的价格和使用成本都比较高,因此,国家在政策和资金上给予适当的鼓励和扶持能够对农民和农业生产经营组织发展农业机械化起到较大的带动作用。

(2)促进农业机械化,建设现代农业。建设现代农业是全面建设农村小康社会的重要任务之一。农业机械是现代农业的重要物质基础,也是先进农业科学技术的重要载体,建设现代农业,必须促进农业机械化。

176. 什么是农业机械和农业机械化?

按照《农业机械化促进法》第二条的规定,农业机械是指用于农业生产及农产品初加工等相关农事活动的机械、设备。农业机械化是指运用先进适用的农业机械装备,改善农业生产经营条件,不断提高农业的生产技术水平和经济效益、生态效益的过程。

177. 法律对农民是否使用先进的农业机械是如何规定的?

按照《农业机械化促进法》第四条、第十九条,国家对农民是否使用先进农业机械有如下规定:

(1)国家引导、支持农民和农业生产经营组织自主选择先进适用的农业机械。任何单位和个人不得强迫农民和农业生产经营组织购买其指定的农业机械产品。国家采取措施,开展农业机械化科技知识的宣传和教育,培养农业机械化专业人才,推进农业机械化信息服务,提高农业机械化水平。国家鼓励和支持农民合作使用农业机械,提高农业机械利用率和作业效率,降低作业成本。

(2)国家支持和保护农民在坚持家庭承包经营的基础上,自愿组织区域化、标准化种植,提高农业机械的作业水平。任何单位和个人不得以区域化、标准化种植为借口,侵犯农民的土地承包经营权。

178. 农业机械生产者和销售者对其生产、销售的农业机械产品应承担什么义务和责任?

按照《农业机械化促进法》第十三条、第十四条的规定,农业机械生产者和销售者对其生产、销售的农业机械产品应承担的义务和责任包括两点:

(1)农业机械生产者、销售者应当对其生产、销售的农业机械产品质量负责,并按照国家有关规定承担零配件供应和培训等售后服务责任。农业机械生产者应当按照国家标准、行业标准和保障人身安全的要求,在其生产的农业机械产品上设置必要的安全防护装置、警示标志和中文警示说明。

(2)农业机械产品不符合质量要求的,农业机械生产者、销售者应当负责修理、更换、退货;给农业机械使用者造成农业生产损失或者其他损失的,应当依法赔偿损失。

179. 农业机械产品因不符合质量要求,给农业机械使用者造成损失的,该怎么办?

按照《农业机械化促进法》第十四条的规定,农业机械产品不符合质量要求,给农业机械使用者造成农业生产损失或者其他损失的,农业机械使用者有权要求农业机械销售者先予赔偿。农业机械销售者赔偿后,属于农业机械生产者的责任的,农业机械销售者有权向农业机械生产者追偿。

因农业机械存在缺陷造成人身伤害、财产损失的,农业机械生产者、销售者应当依法赔偿损失。

180. 《农业机械化促进法》对农民、农业机械作业组织提供有偿农业机械作业服务作了哪些规定？

按照《农业机械化促进法》第二十一条、第二十二条的规定，农民、农业机械作业组织可以按照双方自愿、平等协商的原则，为本地或者外地的农民和农业生产经营组织提供各项有偿农业机械作业服务。有偿农业机械作业应当符合国家或者地方规定的农业机械作业质量标准。

国家鼓励跨行政区域开展农业机械作业服务。各级人民政府及其有关部门应当支持农业机械跨行政区域作业，维护作业秩序，提供便利和服务，并依法实施安全监督管理。

各级人民政府应当采取措施，鼓励和扶持发展多种形式的农业机械服务组织，推进农业机械化信息网络建设，完善农业机械化服务体系。农业机械服务组织应当根据农民、农业生产经营组织的需求，提供农业机械示范推广、实用技术培训、维修、信息、中介等社会化服务。

181. 农民和农业生产经营组织能否享受无偿的农机推广和培训服务？

按照《农业机械化促进法》第二十三条的规定，国家设立的基层农业机械技术推广机构应当以试验示范基地为依托，为农民和农业生产经营组织无偿提供公益性农业机械技术的推广、培训等服务。

182. 国家对促进农业机械化有哪些扶持措施？

按照《农业机械化促进法》第二十六条、第二十七条、第二十八条、第二十九条的规定，国家对促进农业机械化方面的扶持措施可以概括为以下几点：

(1)国家采取措施，鼓励和支持农业机械生产者增加新产品、新技术、新工艺的研究、开发投入，并对农业机械的科研开发和制造实施税收优惠政策。中央和地方财政预算安排的科技开发资金应当对农业机械工业的技术创新给予支持。

(2)中央财政、省级财政应当分别安排专项资金，对农民和农业生产经营组织购买国家支持推广的先进适用的农业机械给予补贴。补贴资金的使用应当遵循公开、公正、及时、有效的原则，可以向农民和农业生产经营组织发放，也可以采用贴息方式支持金融机构向农民和农业生产经营组织购买先进适用的农业机械提供贷款。具体办法由国务院规定。

(3)从事农业机械生产作业服务的收入,按照国家规定给予税收优惠。国家根据农业和农村经济发展的需要,对农业机械的农业生产作业用燃油安排财政补贴。燃油补贴应当向直接从事农业机械作业的农民和农业生产经营组织发放。具体办法由国务院规定。

(4)地方各级人民政府应当采取措施加强农村机耕道路等农业机械化基础设施的建设和维护,为农业机械化创造条件。县级以上地方人民政府主管农业机械化工作的部门应当建立农业机械化信息搜集、整理、发布制度,为农民和农业生产经营组织免费提供信息服务。

183. 法律是否支持农机跨区作业?

推广使用先进适用的农业机械,离不开社会化服务。完善的农业机械化服务体系是保障农业机械化发展的必要条件。为此,《农业机械化促进法》规定,农民、农业机械作业组织可以进行有偿的农业机械作业服务;各级政府及其有关部门应当支持农业机械跨行政区域作业并提供便利和服务;鼓励和扶持发展多种形式的农业机械服务组织,完善农业机械化服务体系;农业机械服务组织可以根据农民的需要,提供培训、维修、信息等社会化服务;国家设立的基层农业机械技术推广机构应当为农民和农业生产经营组织无偿提供公益性农业技术推广、培训等服务。

≫**法条链接**≫

《农业机械化促进法》第二十一条:农民、农业机械作业组织可以按照双方自愿、平等协商的原则,为本地或者外地的农民和农业生产经营组织提供各项有偿农业机械作业服务。有偿农业机械作业应当符合国家或者地方规定的农业机械作业质量标准。

国家鼓励跨行政区域开展农业机械作业服务。各级人民政府及其有关部门应当支持农业机械跨行政区域作业,维护作业秩序,提供便利和服务,并依法实施安全监督管理。

184. 国家对购买农机者是否给予补助?

多年来,中央和地方各级政府制定了一系列促进农业机械化发展的扶持政策和措施,极大地调动了农民和农业生产经营组织使用农业机械的积极性,有力地促进了农业机械化事业的发展。把这些行之有效的政策措施通过法律的形式加以规定十分必要。为此,《农业机械化促进法》规定,国家采取措施支持农业机械生产者增加研究开发投入,对农业机械的科研开发和制造实施税收优惠;对农民和农业生产经营组织购买国家支持推广的先进适用的农业机械给予直接补贴或贴息补助;从事农业机械生产作业服务的收入,按照国家规定给予税收优惠,并对农业机械的农业生产作业用燃油安排财政补贴;加强农业机械化基础设施的建设和维护;县级以上地方政府主管农业机械化工作的部门应当为农民和农业生产经营组织免费提供信息服务。

≫法条链接≫

《农业机械化促进法》第二十七条:中央财政、省级财政应当分别安排专项资金,对农民和农业生产经营组织购买国家支持推广的先进适用的农业机械给予补贴。补贴资金的使用应当遵循公开、公正、及时、有效的原则,可以向农民和农业生产经营组织发放,也可以采用贴息方式支持金融机构向农民和农业生产经营组织购买先进适用的农业机械提供贷款。

农产品质量和农业保险法律制度

185.《农产品质量安全法》确立了哪些农产品质量安全监管制度？

纵观《农产品质量安全法》的规定，法律设立了一系列的监管制度，包括农产品质量安全信息发布制度、农产品生产记录制度、农产品包装与标识制度、农产品质量安全市场准入制度、农产品质量安全监测和监督检查制度、农产品质量安全事故报告制度和农产品质量安全责任追究制度等。

为了保证上述安全监管制度有效实施，法律明确规定了：(1)县级以上人民政府农业行政主管部门负责农产品质量安全的监督管理工作，县级以上人民政府相关部门按照职责分工负责农产品质量安全的有关工作；(2)国务院农业行政主管部门要设立农产品质量安全风险评估专家委员会，对可能影响农产品质量安全的潜在危害进行风险分析和评估；(3)授权国务院农业行政主管部门和省、自治区、直辖市人民政府农业行政主管部门定期发布农产品质量安全状况信息。

186.《农产品质量安全法》对农产品产地管理作了哪些规定？

农产品产地环境对农产品质量安全具有直接、重大的影响。近年来，因为农产品产地的土壤、大气、水体被污染而严重影响农产品质量安全的问题时有发生。抓好农产品产地管理，是保障农产品质量安全的前提。为此，《农产品质量安全法》规定，县级以上政府应当加强农产品产地管理，改善农产品生产条件。禁止违反法律、法规的规定向农产品产地排放或者倾倒废水、废气、固体废物或者其他有毒有害物质；禁止在有毒有害物质超过规定标准的区域生产、捕捞、采集农产品和建立农产品生产基地。县级以上地方政府农业主管部门按照保障农产品质量安全的要求，根据农产品品种特性和生产区域大气、土壤、水体中有毒有害物质状况等因素，认为不适宜特定农产品生产的，应当提出禁止生产的区域，报本级政府批准后公布执行。

≫**法条链接**≫

《农产品质量安全法》第十六条:县级以上人民政府应当采取措施,加强农产品基地建设,改善农产品的生产条件。

县级以上人民政府农业行政主管部门应当采取措施,推进保障农产品质量安全的标准化生产综合示范区、示范农场、养殖小区和无规定动植物疫病区的建设。

《农产品质量安全法》第十八条:禁止违反法律、法规的规定向农产品产地排放或者倾倒废水、废气、固体废物或者其他有毒有害物质。

农业生产用水和用作肥料的固体废物,应当符合国家规定的标准。

187. 农产品安全监测制度的主要内容有哪些?

按照《农产品质量安全法》第三十四条、第三十五条的规定,国家建立农产品质量安全监测制度。县级以上人民政府农业行政主管部门应当按照保障农产品质量安全的要求,制定并组织实施农产品质量安全监测计划,对生产中或者市场上销售的农产品进行监督抽查。监督抽查结果由国务院农业行政主管部门或者省、自治区、直辖市人民政府农业行政主管部门按照权限予以公布。

监督抽查检测应当委托符合本法第三十五条规定条件的农产品质量安全检测机构进行,不得向被抽查人收取费用,抽取的样品不得超过国务院农业行政主管部门规定的数量。上级农业行政主管部门监督抽查的农产品,下级农业行政主管部门不得另行重复抽查。

农产品质量安全检测应当充分利用现有的符合条件的检测机构。从事农产品质量安全检测的机构,必须具备相应的检测条件和能力,并经省级以上人民政府农业行政主管部门或者其授权的部门考核合格。具体办法由国务院农业行政主管部门制定。农产品质量安全检测机构应当依法经计量认证合格。

188. 《农产品质量安全法》规定的"八项行政处罚"的内容是什么?

按照《农产品质量安全法》第四十三条至第五十二条的规定,违反本法的行政处罚情形包括:(1)检测机构伪造检测结果的;(2)检测机构出具结果不实、造成重大损害的;(3)农产品生产企业、专业合作经济组织未建立或未保存生产记录、或伪造生产记录的;(4)销售的农产品未按规定进行包装、标识的;(5)使用保鲜剂、防腐剂、添加剂等材料不符合国家强制性技术规范的;(6)农产品生产企业、农民专业合作经济组织销售的产品不符合农产品质量安全标准的;(7)农产品批发市场没有对农产品抽查检测,发现不符合农产品质量安全标准的,没有立即要求停止销售,并向农业行政主管部门报告的;(8)冒用农产品质量标志的。

189. 《农产品质量安全法》明确了哪"八个不得"?

纵观《农产品质量安全法》的规定,其中规定的八种禁止性法律规范是:(1)经检测不符合农产品质量安全标准的农产品,不得销售;(2)有五种情形之一的农产品,不得销售;(3)监督抽查检测应当委托符合规定条件的农产品质量安全监测机构进行,不得向被抽查人收取费用;(4)监督抽查监测抽取的样品,不得超过国务院农业行政主管部门规定的数量;(5)上级农业行政主管部门监督抽查的农产品,下级农业行政主管部门不得另行重复抽查;(6)对采用快速检测方法检测结果有异议的,被抽检人申请复检,复检不得采用快速检测方法;(7)农产品销售企业对其销售的农产品,应当建立健全进货检查验收制度,经查验不符合农产品质量安全标准的,不得销售;(8)对同一违法行为不得重复处罚。

190. 《农产品质量安全法》规定什么样的农产品不得销售?

按照《农产品质量安全法》第三十三条的规定,有下列情形之一的农产品,不得销售:

(1)含有国家禁止使用的农药、兽药或者其他化学物质的;

(2)农药、兽药等化学物质残留或者含有的重金属等有毒有害物质不符合农产品质量安全标准的;

(3)含有的致病性寄生虫、微生物或者生物毒素不符合农产品质量安全标准的;

(4)使用的保鲜剂、防腐剂、添加剂等材料不符合国家有关强制性的技术规范的;

(5)其他不符合农产品质量安全标准的。

191. 《农产品质量安全法》对农产品包装和标识有何规定?

按照《农产品质量安全法》的规定,农产品生产企业、农民专业合作经济组织以及从事农产品收购的单位或者个人销售的农产品,按照规定应当包装或者附加标识的,须经包装或者附加标识后方可销售。包装物或者标识上应当按照规定标明产品的品名、产地、生产者、生产日期、保质期、产品质量等级等内容;使用添加剂的,还应当按照规定标明添加剂的名称。具体办法由国务院农业行政主管部门制定。

农产品在包装、保鲜、贮存、运输中所使用的保鲜剂、防腐剂、添加剂等材料,应当符合国家有关强制性的技术规范。属于农业转基因生物的农产品,应当按照农业转基因生物安全管理的有关规定进行标识。

依法需要实施检疫的动植物及其产品,应当附具检疫合格标志、检疫合格证明。销售的农产品必须符合农产品质量安全标准,生产者可以申请使用无公害农产品标志。农产品质量符合国家规定的有关优质农产品标准的,生产者可以申请使用相应的农产品质量标志。禁止冒用法定的农产品质量标志。

≫法条链接≫

《农产品质量安全法》第二十八条:农产品生产企业、农民专业合作经济组织以及从事农产品收购的单位或者个人销售的农产品,按照规定应当包装或者附加标识的,须经包装或者附加标识后方可销售。包装物或者标识上应当按照规定标明产品的品名、产地、生产者、生产日期、保质期、产品质量等级等内容;使用添加剂的,还应当按照规定标明添加剂的名称。具体办法由国务院农业行政主管部门制定。

《农产品质量安全法》第二十九条:农产品在包装、保鲜、贮存、运输中所使用的保鲜剂、防腐剂、添加剂等材料,应当符合国家有关强制性的技术规范。

192. 农产品生产者在生产过程中应当如何保障农产品质量安全?

按照《农产品质量安全法》第二十四条、第二十五条、第二十六条的规定,农产品生产者在生产过程中保证农产品质量安全的基本义务主要包括:

(1)依照规定合理使用农业投入品。农产品生产者应当按照法律、行政法规和国务院农业主管部门的规定,合理使用化肥、农药、兽药、饲料和饲料添加剂等农业投入品,严格执行农业投入品使用安全间隔期或者休药期的规定,禁止使用国家明令禁止使用的农业投入品,防止因违反规定使用农业投入品危及农产品质量安全。

(2)依照规定建立农产品生产记录。农产品生产企业和农民专业合作经济组织应当建立农产品生产记录,如实记载使用农业投入品的有关情况、动物疫病和植物病虫草害的发生和防治情况,以及农产品收获、屠宰、捕捞的日期等情况。

(3)对其生产的农产品的质量安全状况进行检测。农产品生产企业和农民专业合作经济组织应当自行或者委托检测机构对其生产的农产品的质量安全状况进行检测,经检测不符合农产品质量安全标准的,不得销售。

193. 无公害蔬菜禁用的农药有哪些?

农药品种繁多,有些是属于高毒高残留的,使用这些农药往往会给环境带来严重破坏,甚至危害人们的身体健康。现将国家农业部公布的无公害蔬菜生产上禁用和限用的农药名录列出来,供农民朋友查看遵照执行。

(1)无公害蔬菜韭菜禁用农药品种。

甲拌磷(3911)、治螟磷(苏化203)、对硫磷(1605)、甲基对硫磷(甲基1605)、内吸磷(1059)、杀螟威、久效磷、磷胺、甲胺磷、异丙磷、三硫磷、氧化乐果、磷化锌、磷化铝、甲基硫环磷、甲基异柳磷、氰化物、克百威、氟乙酰胺、砒霜、杀虫脒、西力生、赛力散、溃疡净、氯化苦、五氯酚、二溴氯丙烷、401、六六六、滴滴涕、氯丹等。

(2)无公害蔬菜白菜禁用农药品种。

甲拌磷(3911)、治螟磷(苏化203)、对硫磷(1605)、甲基对硫磷(甲基1605),内吸磷(1059)、杀螟威、久效磷、磷胺、甲胺磷、异丙磷、三硫磷、氧化乐果、磷化锌、磷化铝、甲基硫环磷、甲基异柳磷、氰化物、克百威、氟乙酰胺、砒霜、杀虫脒、西力生、赛力散、溃疡净、氯化苦、五氯酚、二溴氯丙烷、401、六六六、滴滴涕、氯丹等。

(3)无公害蔬菜茄果类(番茄、茄子、青椒)禁用农药品种。

杀虫脒、氰化物、磷化铅、六六六、滴滴涕、氯丹、甲胺磷、甲拌磷(3911)、对硫磷(1605)、甲基对硫磷(甲基1605)、内吸磷(1059)、治螟磷(苏化203)、杀螟磷、磷胺、异丙磷、三硫磷、氧化乐果、磷化锌、克百威、水胺硫磷、久效磷、三氯杀螨醇、涕灭威、灭多威、氟乙酰胺、有机汞制剂、砷制剂、西力生、赛力散、溃疡净、五氯酚钠等。

(4)无公害蔬菜甘蓝类(结球甘蓝、花椰菜、青花菜)禁用农药品种。

甲拌磷(3911)、治螟磷(苏化203)、对硫磷(1605)、甲基对硫磷(甲基1605)、内吸磷(1059)、杀螟威、久效磷、磷胺、甲胺磷、异丙磷、三硫磷、氧化乐果、磷化锌、磷化铝、甲基硫环磷、甲基异柳磷、氰化物、克百威、氟乙酰胺、砒霜、杀虫脒、西力生、赛力散、溃疡净、氯化苦、五氯酚、二溴氯丙烷、401、六六六、滴滴涕、氯丹等。

(5)无公害蔬菜黄瓜禁用农药品种。

甲胺磷、甲基对硫磷、对硫磷、久效磷、磷胺、甲拌磷、甲基异柳磷、特丁硫磷、甲基硫环磷、治螟磷、内吸磷、克百威、涕灭威、灭线磷、硫环磷、蝇毒磷、地虫硫磷、氯唑磷、苯线磷等。

(6)无公害蔬菜菠菜禁用农药品种。

甲胺磷、甲基对硫磷、对硫磷、久效磷、磷胺、甲拌磷、甲基异柳磷、特丁硫磷、甲基硫环磷、治螟磷、内吸磷、克百威、涕灭威、灭线磷、硫环磷、蝇毒磷、地虫硫磷、氯唑磷、苯线磷、六六六、滴滴涕、毒杀芬、二溴氯丙烷、杀虫脒、二溴乙烷、除草醚、艾氏剂、狄氏剂、汞制剂、砷、铅类、敌枯双、氟乙酰胺、甘氟、毒鼠强、氟乙酸钠等。

(7)无公害蔬菜胡萝卜禁用农药品种。

甲胺磷、甲基对硫磷、对硫磷,久效磷、磷胺、甲拌磷、甲基异柳磷、特丁硫磷、甲基硫环磷、治螟磷、内吸磷、克百威、涕灭威、灭线磷、硫环磷、蝇毒磷、地虫硫磷,氯唑磷、苯线磷、六六六、滴滴涕、毒杀芬、二溴氯丙烷、杀虫脒、二溴乙烷、除草醚、艾氏剂、狄氏剂、汞制剂、砷类、铅类、敌枯双、氟乙酰胺、甘氟、毒鼠强、氟乙酸钠、毒鼠硅等。

(8)无公害蔬菜芹菜禁用农药品种。

甲胺磷、甲基对硫磷、对硫磷、久效磷、磷胺、甲拌磷、甲基异柳磷、特丁硫磷、甲基硫环磷、治螟磷、内吸磷、克百威、涕灭威、灭线磷、硫环磷、蝇毒磷、地虫硫磷、氯唑磷、苯线磷、六六六、滴滴涕、毒杀芬、二溴氯丙烷、杀虫脒、二溴乙烷、除草醚、艾氏剂、狄氏剂、汞制剂、砷类、铅类、敌枯双、氟乙酰胺、甘氟、毒鼠强、氟乙酸钠、毒鼠硅等。

(9)无公害蔬菜苦瓜禁用农药品种。

甲胺磷、甲基对硫磷、对硫磷、久效磷、磷胺、甲拌磷、甲基异柳磷、特丁硫磷、甲基硫环磷、治螟磷、内吸磷、克百威、涕灭威、灭线磷、硫环磷、蝇毒磷、地虫硫磷、氯唑磷,苯线磷等。

(10)无公害蔬菜豇豆禁用农药名称。

甲胺磷、甲基对硫磷、对硫磷、久效磷、磷胺、甲拌磷、甲基异柳磷、特丁硫磷、甲基硫环磷、治螟磷、克百威、内吸磷、涕灭威、灭线磷、硫环磷、蝇毒磷、地虫硫磷、氯唑磷、苯线磷等。

(11)无公害蔬菜菜豆禁用农药品种。

甲胺磷、甲基对硫磷、对硫磷、久效磷、磷胺、甲拌磷、甲基异柳磷、特丁硫磷、甲基硫环磷、治螟磷、内吸磷、克百威、涕灭威、灭线磷、硫环磷、蝇毒磷、地虫硫磷、氯唑磷、苯线磷等。

(12)无公害蔬菜萝卜禁用农药品种。

甲胺磷、甲基对硫磷、对硫磷、久效磷、磷胺、甲拌磷、甲基异柳磷、特丁硫磷、甲基硫环磷、治螟磷、内吸磷、克百威、涕灭威、灭线磷、硫环磷、蝇毒磷、地虫硫磷、氯唑磷、苯线磷、六六六、滴滴涕、毒杀芬、二溴氯丙烷、杀虫脒、二溴乙烷、除草醚、艾氏剂、狄氏剂、汞制剂、砷类、铅类、敌枯双、氟乙酰胺、甘氟、毒鼠强、氟乙酸钠、毒鼠硅等。

注:以上所列摘自《中华人民共和国农业行业标准》,是目前禁用或限用的农药品种,该名录会随国家新规定进行修订。

194. 国务院卫生行政部门在什么情形下应当组织食品安全风险评估工作?

按照《食品安全法实施条例》第十二条的规定,有下列情形之一的,国务院卫生行政部门应当组织食品安全风险评估工作:

(1)为制定或者修订食品安全国家标准提供科学依据需要进行风险评估的;

(2)为确定监督管理的重点领域、重点品种需要进行风险评估的;

(3)发现新的可能危害食品安全的因素的;

(4)需要判断某一因素是否构成食品安全隐患的;

(5)国务院卫生行政部门认为需要进行风险评估的其他情形。

195. 食品安全风险评估建议应当包括哪些信息和资料?

按照《食品安全法实施条例》第十三条的规定,国务院农业行政、质量监督、工商行政管理和国家食品药品监督管理等有关部门依照《食品安全法》第十五条规定向国务院卫生行政部门提出食品安全风险评估建议,应当提供下列信息和资料:

(1)风险的来源和性质;

(2)相关检验数据和结论;

(3)风险涉及范围;

(4)其他有关信息和资料。

县级以上地方农业行政、质量监督、工商行政管理、食品药品监督管理等有关部门应当协助收集前款规定的食品安全风险评估信息和资料。

≫法条链接≫

《食品安全法》第十五条:国务院农业行政、质量监督、工商行政管理和国家食品药品监督管理等有关部门应当向国务院卫生行政部门提出食品安全风险评估的建议,并提供有关信息和资料。

国务院卫生行政部门应当及时向国务院有关部门通报食品安全风险评估的结果。

196. 授予植物品种权应当具备哪些条件?

按照《植物新品种保护条例》第十三条至第十八条的规定,授予植物品种权应当具备如下条件:

(1)申请品种权的植物新品种应当属于国家植物品种保护名录中列举的植物的属或者种。植物品种保护名录由审批机关确定和公布。

(2)授予品种权的植物新品种应当具备新颖性。新颖性是指申请品种权的植物新品种在申请日前,该品种繁殖材料未被销售,或者经育种者许可,在中国境内销售该品种繁殖材料未超过1年;在中国境外销售藤本植物、林木、果树和观赏树木品种繁殖材料未超过6年,销售其他植物品种繁殖材料未超过4年。

(3)授予品种权的植物新品种应当具备特异性。特异性是指申请品种权的植物新品种应当明显区别于在递交申请以前已知的植物品种。

(4)授予品种权的植物新品种应当具备一致性。一致性是指申请品种权的植物新品种经过繁殖,除可以预见的变异外,其相关的特征或者特性一致。

(5)授予品种权的植物新品种应当具备稳定性。稳定性是指申请品种权的植物新品种经过反复繁殖后或者在特定繁殖周期结束时,其相关的特征或者特性保持不变。

(6)授予品种权的植物新品种应当具备适当的名称,并与相同或者相近的植物属或者种中已知品种的名称相区别。该名称经注册登记后即为该植物新品种的通用名称。下列名称不得用于品种命名:①仅以数字组成的;②违反社会公德的;③对植物新品种的特征、特性或者育种者的身份等容易引起误解的。

197. 植物品种权在哪些情形下终止？

按照《植物新品种保护条例》第三十四条、第三十六条的规定，植物品种权在两种情形下终止：

(1)保护期限届满终止。品种权的保护期限，自授权之日起，藤本植物、林木、果树和观赏树木为二十年，其他植物为十五年。

(2)特定情形终止。有下列情形之一的，品种权在其保护期限届满前终止：①品种权人以书面声明放弃品种权的；②品种权人未按照规定缴纳年费的；③品种权人未按照审批机关的要求提供检测所需的该授权品种的繁殖材料的；④经检测该授权品种不再符合被授予品种权时的特征和特性的。

品种权的终止，由审批机关登记和公告。

198.《农业保险条例》作了哪些支持农业保险发展的规定？

为使国家对农业保险的支持措施规范化、制度化，《农业保险条例》作了如下规定：一是国家支持发展多种形式的农业保险，健全政策性农业保险制度；二是对符合规定的农业保险由财政部门给予保险费补贴，并建立财政支持的农业保险大灾风险分散机制，具体办法由国务院财政部门会同国务院有关部门制定；三是鼓励地方政府采取由地方财政给予保险费补贴、建立地方财政支持的农业保险大灾风险分散机制等措施，支持发展农业保险；四是对农业保险经营依法给予税收优惠，鼓励金融机构加大对投保农业保险的农民和农业生产经营组织的信贷支持力度。

199.《农业保险条例》对农业保险合同和农业保险业务经营规则作了哪些规定？

针对农业保险业务的特点，《农业保险条例》(以下简称《条例》)对农业保险合同和农业保险业务经营规则作了如下规定：

(1)为保持农业保险合同的稳定性，《条例》规定农业保险合同当事人在合同有效期内，不得因保险标的危险程度发生变化而增加保险费或者解除保险合同。

(2)为保障受灾农户及时足额得到保险赔偿，《条例》规定保险机构接到发生保险事故的通知后，应当及时进行现场查勘，并在与被保险人达成赔偿协议后十日内，将应赔偿的保险金支付给被保险人，且保险机构应当按照合同约定，根据保险标的损失程度足额支付应赔偿的保险金。

(3)为保证定损和理赔结果的公开、公平、公正,《条例》规定农业生产组织或者村民委员会等单位组织农民投保的,保险机构应当将查勘定损结果和理赔结果予以公示。

(4)为合理确定保险费率和保险条款,《条例》规定保险机构应当在充分听取省级人民政府财政、农业、林业部门和农民代表意见的基础上,公平、合理地拟定农业保险条款和保险费率,并依法报保险监督管理机构审批或者备案。

≫农业保险合同范本≫

作物种植保险合同(以小麦为例)

保险单号码:_____

被保险人:_____ 户数:_____

鉴于_____(以下称被保险人)已向本公司投保_____作物保险基本险以及附加险,并按本保险条款约定交纳保险费,本公司特签发本保险单并同意依照_____作物种植基本险和附加险条款及其特别约定条件,承担被保险人_____作物的保险责任。

种植时间:_____年_____月_____旬

种植地点及方位:_____

东经:_____ _____′_____″—_____ _____′_____″;

北纬:_____ _____′_____″—_____ _____′_____″

总保险面积(亩):_____

基本险

保险产量_____(千克/亩)

约定单价_____(元/千克)

保险金额_____(元/亩)

保险费率_____(%)

保险费_____(元/亩)

附加险

总保险金额(大写):_____(小写):_____

总保险费(大写):_____(小写):_____

保险责任期限:_____ 特别约定:_____

被保险人地址:_____ 保险公司(签章):_____

联系人：_____　　地址：_____
电话：_____　　邮码：_____
邮政编码_____　　电话：_____
_____年_____月_____日　　_____年_____月_____日
经理：_____　会计：_____　复核：_____　制单：_____

保险条款

保险标的范围

第一条　下列小麦可列入保险标的范围内：

(一)被保险人所有或与他人共有而由被保险人负责管理的小麦；

(二)由被保险人合法租种的小麦；

(三)代他人管理的小麦。

第二条　下列小麦不在保险标的范围内：

(一)新开垦土地上种植的小麦；

(二)经济林内间种的小麦。

保险责任

第三条　由于雹灾直接造成保险小麦的产量损失，保险人依照本条款的约定负责赔偿。

责任免除

第四条　下列原因造成保险小麦的产量损失，保险人不负责赔偿：

(一)发生雹灾后，被保险人管理不善或故意、违法行为；

(二)发生雹灾后，未经保险人同意，被保险人自行毁掉或放弃保险小麦、或改种其他作物；

(三)其他不属于保险责任的原因。

保险期限

第五条　从小麦返青起至小麦收获离开田间止，具体起止日期以保险单上的约定为准。

保险产量、保险价格

第六条　每亩保险产量按被保险人所在县(市)前3至5年平均亩产量的30%至60%(含)确定。保险价格是指上年度国家小麦最低保护价格。

保险金额、保险费

第七条　每亩保险金额按每亩保险产量与保险价格确定。

第八条　保险费按保险人规定的费率计收。

赔偿处理

第九条 保险小麦在保险期限内发生保险责任范围内的损失,保险人在保险金额范围内承担赔偿责任:

(一)全部损失

保险小麦发生下列雹灾损失时视为全部损失:

1.收获期前:

(1)90%(含)以上的小麦植株倒折;

(2)保险小麦损失严重,以致县级(含县)以上政府部门决定改种其他作物。

2.收获期:实际产量不足正常产量的10%(含)。

全部损失时,保险人按下列赔偿标准计算赔款:

生长阶段	每亩最高赔偿标准
返青至拔节期前	保险金额×30%
拔节期至抽穗期前	保险金额×40%
抽穗期至收获期前	保险金额×80%
收获期	保险金额×100%

保险小麦面积高于实际播种面积时,按实际播种面积计算赔偿金额。

保险小麦绝产经一次性赔付后,保险责任即行终止。

(二)部分损失

保险小麦遭受雹灾损失,凡未达到全损标准的为部分损失,部分损失按保险产量与实际产量的差额和保险价格计算赔偿金额,实际产量根据政府有关部门测定的结果确定;实际产量达到或超过保险产量时,不发生赔款。小麦保险面积等于或高于实际播种面积时,按实际播种面积计算赔偿金额;小麦保险面积低于实际播种面积时,如无法区分保险面积部分,按保险面积与实际播种面积的比例计算赔偿金额。

第十条 如果保险小麦在遭受保险责任范围内损失时,同时遭受非保险责任灾害损失,对非保险责任灾害造成的损失,应从保险损失中扣除。

第十一条 被保险人向保险人申请索赔时,应当提供保险单(证、分户清单)、损失清单和有关部门的证明,各项单证、证明必须真实、合法,不得有任何欺诈。被保险人欺诈行为给保险人造成损失时,应当承担赔偿责任。保险人收到单证后,应当迅速审定、核实。

被保险人义务

第十二条 投保人应当在保险合同生效前按约定交付保险费。

第十三条 投保人应当按实际播种面积投保所有符合承保条件的小麦。

第十四条 在保险合同有效期内,如有被保险人名称变更、保险小麦发生权利转让或者保险小麦遭受其他原因损失时,被保险人应当及时通知保险人,并根据保险人的有关规定办理批改手续,或者协助保险人做好损失程度等记录,以便发生保险责任范围内损失时,合理确定赔款。

第十五条 保险小麦发生雹灾损失时,被保险人应当采取必要施救措施,同时在24小时内通知保险人,并协助查勘。

第十六条 被保险人如果不履行第十二条至第十五条约定的各项义务,保险人有权拒绝赔偿,或从解约通知书送达15日后终止保险合同。

其他事项

第十七条 被保险人与保险人之间因本保险事宜发生争议,可通过协商解决,协商不成,按( )项办法解决:

(一)向仲裁机构申请仲裁;

(二)向人民法院提起诉讼。

第十八条 凡涉及本保险的约定均采用书面形式。

200. 为了防范农业保险经营风险,《农业保险条例》作了哪些规定?

为确保农业保险依法合规经营,真正发挥支农、惠农作用,《农业保险条例》作了如下规定:

(1)保险机构应当有完善的农业保险内控制度,有稳健的农业再保险和大灾风险安排及风险应对预案,其偿付能力以及农业保险业务的准备金评估、偿付能力报告编制应符合国务院保险监督管理机构的规定。

(2)为切实保证财政给予的保险费补贴依法使用,禁止以虚构或者虚增保险标的、虚假理赔、虚列费用等任何方式骗取财政给予的保险费补贴。

(3)为防范农业保险经营中的违法风险,《农业保险条例》规定了违法者承担的民事责任和行政责任。

附 录

中华人民共和国农业法

(1993年7月2日第八届全国人民代表大会常务委员会第二次会议通过,2002年12月28日第九届全国人民代表大会常务委员会第三十一次会议修订,2009年8月27日第十一届全国人民代表大会常务委员会第十次会议第一次修正,2012年12月28日第十一届全国人民代表大会常务委员会第三十次会议第二次修正)

第一章 总 则

第一条 为了巩固和加强农业在国民经济中的基础地位,深化农村改革,发展农业生产力,推进农业现代化,维护农民和农业生产经营组织的合法权益,增加农民收入,提高农民科学文化素质,促进农业和农村经济的持续、稳定、健康发展,实现全面建设小康社会的目标,制定本法。

第二条 本法所称农业,是指种植业、林业、畜牧业和渔业等产业,包括与其直接相关的产前、产中、产后服务。

本法所称农业生产经营组织,是指农村集体经济组织、农民专业合作经济组织、农业企业和其他从事农业生产经营的组织。

第三条 国家把农业放在发展国民经济的首位。

农业和农村经济发展的基本目标是:建立适应发展社会主义市场经济要求的农村经济体制,不断解放和发展农村生产力,提高农业的整体素质和效益,确保农产品供应和质量,满足国民经济发展和人口增长、生活改善的需求,提高农民的收入和生活水平,促进农村富余劳动力向非农产业和城镇转移,缩小城乡差别和区域差别,建设富裕、民主、文明的社会主义新农村,逐步实现农业和农村现代化。

第四条 国家采取措施,保障农业更好地发挥在提供食物、工业原料和其他农产品,维护和改善生态环境,促进农村经济社会发展等多方面的作用。

第五条 国家坚持和完善公有制为主体、多种所有制经济共同发展的基本经济制度,振兴农村经济。

国家长期稳定农村以家庭承包经营为基础、统分结合的双层经营体制,发展社会化服务体系,壮大集体经济实力,引导农民走共同富裕的道路。

国家在农村坚持和完善以按劳分配为主体、多种分配方式并存的分配制度。

第六条 国家坚持科教兴农和农业可持续发展的方针。

国家采取措施加强农业和农村基础设施建设,调整、优化农业和农村经济结构,推进农业产业化经营,发展农业科技、教育事业,保护农业生态环境,促进农业机械化和信息化,提高农业综合生产能力。

第七条 国家保护农民和农业生产经营组织的财产及其他合法权益不受侵犯。

各级人民政府及其有关部门应当采取措施增加农民收入,切实减轻农民负担。

第八条 全社会应当高度重视农业,支持农业发展。

国家对发展农业和农村经济有显著成绩的单位和个人,给予奖励。

第九条 各级人民政府对农业和农村经济发展工作统一负责,组织各有关部门和全社会做好发展农业和为发展农业服务的各项工作。

国务院农业行政主管部门主管全国农业和农村经济发展工作,国务院林业行政主管部门和其他有关部门在各自的职责范围内,负责有关的农业和农村经济发展工作。

县级以上地方人民政府各农业行政主管部门负责本行政区域内的种植业、畜牧业、渔业等农业和农村经济发展工作,林业行政主管部门负责本行政区域内的林业工作。县级以上地方人民政府其他有关部门在各自的职责范围内,负责本行政区域内有关的为农业生产经营服务的工作。

第二章 农业生产经营体制

第十条 国家实行农村土地承包经营制度,依法保障农村土地承包关系的长期稳定,保护农民对承包土地的使用权。

农村土地承包经营的方式、期限、发包方和承包方的权利义务、土地承包经营权的保护和流转等,适用《中华人民共和国土地管理法》和《中华人民共和国农村土地承包法》。

农村集体经济组织应当在家庭承包经营的基础上,依法管理集体资产,为其成员提供生产、技术、信息等服务,组织合理开发、利用集体资源,壮大经济实力。

第十一条 国家鼓励农民在家庭承包经营的基础上自愿组成各类专业合作经济组织。

农民专业合作经济组织应当坚持为成员服务的宗旨,按照加入自愿、退出自由、民主管理、盈余返还的原则,依法在其章程规定的范围内开展农业生产经营和服务活动。

农民专业合作经济组织可以有多种形式,依法成立、依法登记。任何组织和个人不得侵犯农民专业合作经济组织的财产和经营自主权。

第十二条 农民和农业生产经营组织可以自愿按照民主管理、按劳分配和按股分红相结合的原则,以资金、技术、实物等入股,依法兴办各类企业。

第十三条 国家采取措施发展多种形式的农业产业化经营,鼓励和支持农民和农业生产经营组织发展生产、加工、销售一体化经营。

国家引导和支持从事农产品生产、加工、流通服务的企业、科研单位和其他组织,通过与农民或者农民专业合作经济组织订立合同或者建立各类企业等形式,形成收益共享、风险共担的利益共同体,推进农业产业化经营,带动农业发展。

第十四条 农民和农业生产经营组织可以按照法律、行政法规成立各种农产品行业协会,为成员提供生产、营销、信息、技术、培训等服务,发挥协调和自律作用,提出农产品贸易救济措施的申请,维护成员和行业的利益。

第三章 农业生产

第十五条 县级以上人民政府根据国民经济和社会发展的中长期规划、农业和农村经济发展的基本目标和农业资源区划,制定农业发展规划。

省级以上人民政府农业行政主管部门根据农业发展规划,采取措施发挥区域优势,促进形成合理的农业生产区域布局,指导和协调农业和农村经济结构调整。

第十六条 国家引导和支持农民和农业生产经营组织结合本地实际按照市场需求,调整和优化农业生产结构,协调发展种植业、林业、畜牧业和渔业,发展优质、高产、高效益的农业,提高农产品国际竞争力。

种植业以优化品种、提高质量、增加效益为中心,调整作物结构、品种结构和品质结构。

加强林业生态建设,实施天然林保护、退耕还林和防沙治沙工程,加强防护林体系建设,加速营造速生丰产林、工业原料林和薪炭林。

加强草原保护和建设,加快发展畜牧业,推广圈养和舍饲,改良畜禽品种,积极发展饲料工业和畜禽产品加工业。

渔业生产应当保护和合理利用渔业资源,调整捕捞结构,积极发展水产养殖业、远洋渔业和水产品加工业。

县级以上人民政府应当制定政策,安排资金,引导和支持农业结构调整。

第十七条 各级人民政府应当采取措施,加强农业综合开发和农田水利、农业生态环境保护、乡村道路、农村能源和电网、农产品仓储和流通、渔港、草原围栏、动植物原种良种基地等农业和农村基础设施建设,改善农业生产条件,保护和提高农业综合生产能力。

第十八条 国家扶持动植物品种的选育、生产、更新和良种的推广使用,鼓励品种选育和生产、经营相结合,实施种子工程和畜禽良种工程。国务院和省、自治区、直辖市人民政府设立专项资金,用于扶持动植物良种的选育和推广工作。

第十九条 各级人民政府和农业生产经营组织应当加强农田水利设施建设,建立健全农田水利设施的管理制度,节约用水,发展节水型农业,严格依法控制非农业建设占用灌溉水源,禁止任何组织和个人非法占用或者毁损农田水利设施。

国家对缺水地区发展节水型农业给予重点扶持。

第二十条 国家鼓励和支持农民和农业生产经营组织使用先进、适用的农业机械,加强农业机械安全管理,提高农业机械化水平。

国家对农民和农业生产经营组织购买先进农业机械给予扶持。

第二十一条 各级人民政府应当支持为农业服务的气象事业的发展,提高对气象灾害的监测和预报水平。

第二十二条 国家采取措施提高农产品的质量,建立健全农产品质量标准体系和质量检验检测监督体系,按照有关技术规范、操作规程和质量卫生安全标准,组织农产品的生产经营,保障农产品质量安全。

第二十三条 国家支持依法建立健全优质农产品认证和标志制度。

国家鼓励和扶持发展优质农产品生产。县级以上地方人民政府应当结合本地情况,按照国家有关规定采取措施,发展优质农产品生产。

符合国家规定标准的优质农产品可以依照法律或者行政法规的规定申请使

用有关的标志。符合规定产地及生产规范要求的农产品可以依照有关法律或者行政法规的规定申请使用农产品地理标志。

第二十四条　国家实行动植物防疫、检疫制度,健全动植物防疫、检疫体系,加强对动物疫病和植物病、虫、杂草、鼠害的监测、预警、防治,建立重大动物疫情和植物病虫害的快速扑灭机制,建设动物无规定疫病区,实施植物保护工程。

第二十五条　农药、兽药、饲料和饲料添加剂、肥料、种子、农业机械等可能危害人畜安全的农业生产资料的生产经营,依照相关法律、行政法规的规定实行登记或者许可制度。

各级人民政府应当建立健全农业生产资料的安全使用制度,农民和农业生产经营组织不得使用国家明令淘汰和禁止使用的农药、兽药、饲料添加剂等农业生产资料和其他禁止使用的产品。

农业生产资料的生产者、销售者应当对其生产、销售的产品的质量负责,禁止以次充好、以假充真、以不合格的产品冒充合格的产品;禁止生产和销售国家明令淘汰的农药、兽药、饲料添加剂、农业机械等农业生产资料。

第四章　农产品流通与加工

第二十六条　农产品的购销实行市场调节。国家对关系国计民生的重要农产品的购销活动实行必要的宏观调控,建立中央和地方分级储备调节制度,完善仓储运输体系,做到保证供应,稳定市场。

第二十七条　国家逐步建立统一、开放、竞争、有序的农产品市场体系,制定农产品批发市场发展规划。对农村集体经济组织和农民专业合作经济组织建立农产品批发市场和农产品集贸市场,国家给予扶持。

县级以上人民政府工商行政管理部门和其他有关部门按照各自的职责,依法管理农产品批发市场,规范交易秩序,防止地方保护与不正当竞争。

第二十八条　国家鼓励和支持发展多种形式的农产品流通活动。支持农民和农民专业合作经济组织按照国家有关规定从事农产品收购、批发、贮藏、运输、零售和中介活动。鼓励供销合作社和其他从事农产品购销的农业生产经营组织提供市场信息,开拓农产品流通渠道,为农产品销售服务。

县级以上人民政府应当采取措施,督促有关部门保障农产品运输畅通,降低农产品流通成本。有关行政管理部门应当简化手续,方便鲜活农产品的运输,除法律、行政法规另有规定外,不得扣押鲜活农产品的运输工具。

第二十九条　国家支持发展农产品加工业和食品工业,增加农产品的附加值。县级以上人民政府应当制定农产品加工业和食品工业发展规划,引导农产品加工企业形成合理的区域布局和规模结构,扶持农民专业合作经济组织和乡镇企业从事农产品加工和综合开发利用。

国家建立健全农产品加工制品质量标准,完善检测手段,加强农产品加工过程中的质量安全管理和监督,保障食品安全。

第三十条 国家鼓励发展农产品进出口贸易。

国家采取加强国际市场研究、提供信息和营销服务等措施,促进农产品出口。

为维护农产品产销秩序和公平贸易,建立农产品进口预警制度,当某些进口农产品已经或者可能对国内相关农产品的生产造成重大的不利影响时,国家可以采取必要的措施。

第五章 粮食安全

第三十一条 国家采取措施保护和提高粮食综合生产能力,稳步提高粮食生产水平,保障粮食安全。

国家建立耕地保护制度,对基本农田依法实行特殊保护。

第三十二条 国家在政策、资金、技术等方面对粮食主产区给予重点扶持,建设稳定的商品粮生产基地,改善粮食收贮及加工设施,提高粮食主产区的粮食生产、加工水平和经济效益。

国家支持粮食主产区与主销区建立稳定的购销合作关系。

第三十三条 在粮食的市场价格过低时,国务院可以决定对部分粮食品种实行保护价制度。保护价应当根据有利于保护农民利益、稳定粮食生产的原则确定。

农民按保护价制度出售粮食,国家委托的收购单位不得拒收。

县级以上人民政府应当组织财政、金融等部门以及国家委托的收购单位及时筹足粮食收购资金,任何部门、单位或者个人不得截留或者挪用。

第三十四条 国家建立粮食安全预警制度,采取措施保障粮食供给。国务院应当制定粮食安全保障目标与粮食储备数量指标,并根据需要组织有关主管部门进行耕地、粮食库存情况的核查。

国家对粮食实行中央和地方分级储备调节制度,建设仓储运输体系。承担国家粮食储备任务的企业应当按照国家规定保证储备粮的数量和质量。

第三十五条 国家建立粮食风险基金,用于支持粮食储备、稳定粮食市场和保护农民利益。

第三十六条 国家提倡珍惜和节约粮食,并采取措施改善人民的食物营养结构。

第六章 农业投入与支持保护

第三十七条 国家建立和完善农业支持保护体系,采取财政投入、税收优惠、金融支持等措施,从资金投入、科研与技术推广、教育培训、农业生产资料供应、市场信息、质量标准、检验检疫、社会化服务以及灾害救助等方面扶持农民和农业生产经营组织发展农业生产,提高农民的收入水平。

在不与我国缔结或加入的有关国际条约相抵触的情况下,国家对农民实施收入支持政策,具体办法由国务院制定。

第三十八条 国家逐步提高农业投入的总体水平。中央和县级以上地方财政每年对农业总投入的增长幅度应当高于其财政经常性收入的增长幅度。

各级人民政府在财政预算内安排的各项用于农业的资金应当主要用于:加强农业基础设施建设;支持农业结构调整,促进农业产业化经营;保护粮食综合生产能力,保障国家粮食安全;健全动植物检疫、防疫体系,加强动物疫病和植物病、虫、杂草、鼠害防治;建立健全农产品质量标准和检验检测监督体系、农产品市场及信息服务体系;支持农业科研教育、农业技术推广和农民培训;加强农业生态环境保护建设;扶持贫困地区发展;保障农民收入水平等。

县级以上各级财政用于种植业、林业、畜牧业、渔业、农田水利的农业基本建设投入应当统筹安排,协调增长。

国家为加快西部开发,增加对西部地区农业发展和生态环境保护的投入。

第三十九条 县级以上人民政府每年财政预算内安排的各项用于农业的资金应当及时足额拨付。各级人民政府应当加强对国家各项农业资金分配、使用过程的监督管理,保证资金安全,提高资金的使用效率。

任何单位和个人不得截留、挪用用于农业的财政资金和信贷资金。审计机关应当依法加强对用于农业的财政和信贷等资金的审计监督。

第四十条 国家运用税收、价格、信贷等手段,鼓励和引导农民和农业生产经营组织增加农业生产经营性投入和小型农田水利等基本建设投入。

国家鼓励和支持农民和农业生产经营组织在自愿的基础上依法采取多种形式,筹集农业资金。

第四十一条 国家鼓励社会资金投向农业,鼓励企业事业单位、社会团体和个人捐资设立各种农业建设和农业科技、教育基金。

国家采取措施,促进农业扩大利用外资。

第四十二条　各级人民政府应当鼓励和支持企业事业单位及其他各类经济组织开展农业信息服务。

县级以上人民政府农业行政主管部门及其他有关部门应当建立农业信息搜集、整理和发布制度,及时向农民和农业生产经营组织提供市场信息等服务。

第四十三条　国家鼓励和扶持农用工业的发展。

国家采取税收、信贷等手段鼓励和扶持农业生产资料的生产和贸易,为农业生产稳定增长提供物质保障。

国家采取宏观调控措施,使化肥、农药、农用薄膜、农业机械和农用柴油等主要农业生产资料和农产品之间保持合理的比价。

第四十四条　国家鼓励供销合作社、农村集体经济组织、农民专业合作经济组织、其他组织和个人发展多种形式的农业生产产前、产中、产后的社会化服务事业。县级以上人民政府及其各有关部门应当采取措施对农业社会化服务事业给予支持。

对跨地区从事农业社会化服务的,农业、工商管理、交通运输、公安等有关部门应当采取措施给予支持。

第四十五条　国家建立健全农村金融体系,加强农村信用制度建设,加强农村金融监管。

有关金融机构应当采取措施增加信贷投入,改善农村金融服务,对农民和农业生产经营组织的农业生产经营活动提供信贷支持。

农村信用合作社应当坚持为农业、农民和农村经济发展服务的宗旨,优先为当地农民的生产经营活动提供信贷服务。

国家通过贴息等措施,鼓励金融机构向农民和农业生产经营组织的农业生产经营活动提供贷款。

第四十六条　国家建立和完善农业保险制度。

国家逐步建立和完善政策性农业保险制度。鼓励和扶持农民和农业生产经营组织建立为农业生产经营活动服务的互助合作保险组织,鼓励商业性保险公司开展农业保险业务。

农业保险实行自愿原则。任何组织和个人不得强制农民和农业生产经营组织参加农业保险。

第四十七条　各级人民政府应当采取措施,提高农业防御自然灾害的能力,做好防灾、抗灾和救灾工作,帮助灾民恢复生产,组织生产自救,开展社会互助互济;对没有基本生活保障的灾民给予救济和扶持。

第七章 农业科技与农业教育

第四十八条 国务院和省级人民政府应当制定农业科技、农业教育发展规划,发展农业科技、教育事业。

县级以上人民政府应当按照国家有关规定逐步增加农业科技经费和农业教育经费。

国家鼓励、吸引企业等社会力量增加农业科技投入,鼓励农民、农业生产经营组织、企业事业单位等依法举办农业科技、教育事业。

第四十九条 国家保护植物新品种、农产品地理标志等知识产权,鼓励和引导农业科研、教育单位加强农业科学技术的基础研究和应用研究,传播和普及农业科学技术知识,加速科技成果转化与产业化,促进农业科学技术进步。

国务院有关部门应当组织农业重大关键技术的科技攻关。国家采取措施促进国际农业科技、教育合作与交流,鼓励引进国外先进技术。

第五十条 国家扶持农业技术推广事业,建立政府扶持和市场引导相结合,有偿与无偿服务相结合,国家农业技术推广机构和社会力量相结合的农业技术推广体系,促使先进的农业技术尽快应用于农业生产。

第五十一条 国家设立的农业技术推广机构应当以农业技术试验示范基地为依托,承担公共所需的关键性技术的推广和示范等公益性职责,为农民和农业生产经营组织提供无偿农业技术服务。

县级以上人民政府应当根据农业生产发展需要,稳定和加强农业技术推广队伍,保障农业技术推广机构的工作经费。

各级人民政府应当采取措施,按照国家规定保障和改善从事农业技术推广工作的专业科技人员的工作条件、工资待遇和生活条件,鼓励他们为农业服务。

第五十二条 农业科研单位、有关学校、农民专业合作社、涉农企业、群众性科技组织及有关科技人员,根据农民和农业生产经营组织的需要,可以提供无偿服务,也可以通过技术转让、技术服务、技术承包、技术咨询和技术入股等形式,提供有偿服务,取得合法收益。农业科研单位、有关学校、农民专业合作社、涉农企业、群众性科技组织及有关科技人员应当提高服务水平,保证服务质量。

对农业科研单位、有关学校、农业技术推广机构举办的为农业服务的企业,国家在税收、信贷等方面给予优惠。

国家鼓励和支持农民、供销合作社、其他企业事业单位等参与农业技术推广工作。

第五十三条　国家建立农业专业技术人员继续教育制度。县级以上人民政府农业行政主管部门会同教育、人事等有关部门制定农业专业技术人员继续教育计划,并组织实施。

第五十四条　国家在农村依法实施义务教育,并保障义务教育经费。国家在农村举办的普通中小学校教职工工资由县级人民政府按照国家规定统一发放,校舍等教学设施的建设和维护经费由县级人民政府按照国家规定统一安排。

第五十五条　国家发展农业职业教育。国务院有关部门按照国家职业资格证书制度的统一规定,开展农业行业的职业分类、职业技能鉴定工作,管理农业行业的职业资格证书。

第五十六条　国家采取措施鼓励农民采用先进的农业技术,支持农民举办各种科技组织,开展农业实用技术培训、农民绿色证书培训和其他就业培训,提高农民的文化技术素质。

第八章　农业资源与农业环境保护

第五十七条　发展农业和农村经济必须合理利用和保护土地、水、森林、草原、野生动植物等自然资源,合理开发和利用水能、沼气、太阳能、风能等可再生能源和清洁能源,发展生态农业,保护和改善生态环境。

县级以上人民政府应当制定农业资源区划或者农业资源合理利用和保护的区划,建立农业资源监测制度。

第五十八条　农民和农业生产经营组织应当保养耕地,合理使用化肥、农药、农用薄膜,增加使用有机肥料,采用先进技术,保护和提高地力,防止农用地的污染、破坏和地力衰退。

县级以上人民政府农业行政主管部门应当采取措施,支持农民和农业生产经营组织加强耕地质量建设,并对耕地质量进行定期监测。

第五十九条　各级人民政府应当采取措施,加强小流域综合治理,预防和治理水土流失。从事可能引起水土流失的生产建设活动的单位和个人,必须采取预防措施,并负责治理因生产建设活动造成的水土流失。

各级人民政府应当采取措施,预防土地沙化,治理沙化土地。国务院和沙化土地所在地区的县级以上地方人民政府应当按照法律规定制定防沙治沙规划,并组织实施。

第六十条 国家实行全民义务植树制度。各级人民政府应当采取措施,组织群众植树造林,保护林地和林木,预防森林火灾,防治森林病虫害,制止滥伐、盗伐林木,提高森林覆盖率。

国家在天然林保护区域实行禁伐或者限伐制度,加强造林护林。

第六十一条 有关地方人民政府,应当加强草原的保护、建设和管理,指导、组织农(牧)民和农(牧)业生产经营组织建设人工草场、饲草饲料基地和改良天然草原,实行以草定畜,控制载畜量,推行划区轮牧、休牧和禁牧制度,保护草原植被,防止草原退化沙化和盐渍化。

第六十二条 禁止毁林毁草开垦、烧山开垦以及开垦国家禁止开垦的陡坡地,已经开垦的应当逐步退耕还林、还草。

禁止围湖造田以及围垦国家禁止围垦的湿地。已经围垦的,应当逐步退耕还湖、还湿地。

对在国务院批准规划范围内实施退耕的农民,应当按照国家规定予以补助。

第六十三条 各级人民政府应当采取措施,依法执行捕捞限额和禁渔、休渔制度,增殖渔业资源,保护渔业水域生态环境。

国家引导、支持从事捕捞业的农(渔)民和农(渔)业生产经营组织从事水产养殖业或者其他职业,对根据当地人民政府统一规划转产转业的农(渔)民,应当按照国家规定予以补助。

第六十四条 国家建立与农业生产有关的生物物种资源保护制度,保护生物多样性,对稀有、濒危、珍贵生物资源及其原生地实行重点保护。从境外引进生物物种资源应当依法进行登记或者审批,并采取相应安全控制措施。

农业转基因生物的研究、试验、生产、加工、经营及其他应用,必须依照国家规定严格实行各项安全控制措施。

第六十五条 各级农业行政主管部门应当引导农民和农业生产经营组织采取生物措施或者使用高效低毒低残留农药、兽药,防治动植物病、虫、杂草、鼠害。

农产品采收后的秸秆及其他剩余物质应当综合利用,妥善处理,防止造成环境污染和生态破坏。

从事畜禽等动物规模养殖的单位和个人应当对粪便、废水及其他废弃物进行无害化处理或者综合利用,从事水产养殖的单位和个人应当合理投饵、施肥、使用药物,防止造成环境污染和生态破坏。

第六十六条 县级以上人民政府应当采取措施,督促有关单位进行治理,防治废水、废气和固体废弃物对农业生态环境的污染。排放废水、废气和固体废弃物造成农业生态环境污染事故的,由环境保护行政主管部门或者农业行政主管部门依法调查处理;给农民和农业生产经营组织造成损失的,有关责任者应当依法赔偿。

第九章　农民权益保护

第六十七条　任何机关或者单位向农民或者农业生产经营组织收取行政、事业性费用必须依据法律、法规的规定。收费的项目、范围和标准应当公布。没有法律、法规依据的收费,农民和农业生产经营组织有权拒绝。

任何机关或者单位对农民或者农业生产经营组织进行罚款处罚必须依据法律、法规、规章的规定。没有法律、法规、规章依据的罚款,农民和农业生产经营组织有权拒绝。

任何机关或者单位不得以任何方式向农民或者农业生产经营组织进行摊派。除法律、法规另有规定外,任何机关或者单位以任何方式要求农民或者农业生产经营组织提供人力、财力、物力的,属于摊派。农民和农业生产经营组织有权拒绝任何方式的摊派。

第六十八条　各级人民政府及其有关部门和所属单位不得以任何方式向农民或者农业生产经营组织集资。

没有法律、法规依据或者未经国务院批准,任何机关或者单位不得在农村进行任何形式的达标、升级、验收活动。

第六十九条　农民和农业生产经营组织依照法律、行政法规的规定承担纳税义务。税务机关及代扣、代收税款的单位应当依法征税,不得违法摊派税款及以其他违法方法征税。

第七十条　农村义务教育除按国务院规定收取的费用外,不得向农民和学生收取其他费用。禁止任何机关或者单位通过农村中小学校向农民收费。

第七十一条　国家依法征用农民集体所有的土地,应当保护农民和农村集体经济组织的合法权益,依法给予农民和农村集体经济组织征地补偿,任何单位和个人不得截留、挪用征地补偿费用。

第七十二条　各级人民政府、农村集体经济组织或者村民委员会在农业和农村经济结构调整、农业产业化经营和土地承包经营权流转等过程中,不得侵犯农民的土地承包经营权,不得干涉农民自主安排的生产经营项目,不得强迫农民购买指定的生产资料或者按指定的渠道销售农产品。

第七十三条　农村集体经济组织或者村民委员会为发展生产或者兴办公益

事业,需要向其成员(村民)筹资筹劳的,应当经成员(村民)会议或者成员(村民)代表会议过半数通过后,方可进行。

农村集体经济组织或者村民委员会依照前款规定筹资筹劳的,不得超过省级以上人民政府规定的上限控制标准,禁止强行以资代劳。

农村集体经济组织和村民委员会对涉及农民利益的重要事项,应当向农民公开,并定期公布财务账目,接受农民的监督。

第七十四条 任何单位和个人向农民或者农业生产经营组织提供生产、技术、信息、文化、保险等有偿服务,必须坚持自愿原则,不得强迫农民和农业生产经营组织接受服务。

第七十五条 农产品收购单位在收购农产品时,不得压级压价,不得在支付的价款中扣缴任何费用。法律、行政法规规定代扣、代收税款的,依照法律、行政法规的规定办理。

农产品收购单位与农产品销售者因农产品的质量等级发生争议的,可以委托具有法定资质的农产品质量检验机构检验。

第七十六条 农业生产资料使用者因生产资料质量问题遭受损失的,出售该生产资料的经营者应当予以赔偿,赔偿额包括购货价款、有关费用和可得利益损失。

第七十七条 农民或者农业生产经营组织为维护自身的合法权益,有向各级人民政府及其有关部门反映情况和提出合法要求的权利,人民政府及其有关部门对农民或者农业生产经营组织提出的合理要求,应当按照国家规定及时给予答复。

第七十八条 违反法律规定,侵犯农民权益的,农民或者农业生产经营组织可以依法申请行政复议或者向人民法院提起诉讼,有关人民政府及其有关部门或者人民法院应当依法受理。

人民法院和司法行政主管机关应当依照有关规定为农民提供法律援助。

第十章 农村经济发展

第七十九条 国家坚持城乡协调发展的方针,扶持农村第二、第三产业发展,调整和优化农村经济结构,增加农民收入,促进农村经济全面发展,逐步缩小城乡差别。

第八十条 各级人民政府应当采取措施,发展乡镇企业,支持农业的发展,转移富余的农业劳动力。

国家完善乡镇企业发展的支持措施，引导乡镇企业优化结构，更新技术，提高素质。

第八十一条 县级以上地方人民政府应当根据当地的经济发展水平、区位优势和资源条件，按照合理布局、科学规划、节约用地的原则，有重点地推进农村小城镇建设。

地方各级人民政府应当注重运用市场机制，完善相应政策，吸引农民和社会资金投资小城镇开发建设，发展第二、第三产业，引导乡镇企业相对集中发展。

第八十二条 国家采取措施引导农村富余劳动力在城乡、地区间合理有序流动。地方各级人民政府依法保护进入城镇就业的农村劳动力的合法权益，不得设置不合理限制，已经设置的应当取消。

第八十三条 国家逐步完善农村社会救济制度，保障农村五保户、贫困残疾农民、贫困老年农民和其他丧失劳动能力的农民的基本生活。

第八十四条 国家鼓励、支持农民巩固和发展农村合作医疗和其他医疗保障形式，提高农民健康水平。

第八十五条 国家扶持贫困地区改善经济发展条件，帮助进行经济开发。省级人民政府根据国家关于扶持贫困地区的总体目标和要求，制定扶贫开发规划，并组织实施。

各级人民政府应当坚持开发式扶贫方针，组织贫困地区的农民和农业生产经营组织合理使用扶贫资金，依靠自身力量改变贫穷落后面貌，引导贫困地区的农民调整经济结构、开发当地资源。扶贫开发应当坚持与资源保护、生态建设相结合，促进贫困地区经济、社会的协调发展和全面进步。

第八十六条 中央和省级财政应当把扶贫开发投入列入年度财政预算，并逐年增加，加大对贫困地区的财政转移支付和建设资金投入。

国家鼓励和扶持金融机构、其他企业事业单位和个人投入资金支持贫困地区开发建设。

禁止任何单位和个人截留、挪用扶贫资金。审计机关应当加强扶贫资金的审计监督。

第十一章 执法监督

第八十七条 县级以上人民政府应当采取措施逐步完善适应社会主义市场经济发展要求的农业行政管理体制。

县级以上人民政府农业行政主管部门和有关行政主管部门应当加强规划、

指导、管理、协调、监督、服务职责,依法行政,公正执法。

县级以上地方人民政府农业行政主管部门应当在其职责范围内健全行政执法队伍,实行综合执法,提高执法效率和水平。

第八十八条 县级以上人民政府农业行政主管部门及其执法人员履行执法监督检查职责时,有权采取下列措施:

(一)要求被检查单位或者个人说明情况,提供有关文件、证照、资料;

(二)责令被检查单位或者个人停止违反本法的行为,履行法定义务。

农业行政执法人员在履行监督检查职责时,应当向被检查单位或者个人出示行政执法证件,遵守执法程序。有关单位或者个人应当配合农业行政执法人员依法执行职务,不得拒绝和阻碍。

第八十九条 农业行政主管部门与农业生产、经营单位必须在机构、人员、财务上彻底分离。农业行政主管部门及其工作人员不得参与和从事农业生产经营活动。

第十二章 法律责任

第九十条 违反本法规定,侵害农民和农业生产经营组织的土地承包经营权等财产权或者其他合法权益的,应当停止侵害,恢复原状;造成损失、损害的,依法承担赔偿责任。

国家工作人员利用职务便利或者以其他名义侵害农民和农业生产经营组织的合法权益的,应当赔偿损失,并由其所在单位或者上级主管机关给予行政处分。

第九十一条 违反本法第十九条、第二十五条、第六十二条、第七十一条规定的,依照相关法律或者行政法规的规定予以处罚。

第九十二条 有下列行为之一的,由上级主管机关责令限期归还被截留、挪用的资金,没收非法所得,并由上级主管机关或者所在单位给予直接负责的主管人员和其他直接责任人员行政处分;构成犯罪的,依法追究刑事责任:

(一)违反本法第三十三条第三款规定,截留、挪用粮食收购资金的;

(二)违反本法第三十九条第二款规定,截留、挪用用于农业的财政资金和信贷资金的;

(三)违反本法第八十六条第三款规定,截留、挪用扶贫资金的。

第九十三条 违反本法第六十七条规定,向农民或者农业生产经营组织违法收费、罚款、摊派的,上级主管机关应当予以制止,并予公告;已经收取钱款或者已经使用人力、物力的,由上级主管机关责令限期归还已经收取的钱款或者折价偿还已经使用的人力、物力,并由上级主管机关或者所在单位给予直接负责的主管人员和其他直接责任人员行政处分;情节严重,构成犯罪的,依法追究刑事责任。

第九十四条 有下列行为之一的,由上级主管机关责令停止违法行为,并给予直接负责的主管人员和其他直接责任人员行政处分,责令退还违法收取的集资款、税款或者费用:

(一)违反本法第六十八条规定,非法在农村进行集资、达标、升级、验收活动的;

(二)违反本法第六十九条规定,以违法方法向农民征税的;

(三)违反本法第七十条规定,通过农村中小学校向农民超额、超项目收费的。

第九十五条 违反本法第七十三条第二款规定,强迫农民以资代劳的,由乡(镇)人民政府责令改正,并退还违法收取的资金。

第九十六条 违反本法第七十四条规定,强迫农民和农业生产经营组织接受有偿服务的,由有关人民政府责令改正,并返还其违法收取的费用;情节严重的,给予直接负责的主管人员和其他直接责任人员行政处分;造成农民和农业生产经营组织损失的,依法承担赔偿责任。

第九十七条 县级以上人民政府农业行政主管部门的工作人员违反本法规定参与和从事农业生产经营活动的,依法给予行政处分;构成犯罪的,依法追究刑事责任。

第十三章 附 则

第九十八条 本法有关农民的规定,适用于国有农场、牧场、林场、渔场等企业事业单位实行承包经营的职工。

第九十九条 本法自2003年3月1日起施行。

中华人民共和国农村土地承包法

(2002年8月29日第九届全国人民代表大会
常务委员会第二十九次会议通过)

第一章 总 则

第一条 为稳定和完善以家庭承包经营为基础、统分结合的双层经营体制，赋予农民长期而有保障的土地使用权，维护农村土地承包当事人的合法权益，促进农业、农村经济发展和农村社会稳定，根据宪法，制定本法。

第二条 本法所称农村土地，是指农民集体所有和国家所有依法由农民集体使用的耕地、林地、草地，以及其他依法用于农业的土地。

第三条 国家实行农村土地承包经营制度。

农村土地承包采取农村集体经济组织内部的家庭承包方式，不宜采取家庭承包方式的荒山、荒沟、荒丘、荒滩等农村土地，可以采取招标、拍卖、公开协商等方式承包。

第四条 国家依法保护农村土地承包关系的长期稳定。

农村土地承包后，土地的所有权性质不变。承包地不得买卖。

第五条 农村集体经济组织成员有权依法承包由本集体经济组织发包的农村土地。

任何组织和个人不得剥夺和非法限制农村集体经济组织成员承包土地的权利。

第六条 农村土地承包，妇女与男子享有平等的权利。承包中应当保护妇女的合法权益，任何组织和个人不得剥夺、侵害妇女应当享有的土地承包经营权。

第七条 农村土地承包应当坚持公开、公平、公正的原则，正确处理国家、集体、个人三者的利益关系。

第八条 农村土地承包应当遵守法律、法规，保护土地资源的合理开发和可持续利用。未经依法批准不得将承包地用于非农建设。

国家鼓励农民和农村集体经济组织增加对土地的投入，培肥地力，提高农业生产能力。

第九条 国家保护集体土地所有者的合法权益，保护承包方的土地承包经营权,任何组织和个人不得侵犯。

第十条 国家保护承包方依法、自愿、有偿地进行土地承包经营权流转。

第十一条 国务院农业、林业行政主管部门分别依照国务院规定的职责负责全国农村土地承包及承包合同管理的指导。县级以上地方人民政府农业、林业等行政主管部门分别依照各自职责,负责本行政区域内农村土地承包及承包合同管理。乡(镇)人民政府负责本行政区域内农村土地承包及承包合同管理。

第二章 家庭承包

第一节 发包方和承包方的权利和义务

第十二条 农民集体所有的土地依法属于村农民集体所有的,由村集体经济组织或者村民委员会发包;已经分别属于村内两个以上农村集体经济组织的农民集体所有的,由村内各该农村集体经济组织或者村民小组发包。村集体经济组织或者村民委员会发包的,不得改变村内各集体经济组织农民集体所有的土地的所有权。

国家所有依法由农民集体使用的农村土地,由使用该土地的农村集体经济组织、村民委员会或者村民小组发包。

第十三条 发包方享有下列权利:

(一)发包本集体所有的或者国家所有依法由本集体使用的农村土地;

(二)监督承包方依照承包合同约定的用途合理利用和保护土地;

(三)制止承包方损害承包地和农业资源的行为;

(四)法律、行政法规规定的其他权利。

第十四条 发包方承担下列义务:

(一)维护承包方的土地承包经营权,不得非法变更、解除承包合同;

(二)尊重承包方的生产经营自主权,不得干涉承包方依法进行正常的生产经营活动;

(三)依照承包合同约定为承包方提供生产、技术、信息等服务;

(四)执行县、乡(镇)土地利用总体规划,组织本集体经济组织内的农业基础设施建设;

(五)法律、行政法规规定的其他义务。

第十五条 家庭承包的承包方是本集体经济组织的农户。

第十六条 承包方享有下列权利:

(一)依法享有承包地使用、收益和土地承包经营权流转的权利,有权自主组织生产经营和处置产品；

(二)承包地被依法征用、占用的,有权依法获得相应的补偿；

(三)法律、行政法规规定的其他权利。

第十七条　承包方承担下列义务：

(一)维持土地的农业用途,不得用于非农建设；

(二)依法保护和合理利用土地,不得给土地造成永久性损害；

(三)法律、行政法规规定的其他义务。

第二节　承包的原则和程序

第十八条　土地承包应当遵循以下原则：

(一)按照规定统一组织承包时,本集体经济组织成员依法平等地行使承包土地的权利,也可以自愿放弃承包土地的权利；

(二)民主协商,公平合理；

(三)承包方案应当按照本法第十二条的规定,依法经本集体经济组织成员的村民会议三分之二以上成员或者三分之二以上村民代表的同意；

(四)承包程序合法。

第十九条　土地承包应当按照以下程序进行：

(一)本集体经济组织成员的村民会议选举产生承包工作小组；

(二)承包工作小组依照法律、法规的规定拟订并公布承包方案；

(三)依法召开本集体经济组织成员的村民会议,讨论通过承包方案；

(四)公开组织实施承包方案；

(五)签订承包合同。

第三节　承包期限和承包合同

第二十条　耕地的承包期为三十年。草地的承包期为三十年至五十年。林地的承包期为三十年至七十年；特殊林木的林地承包期,经国务院林业行政主管部门批准可以延长。

第二十一条　发包方应当与承包方签订书面承包合同。

承包合同一般包括以下条款：

(一)发包方、承包方的名称,发包方负责人和承包方代表的姓名、住所；

(二)承包土地的名称、坐落、面积、质量等级；

(三)承包期限和起止日期；

(四)承包土地的用途；

(五)发包方和承包方的权利和义务；

(六)违约责任。

第二十二条　承包合同自成立之日起生效。承包方自承包合同生效时取得土地承包经营权。

第二十三条　县级以上地方人民政府应当向承包方颁发土地承包经营权证或者林权证等证书,并登记造册,确认土地承包经营权。

颁发土地承包经营权证或者林权证等证书,除按规定收取证书工本费外,不得收取其他费用。

第二十四条　承包合同生效后,发包方不得因承办人或者负责人的变动而变更或者解除,也不得因集体经济组织的分立或者合并而变更或者解除。

第二十五条　国家机关及其工作人员不得利用职权干涉农村土地承包或者变更、解除承包合同。

第四节　土地承包经营权的保护

第二十六条　承包期内,发包方不得收回承包地。

承包期内,承包方全家迁入小城镇落户的,应当按照承包方的意愿,保留其土地承包经营权或者允许其依法进行土地承包经营权流转。

承包期内,承包方全家迁入设区的市,转为非农业户口的,应当将承包的耕地和草地交回发包方。承包方不交回的,发包方可以收回承包的耕地和草地。

承包期内,承包方交回承包地或者发包方依法收回承包地时,承包方对其在承包地上投入而提高土地生产能力的,有权获得相应的补偿。

第二十七条　承包期内,发包方不得调整承包地。

承包期内,因自然灾害严重毁损承包地等特殊情形对个别农户之间承包的耕地和草地需要适当调整的,必须经本集体经济组织成员的村民会议三分之二以上成员或者三分之二以上村民代表的同意,并报乡(镇)人民政府和县级人民政府农业等行政主管部门批准。承包合同中约定不得调整的,按照其约定。

第二十八条　下列土地应当用于调整承包土地或者承包给新增人口:

(一)集体经济组织依法预留的机动地;

(二)通过依法开垦等方式增加的;

(三)承包方依法、自愿交回的。

第二十九条　承包期内,承包方可以自愿将承包地交回发包方。承包方自愿交回承包地的,应当提前半年以书面形式通知发包方。承包方在承包期内交回承包地的,在承包期内不得再要求承包土地。

第三十条　承包期内,妇女结婚,在新居住地未取得承包地的,发包方不得收回其原承包地；妇女离婚或者丧偶，仍在原居住地生活或者不在原居住地生活但在新居住地未取得承包地的，发包方不得收回其原承包地。

第三十一条　承包人应得的承包收益，依照继承法的规定继承。

林地承包的承包人死亡，其继承人可以在承包期内继续承包。

第五节　土地承包经营权的流转

第三十二条　通过家庭承包取得的土地承包经营权可以依法采取转包、出租、互换、转让或者其他方式流转。

第三十三条　土地承包经营权流转应当遵循以下原则：

(一)平等协商、自愿、有偿，任何组织和个人不得强迫或者阻碍承包方进行土地承包经营权流转；

(二)不得改变土地所有权的性质和土地的农业用途；

(三)流转的期限不得超过承包期的剩余期限；

(四)受让方须有农业经营能力；

(五)在同等条件下，本集体经济组织成员享有优先权。

第三十四条　土地承包经营权流转的主体是承包方。承包方有权依法自主决定土地承包经营权是否流转和流转的方式。

第三十五条　承包期内，发包方不得单方面解除承包合同，不得假借少数服从多数强迫承包方放弃或者变更土地承包经营权，不得以划分"口粮田"和"责任田"等为由收回承包地搞招标承包，不得将承包地收回抵顶欠款。

第三十六条　土地承包经营权流转的转包费、租金、转让费等，应当由当事人双方协商确定。流转的收益归承包方所有，任何组织和个人不得擅自截留、扣缴。

第三十七条　土地承包经营权采取转包、出租、互换、转让或者其他方式流转，当事人双方应当签订书面合同。采取转让方式流转的，应当经发包方同意；采取转包、出租、互换或者其他方式流转的，应当报发包方备案。

土地承包经营权流转合同一般包括以下条款：

(一)双方当事人的姓名、住所；

(二)流转土地的名称、坐落、面积、质量等级；

(三)流转的期限和起止日期；

(四)流转土地的用途；

(五)双方当事人的权利和义务；

(六)流转价款及支付方式；

(七)违约责任。

第三十八条 土地承包经营权采取互换、转让方式流转,当事人要求登记的,应当向县级以上地方人民政府申请登记。未经登记,不得对抗善意第三人。

第三十九条 承包方可以在一定期限内将部分或者全部土地承包经营权转包或者出租给第三方,承包方与发包方的承包关系不变。

承包方将土地交由他人代耕不超过一年的,可以不签订书面合同。

第四十条 承包方之间为方便耕种或者各自需要,可以对属于同一集体经济组织的土地的土地承包经营权进行互换。

第四十一条 承包方有稳定的非农职业或者有稳定的收入来源的,经发包方同意,可以将全部或者部分土地承包经营权转让给其他从事农业生产经营的农户,由该农户同发包方确立新的承包关系,原承包方与发包方在该土地上的承包关系即行终止。

第四十二条 承包方之间为发展农业经济,可以自愿联合将土地承包经营权入股,从事农业合作生产。

第四十三条 承包方对其在承包地上投入而提高土地生产能力的,土地承包经营权依法流转时有权获得相应的补偿。

第三章 其他方式的承包

第四十四条 不宜采取家庭承包方式的荒山、荒沟、荒丘、荒滩等农村土地,通过招标、拍卖、公开协商等方式承包的,适用本章规定。

第四十五条 以其他方式承包农村土地的,应当签订承包合同。当事人的权利和义务、承包期限等,由双方协商确定。以招标、拍卖方式承包的,承包费通过公开竞标、竞价确定;以公开协商等方式承包的,承包费由双方议定。

第四十六条 荒山、荒沟、荒丘、荒滩等可以直接通过招标、拍卖、公开协商等方式实行承包经营,也可以将土地承包经营权折股分给本集体经济组织成员后,再实行承包经营或者股份合作经营。

承包荒山、荒沟、荒丘、荒滩的,应当遵守有关法律、行政法规的规定,防止水土流失,保护生态环境。

第四十七条 以其他方式承包农村土地,在同等条件下,本集体经济组织成员享有优先承包权。

第四十八条 发包方将农村土地发包给本集体经济组织以外的单位或者个人承包,应当事先经本集体经济组织成员的村民会议三分之二以上成员或者三分之二以上村民代表的同意,并报乡(镇)人民政府批准。

由本集体经济组织以外的单位或者个人承包的,应当对承包方的资信情况和经营能力进行审查后,再签订承包合同。

第四十九条 通过招标、拍卖、公开协商等方式承包农村土地,经依法登记取得土地承包经营权证或者林权证等证书的,其土地承包经营权可以依法采取转让、出租、入股、抵押或者其他方式流转。

第五十条 土地承包经营权通过招标、拍卖、公开协商等方式取得的,该承包人死亡,其应得的承包收益,依照继承法的规定继承;在承包期内,其继承人可以继续承包。

第四章 争议的解决和法律责任

第五十一条 因土地承包经营发生纠纷的,双方当事人可以通过协商解决,也可以请求村民委员会、乡(镇)人民政府等调解解决。

当事人不愿协商、调解或者协商、调解不成的,可以向农村土地承包仲裁机构申请仲裁,也可以直接向人民法院起诉。

第五十二条 当事人对农村土地承包仲裁机构的仲裁裁决不服的,可以在收到裁决书之日起三十日内向人民法院起诉。逾期不起诉的,裁决书即发生法律效力。

第五十三条 任何组织和个人侵害承包方的土地承包经营权的,应当承担民事责任。

第五十四条 发包方有下列行为之一的,应当承担停止侵害、返还原物、恢复原状、排除妨害、消除危险、赔偿损失等民事责任:

(一)干涉承包方依法享有的生产经营自主权;

(二)违反本法规定收回、调整承包地;

(三)强迫或者阻碍承包方进行土地承包经营权流转;

(四)假借少数服从多数强迫承包方放弃或者变更土地承包经营权而进行土地承包经营权流转;

(五)以划分"口粮田"和"责任田"等为由收回承包地搞招标承包;

(六)将承包地收回抵顶欠款;

(七)剥夺、侵害妇女依法享有的土地承包经营权;

(八)其他侵害土地承包经营权的行为。

第五十五条 承包合同中违背承包方意愿或者违反法律、行政法规有关不得收回、调整承包地等强制性规定的约定无效。

第五十六条　当事人一方不履行合同义务或者履行义务不符合约定的,应当依照《中华人民共和国合同法》的规定承担违约责任。

第五十七条　任何组织和个人强迫承包方进行土地承包经营权流转的,该流转无效。

第五十八条　任何组织和个人擅自截留、扣缴土地承包经营权流转收益的,应当退还。

第五十九条　违反土地管理法规,非法征用、占用土地或者贪污、挪用土地征用补偿费用,构成犯罪的,依法追究刑事责任;造成他人损害的,应当承担损害赔偿等责任。

第六十条　承包方违法将承包地用于非农建设的,由县级以上地方人民政府有关行政主管部门依法予以处罚。

承包方给承包地造成永久性损害的,发包方有权制止,并有权要求承包方赔偿由此造成的损失。

第六十一条　国家机关及其工作人员有利用职权干涉农村土地承包,变更、解除承包合同,干涉承包方依法享有的生产经营自主权,或者强迫、阻碍承包方进行土地承包经营权流转等侵害土地承包经营权的行为,给承包方造成损失的,应当承担损害赔偿等责任;情节严重的,由上级机关或者所在单位给予直接责任人员行政处分;构成犯罪的,依法追究刑事责任。

第五章　附　则

第六十二条　本法实施前已经按照国家有关农村土地承包的规定承包,包括承包期限长于本法规定的,本法实施后继续有效,不得重新承包土地。未向承包方颁发土地承包经营权证或者林权证等证书的,应当补发证书。

第六十三条　本法实施前已经预留机动地的,机动地面积不得超过本集体经济组织耕地总面积的百分之五。不足百分之五的,不得再增加机动地。

本法实施前未留机动地的,本法实施后不得再留机动地。

第六十四条　各省、自治区、直辖市人民代表大会常务委员会可以根据本法,结合本行政区域的实际情况,制定实施办法。

第六十五条　本法自2003年3月1日起施行。

中华人民共和国农业技术推广法

(1993年7月2日第八届全国人大常委会第二次会议通过，2012年8月31日第十一届全国人大常委会第二十八次会议修改)

第一章 总 则

第一条 为了加强农业技术推广工作，促使农业科研成果和实用技术尽快应用于农业生产，增强科技支撑保障能力，促进农业和农村经济可持续发展，实现农业现代化，制定本法。

第二条 本法所称农业技术，是指应用于种植业、林业、畜牧业、渔业的科研成果和实用技术，包括：

(一)良种繁育、栽培、肥料施用和养殖技术；

(二)植物病虫害、动物疫病和其他有害生物防治技术；

(三)农产品收获、加工、包装、贮藏、运输技术；

(四)农业投入品安全使用、农产品质量安全技术；

(五)农田水利、农村供排水、土壤改良与水土保持技术；

(六)农业机械化、农用航空、农业气象和农业信息技术；

(七)农业防灾减灾、农业资源与农业生态安全和农村能源开发利用技术；

(八)其他农业技术。

本法所称农业技术推广，是指通过试验、示范、培训、指导以及咨询服务等，把农业技术普及应用于农业产前、产中、产后全过程的活动。

第三条 国家扶持农业技术推广事业，加快农业技术的普及应用，发展高产、优质、高效、生态、安全农业。

第四条 农业技术推广应当遵循下列原则：

(一)有利于农业、农村经济可持续发展和增加农民收入；

(二)尊重农业劳动者和农业生产经营组织的意愿；

(三)因地制宜，经过试验、示范；

(四)公益性推广与经营性推广分类管理；

(五)兼顾经济效益、社会效益，注重生态效益。

第五条 国家鼓励和支持科技人员开发、推广应用先进的农业技术，鼓励和支持农业劳动者和农业生产经营组织应用先进的农业技术。

国家鼓励运用现代信息技术等先进传播手段,普及农业科学技术知识,创新农业技术推广方式方法,提高推广效率。

第六条　国家鼓励和支持引进国外先进的农业技术,促进农业技术推广的国际合作与交流。

第七条　各级人民政府应当加强对农业技术推广工作的领导,组织有关部门和单位采取措施,提高农业技术推广服务水平,促进农业技术推广事业的发展。

第八条　对在农业技术推广工作中做出贡献的单位和个人,给予奖励。

第九条　国务院农业、林业、水利等部门(以下统称农业技术推广部门)按照各自职责,负责全国范围内有关的农业技术推广工作。县级以上地方各级人民政府农业技术推广部门在同级人民政府的领导下,按照各自的职责,负责本行政区域内有关的农业技术推广工作。同级人民政府科学技术部门对农业技术推广工作进行指导。同级人民政府其他有关部门按照各自的职责,负责农业技术推广的有关工作。

第二章　农业技术推广体系

第十条　农业技术推广,实行国家农业技术推广机构与农业科研单位、有关学校、农民专业合作社、涉农企业、群众性科技组织、农民技术人员等相结合的推广体系。

国家鼓励和支持供销合作社、其他企业事业单位、社会团体以及社会各界的科技人员,开展农业技术推广服务。

第十一条　各级国家农业技术推广机构属于公共服务机构,履行下列公益性职责:

(一)各级人民政府确定的关键农业技术的引进、试验、示范;

(二)植物病虫害、动物疫病及农业灾害的监测、预报和预防;

(三)农产品生产过程中的检验、检测、监测咨询技术服务;

(四)农业资源、森林资源、农业生态安全和农业投入品使用的监测服务;

(五)水资源管理、防汛抗旱和农田水利建设技术服务;

(六)农业公共信息和农业技术宣传教育、培训服务;

(七)法律、法规规定的其他职责。

第十二条　根据科学合理、集中力量的原则以及县域农业特色、森林资源、水系和水利设施分布等情况,因地制宜设置县、乡镇或者区域国家农业技术推广机构。

乡镇国家农业技术推广机构,可以实行县级人民政府农业技术推广部门管理为主或者乡镇人民政府管理为主、县级人民政府农业技术推广部门业务指导的体制,具体由省、自治区、直辖市人民政府确定。

第十三条 国家农业技术推广机构的人员编制应当根据所服务区域的种养规模、服务范围和工作任务等合理确定,保证公益性职责的履行。

国家农业技术推广机构的岗位设置应当以专业技术岗位为主。乡镇国家农业技术推广机构的岗位应当全部为专业技术岗位,县级国家农业技术推广机构的专业技术岗位不得低于机构岗位总量的百分之八十,其他国家农业技术推广机构的专业技术岗位不得低于机构岗位总量的百分之七十。

第十四条 国家农业技术推广机构的专业技术人员应当具有相应的专业技术水平,符合岗位职责要求。

国家农业技术推广机构聘用的新进专业技术人员,应当具有大专以上有关专业学历,并通过县级以上人民政府有关部门组织的专业技术水平考核。自治县、民族乡和国家确定的连片特困地区,经省、自治区、直辖市人民政府有关部门批准,可以聘用具有中专有关专业学历的人员或者其他具有相应专业技术水平的人员。

国家鼓励和支持高等学校毕业生和科技人员到基层从事农业技术推广工作。各级人民政府应当采取措施,吸引人才,充实和加强基层农业技术推广队伍。

第十五条 国家鼓励和支持村农业技术服务站点和农民技术人员开展农业技术推广。对农民技术人员协助开展公益性农业技术推广活动,按照规定给予补助。

农民技术人员经考核符合条件的,可以按照有关规定授予相应的技术职称,并发给证书。

国家农业技术推广机构应当加强对村农业技术服务站点和农民技术人员的指导。

村民委员会和村集体经济组织,应当推动、帮助村农业技术服务站点和农民技术人员开展工作。

第十六条 农业科研单位和有关学校应当适应农村经济建设发展的需要,开展农业技术开发和推广工作,加快先进技术在农业生产中的普及应用。

农业科研单位和有关学校应当将其科技人员从事农业技术推广工作的实绩

作为工作考核和职称评定的重要内容。

第十七条 国家鼓励农场、林场、牧场、渔场、水利工程管理单位面向社会开展农业技术推广服务。

第十八条 国家鼓励和支持发展农村专业技术协会等群众性科技组织,发挥其在农业技术推广中的作用。

第三章 农业技术的推广与应用

第十九条 重大农业技术的推广应当列入国家和地方相关发展规划、计划,由农业技术推广部门会同科学技术等相关部门按照各自的职责,相互配合,组织实施。

第二十条 农业科研单位和有关学校应当把农业生产中需要解决的技术问题列为研究课题,其科研成果可以通过有关农业技术推广单位进行推广或者直接向农业劳动者和农业生产经营组织推广。

国家引导农业科研单位和有关学校开展公益性农业技术推广服务。

第二十一条 向农业劳动者和农业生产经营组织推广的农业技术,必须在推广地区经过试验证明具有先进性、适用性和安全性。

第二十二条 国家鼓励和支持农业劳动者和农业生产经营组织参与农业技术推广。

农业劳动者和农业生产经营组织在生产中应用先进的农业技术,有关部门和单位应当在技术培训、资金、物资和销售等方面给予扶持。

农业劳动者和农业生产经营组织根据自愿的原则应用农业技术,任何单位或者个人不得强迫。

推广农业技术,应当选择有条件的农户、区域或者工程项目,进行应用示范。

第二十三条 县、乡镇国家农业技术推广机构应当组织农业劳动者学习农业科学技术知识,提高其应用农业技术的能力。

教育、人力资源和社会保障、农业、林业、水利、科学技术等部门应当支持农业科研单位、有关学校开展有关农业技术推广的职业技术教育和技术培训,提高农业技术推广人员和农业劳动者的技术素质。

国家鼓励社会力量开展农业技术培训。

第二十四条 各级国家农业技术推广机构应当认真履行本法第十一条规定的公益性职责,向农业劳动者和农业生产经营组织推广农业技术,实行无偿服务。

国家农业技术推广机构以外的单位及科技人员以技术转让、技术服务、技术承包、技术咨询和技术入股等形式提供农业技术的,可以实行有偿服务,其合法收入和 植物新品种、农业技术专利等知识产权受法律保护。进行农业技术转让、技术服务、技术承包、技术咨询和技术入股,当事人各方应当订立合同,约定各自的权利和 义务。

第二十五条 国家鼓励和支持农民专业合作社、涉农企业,采取多种形式,为农民应用先进农业技术提供有关的技术服务。

第二十六条 国家鼓励和支持以大宗农产品和优势特色农产品生产为重点的农业示范区建设,发挥示范区对农业技术推广的引领作用,促进农业产业化发展和现代农业建设。

第二十七条 各级人民政府可以采取购买服务等方式,引导社会力量参与公益性农业技术推广服务。

第四章 农业技术推广的保障措施

第二十八条 国家逐步提高对农业技术推广的投入。各级人民政府在财政预算内应当保障用于农业技术推广的资金,并按规定使该资金逐年增长。

各级人民政府通过财政拨款以及从农业发展基金中提取一定比例的资金的渠道,筹集农业技术推广专项资金,用于实施农业技术推广项目。中央财政对重大农业技术推广给予补助。

县、乡镇国家农业技术推广机构的工作经费根据当地服务规模和绩效确定,由各级财政共同承担。

任何单位或者个人不得截留或者挪用用于农业技术推广的资金。

第二十九条 各级人民政府应当采取措施,保障和改善县、乡镇国家农业技术推广机构的专业技术人员的工作条件、生活条件和待遇,并按照国家规定给予补贴,保持国家农业技术推广队伍的稳定。

对在县、乡镇、村从事农业技术推广工作的专业技术人员的职称评定,应当以考核其推广工作的业务技术水平和实绩为主。

第三十条 各级人民政府应当采取措施,保障国家农业技术推广机构获得必需的试验示范场所、办公场所、推广和培训设施设备等工作条件。

地方各级人民政府应当保障国家农业技术推广机构的试验示范场所、生产资料和其他财产不受侵害。

第三十一条 农业技术推广部门和县级以上国家农业技术推广机构,应当有计划地对农业技术推广人员进行技术培训,组织专业进修,使其不断更新知识、提高业务水平。

第三十二条　县级以上农业技术推广部门、乡镇人民政府应当对其管理的国家农业技术推广机构履行公益性职责的情况进行监督、考评。

各级农业技术推广部门和国家农业技术推广机构,应当建立国家农业技术推广机构的专业技术人员工作责任制度和考评制度。

县级人民政府农业技术推广部门管理为主的乡镇国家农业技术推广机构的人员,其业务考核、岗位聘用以及晋升,应当充分听取所服务区域的乡镇人民政府和服务对象的意见。

乡镇人民政府管理为主、县级人民政府农业技术推广部门业务指导的乡镇国家农业技术推广机构的人员,其业务考核、岗位聘用以及晋升,应当充分听取所在地的县级人民政府农业技术推广部门和服务对象的意见。

第三十三条　从事农业技术推广服务的,可以享受国家规定的税收、信贷等方面的优惠。

第五章　法律责任

第三十四条　各级人民政府有关部门及其工作人员未依照本法规定履行职责的,对直接负责的主管人员和其他直接责任人员依法给予处分。

第三十五条　国家农业技术推广机构及其工作人员未依照本法规定履行职责的,由主管机关责令限期改正,通报批评;对直接负责的主管人员和其他直接责任人员依法给予处分。

第三十六条　违反本法规定,向农业劳动者、农业生产经营组织推广未经试验证明具有先进性、适用性或者安全性的农业技术,造成损失的,应当承担赔偿责任。

第三十七条　违反本法规定,强迫农业劳动者、农业生产经营组织应用农业技术,造成损失的,依法承担赔偿责任。

第三十八条　违反本法规定,截留或者挪用于农业技术推广的资金的,对直接负责的主管人员和其他直接责任人员依法给予予处分;构成犯罪的,依法追究刑事责任。

第六章　附　则

第三十九条　本法自公布之日起施行。

中华人民共和国种子法

(2000年7月8日第九届全国人民代表大会常务委员会第十六次会议通过,2004年8月28日第十届全国人民代表大会常务委员会第十一次会议修正)

第一章 总 则

第一条 为了保护和合理利用种质资源,规范品种选育和种子生产、经营、使用行为,维护品种选育者和种子生产者、经营者、使用者的合法权益,提高种子质量水平,推动种子产业化,促进种植业和林业的发展,制定本法。

第二条 在中华人民共和国境内从事品种选育和种子生产、经营、使用、管理等活动,适用本法。

本法所称种子,是指农作物和林木的种植材料或者繁殖材料,包括籽粒、果实和根、茎、苗、芽、叶等。

第三条 国务院农业、林业行政主管部门分别主管全国农作物种子和林木种子工作;县级以上地方人民政府农业、林业行政主管部门分别主管本行政区域内农作物种子和林木种子工作。

第四条 国家扶持种质资源保护工作和选育、生产、更新、推广使用良种,鼓励品种选育和种子生产、经营相结合,奖励在种质资源保护工作和良种选育、推广等工作中成绩显著的单位和个人。

第五条 县级以上人民政府应当根据科教兴农方针和种植业、林业发展的需要制定种子发展规划,并按照国家有关规定在财政、信贷和税收等方面采取措施保证规划的实施。

第六条 国务院和省、自治区、直辖市人民政府设立专项资金,用于扶持良种选育和推广。具体办法由国务院规定。

第七条 国家建立种子贮备制度,主要用于发生灾害时的生产需要,保障农业生产安全。对贮备的种子应当定期检验和更新。种子贮备的具体办法由国务院规定。

第二章 种质资源保护

第八条 国家依法保护种质资源,任何单位和个人不得侵占和破坏种质资源。

禁止采集或者采伐国家重点保护的天然种质资源。因科研等特殊情况需要采集或者采伐的,应当经国务院或者省、自治区、直辖市人民政府的农业、林业行政主管部门批准。

第九条 国家有计划地收集、整理、鉴定、登记、保存、交流和利用种质资源,定期公布可供利用的种质资源目录。具体办法由国务院农业、林业行政主管部门规定。

国务院农业、林业行政主管部门应当建立国家种质资源库,省、自治区、直辖市人民政府农业、林业行政主管部门可以根据需要建立种质资源库、种质资源保护区或者种质资源保护地。

第十条 国家对种质资源享有主权,任何单位和个人向境外提供种质资源的,应当经国务院农业、林业行政主管部门批准;从境外引进种质资源的,依照国务院农业、林业行政主管部门的有关规定办理。

第三章 品种选育与审定

第十一条 国务院农业、林业、科技、教育等行政主管部门和省、自治区、直辖市人民政府应当组织有关单位进行品种选育理论、技术和方法的研究。

国家鼓励和支持单位和个人从事良种选育和开发。

第十二条 国家实行植物新品种保护制度,对经过人工培育的或者发现的野生植物加以开发的植物品种,具备新颖性、特异性、一致性和稳定性的,授予植物新品种权,保护植物新品种权所有人的合法权益。具体办法按照国家有关规定执行。选育的品种得到推广应用的,育种者依法获得相应的经济利益。

第十三条 单位和个人因林业行政主管部门为选育林木良种建立测定林、试验林、优树收集区、基因库而减少经济收入的,批准建立的林业行政主管部门应当按照国家有关规定给予经济补偿。

第十四条 转基因植物品种的选育、试验、审定和推广应当进行安全性评价,并采取严格的安全控制措施。具体办法由国务院规定。

第十五条 主要农作物品种和主要林木品种在推广应用前应当通过国家级或者省级审定,申请者可以直接申请省级审定或者国家级审定。由省、自治区、直辖市人民政府农业、林业行政主管部门确定的主要农作物品种和主要林木品种实行省级审定。

主要农作物品种和主要林木品种的审定办法应当体现公正、公开、科学、效率的原则,由国务院农业、林业行政主管部门规定。

国务院和省、自治区、直辖市人民政府的农业、林业行政主管部门分别设立由专业人员组成的农作物品种和林木品种审定委员会,承担主要农作物品种和主要林木品种的审定工作。

在具有生态多样性的地区,省、自治区、直辖市人民政府农业、林业行政主管部门可以委托设区的市、自治州承担适宜于在特定生态区域内推广应用的主要农作物品种和主要林木品种的审定工作。

第十六条 通过国家级审定的主要农作物品种和主要林木良种由国务院农业、林业行政主管部门公告,可以在全国适宜的生态区域推广。通过省级审定的主要农作物品种和主要林木良种由省、自治区、直辖市人民政府农业、林业行政主管部门公告,可以在本行政区域内适宜的生态区域推广;相邻省、自治区、直辖市属于同一适宜生态区的地域,经所在省、自治区、直辖市人民政府农业、林业行政主管部门同意后可以引种。

第十七条 应当审定的农作物品种未经审定通过的,不得发布广告,不得经营、推广。

应当审定的林木品种未经审定通过的,不得作为良种经营、推广,但生产确需使用的,应当经林木品种审定委员会认定。

第十八条 审定未通过的农作物品种和林木品种,申请人有异议的,可以向原审定委员会或者上一级审定委员会申请复审。

第十九条 在中国没有经常居所或者营业场所的外国人、外国企业或外国其他组织在中国申请品种审定的,应当委托具有法人资格的中国种子科研、生产、经营机构代理。

第四章 种子生产

第二十条 主要农作物和主要林木的商品种子生产实行许可制度。

主要农作物杂交种子及其亲本种子、常规种原种种子、主要林木良种的种子生产许可证,由生产所在地县级人民政府农业、林业行政主管部门审核,省、自治区、直辖市人民政府农业、林业行政主管部门核发;其他种子的生产许可证,由生产所在地县级以上地方人民政府农业、林业行政主管部门核发。

第二十一条 申请领取种子生产许可证的单位和个人,应当具备下列条件:

(一)具有繁殖种子的隔离和培育条件;

(二)具有无检疫性病虫害的种子生产地点或者县级以上人民政府林业行政主管部门确定的采种林;

(三)具有与种子生产相适应的资金和生产、检验设施;

(四)具有相应的专业种子生产和检验技术人员;

(五)法律、法规规定的其他条件。

申请领取具有植物新品种权的种子生产许可证的,应当征得品种权人的书面同意。

第二十二条　种子生产许可证应当注明生产种子的品种、地点和有效期限等项目。

禁止伪造、变造、买卖、租借种子生产许可证;禁止任何单位和个人无证或者未按照许可证的规定生产种子。

第二十三条　商品种子生产应当执行种子生产技术规程和种子检验、检疫规程。

第二十四条　在林木种子生产基地内采集种子的,由种子生产基地的经营者组织进行,采集种子应当按照国家有关标准进行。

禁止抢采掠青、损坏母树,禁止在劣质林内、劣质母树上采集种子。

第二十五条　商品种子生产者应当建立种子生产档案,载明生产地点、生产地块环境、前茬作物、亲本种子来源和质量、技术负责人、田间检验记录、产地气象记录、种子流向等内容。

第五章　种子经营

第二十六条　种子经营实行许可制度。种子经营者必须先取得种子经营许可证后,方可凭种子经营许可证向工商行政管理机关申请办理或者变更营业执照。

种子经营许可证实行分级审批发放制度。种子经营许可证由种子经营者所在地县级以上地方人民政府农业、林业行政主管部门核发。主要农作物杂交种子及其亲本种子、常规种原种种子、主要林木良种的种子经营许可证,由种子经营者所在地县级人民政府农业、林业行政主管部门审核,省、自治区、直辖市人民政府农业、林业行政主管部门核发。实行选育、生产、经营相结合并达到国务院农业、林业行政主管部门规定的注册资本金额的种子公司和从事种子进出口业务的公司的种子经营许可证,由省、自治区、直辖市人民政府农业、林业行政主管部门审核,国务院农业、林业行政主管部门核发。

第二十七条　农民个人自繁、自用的常规种子有剩余的,可以在集贸市场上出售、串换,不需要办理种子经营许可证,由省、自治区、直辖市人民政府制定管理办法。

第二十八条 国家鼓励和支持科研单位、学校、科技人员研究开发和依法经营、推广农作物新品种和林木良种。

第二十九条 申请领取种子经营许可证的单位和个人，应当具备下列条件：

(一)具有与经营种子种类和数量相适应的资金及独立承担民事责任的能力；

(二)具有能够正确识别所经营的种子、检验种子质量、掌握种子贮藏、保管技术的人员；

(三)具有与经营种子的种类、数量相适应的营业场所及加工、包装、贮藏保管设施和检验种子质量的仪器设备；

(四)法律、法规规定的其他条件。

种子经营者专门经营不再分装的包装种子的，或者受具有种子经营许可证的种子经营者以书面委托代销其种子的，可以不办理种子经营许可证。

第三十条 种子经营许可证的有效区域由发证机关在其管辖范围内确定。种子经营者按照经营许可证规定的有效区域设立分支机构的，可以不再办理种子经营许可证，但应当在办理或者变更营业执照后十五日内，向当地农业、林业行政主管部门和原发证机关备案。

第三十一条 种子经营许可证应当注明种子经营范围、经营方式及有效期限、有效区域等项目。禁止伪造、变造、买卖、租借种子经营许可证；禁止任何单位和个人无证或者未按照许可证的规定经营种子。

第三十二条 种子经营者应当遵守有关法律、法规的规定，向种子使用者提供种子的简要性状、主要栽培措施、使用条件的说明与有关咨询服务，并对种子质量负责。

任何单位和个人不得非法干预种子经营者的自主经营权。

第三十三条 未经省、自治区、直辖市人民政府林业行政主管部门批准，不得收购珍贵树木种子和本级人民政府规定限制收购的林木种子。

第三十四条 销售的种子应当加工、分级、包装。但是，不能加工、包装的除外。

大包装或者进口种子可以分装；实行分装的，应当注明分装单位，并对种子质量负责。

第三十五条 销售的种子应当附有标签。标签应当标注种子类别、品种名称、产地、质量指标、检疫证明编号、种子生产及经营许可证编号或者进口审批文号等事项。标签标注的内容应当与销售的种子相符。

销售进口种子的,应当附有中文标签。

销售转基因植物品种种子的,必须用明显的文字标注,并应当提示使用时的安全控制措施。

第三十六条　种子经营者应当建立种子经营档案,载明种子来源、加工、贮藏、运输和质量检测各环节的简要说明及责任人、销售去向等内容。

一年生农作物种子的经营档案应当保存至种子销售后二年,多年生农作物和林木种子经营档案的保存期限由国务院农业、林业行政主管部门规定。

第三十七条　种子广告的内容应当符合本法和有关广告的法律、法规的规定,主要性状描述应当与审定公告一致。

第三十八条　调运或者邮寄出县的种子应当附有检疫证书。

第六章　种子使用

第三十九条　种子使用者有权按照自己的意愿购买种子,任何单位和个人不得非法干预。

第四十条　国家投资或者国家投资为主的造林项目和国有林业单位造林,应当根据林业行政主管部门制定的计划使用林木良种。

国家对推广使用林木良种营造防护林、特种用途林给予扶持。

第四十一条　种子使用者因种子质量问题遭受损失的,出售种子的经营者应当予以赔偿,赔偿额包括购种价款、有关费用和可得利益损失。

经营者赔偿后,属于种子生产者或者其他经营者责任的,经营者有权向生产者或者其他经营者追偿。

第四十二条　因使用种子发生民事纠纷的,当事人可以通过协商或者调解解决。当事人不愿通过协商、调解解决或者协商、调解不成的,可以根据当事人之间的协议向仲裁机构申请仲裁。当事人也可以直接向人民法院起诉。

第七章　种子质量

第四十三条　种子的生产、加工、包装、检验、贮藏等质量管理办法和行业标准,由国务院农业、林业行政主管部门制定。

农业、林业行政主管部门负责对种子质量的监督。

第四十四条　农业、林业行政主管部门可以委托种子质量检验机构对种子质量进行检验。

承担种子质量检验的机构应当具备相应的检测条件和能力,并经省级以上人民政府有关主管部门考核合格。

第四十五条 种子质量检验机构应当配备种子检验员。种子检验员应当具备以下条件:

(一)具有相关专业中等专业技术学校毕业以上文化水平;

(二)从事种子检验技术工作三年以上。

农作物种子检验员应当经省级以上人民政府农业行政主管部门考核合格;林木种子检验员应当经省、自治区、直辖市人民政府林业行政主管部门考核合格。

第四十六条 禁止生产、经营假、劣种子。

下列种子为假种子:

(一)以非种子冒充种子或者以此种品种种子冒充他种品种种子的;

(二)种子种类、品种、产地与标签标注的内容不符的。

下列种子为劣种子:

(一)质量低于国家规定的种用标准的;

(二)质量低于标签标注指标的;

(三)因变质不能作种子使用的;

(四)杂草种子的比率超过规定的;

(五)带有国家规定检疫对象的有害生物的。

第四十七条 由于不可抗力原因,为生产需要必须使用低于国家或者地方规定的种用标准的农作物种子的,应当经用种地县级以上地方人民政府批准;林木种子应当经用种地省、自治区、直辖市人民政府批准。

第四十八条 从事品种选育和种子生产、经营以及管理的单位和个人应当遵守有关植物检疫法律、行政法规的规定,防止植物危险性病、虫、杂草及其他有害生物的传播和蔓延。

禁止任何单位和个人在种子生产基地从事病虫害接种试验。

第八章 种子进出口和对外合作

第四十九条 进口种子和出口种子必须实施检疫,防止植物危险性病、虫、杂草及其他有害生物传入境内和传出境外,具体检疫工作按照有关植物进出境检疫法律、行政法规的规定执行。

第五十条 从事商品种子进出口业务的法人和其他组织,除具备种子经营许可证外,还应当依照有关对外贸易法律、行政法规的规定取得从事种子进出口贸易的许可。从境外引进农作物、林木种子的审定权限,农作物、林木种子的进出口审批办法,引进转基因植物品种的管理办法,由国务院规定。

第五十一条 进口商品种子的质量,应当达到国家标准或者行业标准。没有国家标准或者行业标准的,可以按照合同约定的标准执行。

第五十二条 为境外制种进口种子的,可以不受本法第五十条第一款的限制,但应当具有对外制种合同,进口的种子只能用于制种,其产品不得在国内销售。

从境外引进农作物试验用种,应当隔离栽培,收获物也不得作为商品种子销售。

第五十三条 禁止进出口假、劣种子以及属于国家规定不得进出口的种子。

第五十四条 境外企业、其他经济组织或者个人来我国投资种子生产、经营的,审批程序和管理办法由国务院有关部门依照有关法律、行政法规规定。

第九章 种子行政管理

第五十五条 农业、林业行政主管部门是种子行政执法机关。种子执法人员依法执行公务时应当出示行政执法证件。

农业、林业行政主管部门为实施本法,可以进行现场检查。

第五十六条 农业、林业行政主管部门及其工作人员不得参与和从事种子生产、经营活动;种子生产经营机构不得参与和从事种子行政管理工作。种子的行政主管部门与生产经营机构在人员和财务上必须分开。

第五十七条 国务院农业、林业行政主管部门和异地繁育种子所在地的省、自治区、直辖市人民政府应当加强对异地繁育种子工作的管理和协调,交通运输部门应当优先保证种子的运输。

第五十八条 农业、林业行政主管部门在依照本法实施有关证照的核发工作中,除收取所发证照的工本费外,不得收取其他费用。

第十章 法律责任

第五十九条 违反本法规定,生产、经营假、劣种子的,由县级以上人民政府农业、林业行政主管部门或者工商行政管理机关责令停止生产、经营,没收种子和违法所得,吊销种子生产许可证、种子经营许可证或者营业执照,并处以罚款;

有违法所得的,处以违法所得五倍以上十倍以下罚款;没有违法所得的,处以二千元以上五万元以下罚款;构成犯罪的,依法追究刑事责任。

第六十条 违反本法规定,有下列行为之一的,由县级以上人民政府农业、林业行政主管部门责令改正,没收种子和违法所得,并处以违法所得一倍以上三倍以下罚款;没有违法所得的,处以一千元以上三万元以下罚款;可以吊销违法行为人的种子生产许可证或者种子经营许可证;构成犯罪的,依法追究刑事责任:

(一)未取得种子生产许可证或者伪造、变造、买卖、租借种子生产许可证,或者未按照种子生产许可证的规定生产种子的;

(二)未取得种子经营许可证或者伪造、变造、买卖、租借种子经营许可证,或者未按照种子经营许可证的规定经营种子的。

第六十一条 违反本法规定,有下列行为之一的,由县级以上人民政府农业、林业行政主管部门责令改正,没收种子和违法所得,并处以违法所得一倍以上三倍以下罚款;没有违法所得的,处以一千元以上二万元以下罚款;构成犯罪的,依法追究刑事责任:

(一)为境外制种的种子在国内销售的;

(二)从境外引进农作物种子进行引种试验的收获物在国内作商品种子销售的;

(三)未经批准私自采集或者采伐国家重点保护的天然种质资源的。

第六十二条 违反本法规定,有下列行为之一的,由县级以上人民政府农业、林业行政主管部门或者工商行政管理机关责令改正,处以一千元以上一万元以下罚款:

(一)经营的种子应当包装而没有包装的;

(二)经营的种子没有标签或者标签内容不符合本法规定的;

(三)伪造、涂改标签或者试验、检验数据的;

(四)未按规定制作、保存种子生产、经营档案的;

(五)种子经营者在异地设立分支机构未按规定备案的。

第六十三条 违反本法规定,向境外提供或者从境外引进种质资源的,由国务院或者省、自治区、直辖市人民政府的农业、林业行政主管部门没收种质资源和违法所得,并处以一万元以上五万元以下罚款。

未取得农业、林业行政主管部门的批准文件携带、运输种质资源出境的,海关应当将该种质资源扣留,并移送省、自治区、直辖市人民政府农业、林业行政主管部门处理。

第六十四条　违反本法规定,经营、推广应当审定而未经审定通过的种子的,由县级以上人民政府农业、林业行政主管部门责令停止种子的经营、推广,没收种子和违法所得,并处以一万元以上五万元以下罚款。

第六十五条　违反本法规定,抢采掠青、损坏母树或者在劣质林内和劣质母树上采种的,由县级以上人民政府林业行政主管部门责令停止采种行为,没收所采种子,并处以所采林木种子价值一倍以上三倍以下的罚款;构成犯罪的,依法追究刑事责任。

第六十六条　违反本法第三十三条规定收购林木种子的,由县级以上人民政府林业行政主管部门没收所收购的种子,并处以收购林木种子价款二倍以下的罚款。

第六十七条　违反本法规定,在种子生产基地进行病虫害接种试验的,由县级以上人民政府农业、林业行政主管部门责令停止试验,处以五万元以下罚款。

第六十八条　种子质量检验机构出具虚假检验证明的,与种子生产者、销售者承担连带责任;并依法追究种子质量检验机构及其有关责任人的行政责任;构成犯罪的,依法追究刑事责任。

第六十九条　强迫种子使用者违背自己的意愿购买、使用种子给使用者造成损失的,应当承担赔偿责任。

第七十条　农业、林业行政主管部门违反本法规定,对不具备条件的种子生产者、经营者核发种子生产许可证或者种子经营许可证的,对直接负责的主管人员和其他直接责任人员,依法给予行政处分;构成犯罪的,依法追究刑事责任。

第七十一条　种子行政管理人员徇私舞弊、滥用职权、玩忽职守的,或者违反本法规定从事种子生产、经营活动的,依法给予行政处分;构成犯罪的,依法追究刑事责任。

第七十二条　当事人认为有关行政机关的具体行政行为侵犯其合法权益的,可以依法申请行政复议,也可以依法直接向人民法院提起诉讼。

第七十三条　农业、林业行政主管部门依法吊销违法行为人的种子经营许可证后,应当通知工商行政管理机关依法注销或者变更违法行为人的营业执照。

第十一章　附　则

第七十四条　本法下列用语的含义是:

(一)种质资源是指选育新品种的基础材料,包括各种植物的栽培种、野生种的繁殖材料以及利用上述繁殖材料人工创造的各种植物的遗传材料。

(二)品种是指经过人工选育或者发现并经过改良,形态特征和生物学特性一致,遗传性状相对稳定的植物群体。

(三)主要农作物是指稻、小麦、玉米、棉花、大豆以及国务院农业行政主管部门和省、自治区、直辖市人民政府农业行政主管部门各自分别确定的其他一至二种农作物。

(四)林木良种是指通过审定的林木种子,在一定的区域内,其产量、适应性、抗性等方面明显优于当前主栽材料的繁殖材料和种植材料。

(五)标签是指固定在种子包装物表面及内外的特定图案及文字说明。

第七十五条 本法所称主要林木由国务院林业行政主管部门确定并公布;省、自治区、直辖市人民政府林业行政主管部门可以在国务院林业行政主管部门确定的主要林木之外确定其他八种以下的主要林木。

第七十六条 草种、食用菌菌种的种质资源管理和选育、生产、经营、使用、管理等活动,参照本法执行。

第七十七条 中华人民共和国缔结或者参加的与种子有关的国际条约与本法有不同规定的,适用国际条约的规定;但是,中华人民共和国声明保留的条款除外。

第七十八条 本法自2000年12月1日起施行。1989年3月13日国务院发布的《中华人民共和国种子管理条例》同时废止。

中华人民共和国森林法

(1984年第六届全国人民代表大会常务委员会第七次会议通过,
1998年4月29日第九届全国人民代表大会常委会第二次会议第一次修正,
2009年第十一届全国人民代表大会常务委员会第十次会议第二次修正)

第一章 总 则

第一条 为了保护、培育和合理利用森林资源,加快国土绿化,发挥森林蓄水保土、调节气候、改善环境和提供林产品的作用,适应社会主义建设和人民生活的需要,特制定本法。

第二条 在中华人民共和国领域内从事森林、林木的培育种植、采伐利用和森林、林木、林地的经营管理活动,都必须遵守本法。

第三条 森林资源属于国家所有,由法律规定属于集体所有的除外。

国家所有的和集体所有的森林、林木和林地,个人所有的林木和使用的林地,由县级以上地方人民政府登记造册,发放证书,确认所有权或者使用权。国务院可以　授权国务院林业主管部门,对国务院确定的国家所有的重点林区的森林、林木和林地登记造册,发放证书,并通知有关地方人民政府。

森林、林木、林地的所有者和使用者的合法权益,受法律保护,任何单位和个人不得侵犯。

第四条 森林分为以下五类:

(一)防护林:以防护为主要目的的森林、林木和灌木丛,包括水源涵养林,水土保持林,防风固沙林,农田、牧场防护林,护岸林,护路林;

(二)用材林:以生产木材为主要目的的森林和林木,包括以生产竹材为主要目的的竹林;

(三)经济林:以生产果品,食用油料、饮料、调料,工业原料和药材等为主要目的的林木;

(四)薪炭林:以生产燃料为主要目的的林木;

(五)特种用途林:以国防、环境保护、科学实验等为主要目的的森林和林木,包括国防林、实验林、母树林、环境保护林、风景林,名胜古迹和革命纪念地的林木,自然保护区的森林。

第五条 林业建设实行以营林为基础,普遍护林,大力造林,采育结合,永续利用的方针。

第六条 国家鼓励林业科学研究,推广林业先进技术,提高林业科学技术水平。

第七条 国家保护林农的合法权益,依法减轻林农的负担,禁止向林农违法收费、罚款,禁止向林农进行摊派和强制集资。

国家保护承包造林的集体和个人的合法权益,任何单位和个人不得侵犯承包造林的集体和个人依法享有的林木所有权和其他合法权益。

第八条 国家对森林资源实行以下保护性措施:

(一)对森林实行限额采伐,鼓励植树造林、封山育林,扩大森林覆盖面积;

(二)根据国家和地方人民政府有关规定,对集体和个人造林、育林给予经济扶持或者长期贷款;

(三)提倡木材综合利用和节约使用木材,鼓励开发、利用木材代用品;

(四)征收育林费,专门用于造林育林;

(五)煤炭、造纸等部门,按照煤炭和木浆纸张等产品的产量提取一定数额的资金,专门用于营造坑木、造纸等用材林;

(六)建立林业基金制度。

国家设立森林生态效益补偿基金,用于提供生态效益的防护林和特种用途林的森林资源、林木的营造、抚育、保护和管理。森林生态效益补偿基金必须专款专用,不得挪作他用。具体办法由国务院规定。

第九条 国家和省、自治区人民政府,对民族自治地方的林业生产建设,依照国家对民族自治地方自治权的规定,在森林开发、木材分配和林业基金使用方面,给予比一般地区更多的自主权和经济利益。

第十条 国务院林业主管部门主管全国林业工作。县级以上地方人民政府林业主管部门,主管本地区的林业工作。乡级人民政府设专职或者兼职人员负责林业工作。

第十一条 植树造林、保护森林,是公民应尽的义务。各级人民政府应当组织全民义务植树,开展植树造林活动。

第十二条 在植树造林、保护森林、森林管理以及林业科学研究等方面成绩显著的单位或者个人,由各级人民政府给予奖励。

第二章 森林经营管理

第十三条 各级林业主管部门依照本法规定,对森林资源的保护、利用、更新,实行管理和监督。

第十四条 各级林业主管部门负责组织森林资源清查,建立资源档案制度,掌握资源变化情况。

第十五条 下列森林、林木、林地使用权可以依法转让,也可以依法作价入股或者作为合资、合作造林、经营林木的出资、合作条件,但不得将林地改为非林地:

(一)用材林、经济林、薪炭林;

(二)用材林、经济林、薪炭林的林地使用权;

(三)用材林、经济林、薪炭林的采伐迹地、火烧迹地的林地使用权;

(四)国务院规定的其他森林、林木和其他林地使用权。

依照前款规定转让、作价入股或者作为合资、合作造林、经营林木的出资、合作条件的,已经取得的林木采伐许可证可以同时转让,同时转让双方都必须遵守本法关于森林、林木采伐和更新造林的规定。

除本条第一款规定的情形外,其他森林、林木和其他林地使用权不得转让。具体办法由国务院规定。

第十六条　各级人民政府应当制定林业长远规划。国有林业企业事业单位和自然保护区,应当根据林业长远规划,编制森林经营方案,报上级主管部门批准后实行。

林业主管部门应当指导农村集体经济组织和国有的农场、牧场、工矿企业等单位编制森林经营方案。

第十七条　单位之间发生的林木、林地所有权和使用权争议,由县级以上人民政府依法处理。

个人之间、个人与单位之间发生的林木所有权和林地使用权争议,由当地县级或者乡级人民政府依法处理。

当事人对人民政府的处理决定不服的,可以在接到通知之日起一个月内,向人民法院起诉。

在林木、林地权属争议解决以前,任何一方不得砍伐有争议的林木。

第十八条　进行勘查、开采矿藏和各项建设工程,应当不占或者少占林地;必须占用或者征收、征用林地的,经县级以上人民政府林业主管部门审核同意后,依照有关土地管理的法律、行政法规办理建设用地审批手续,并由用地单位依照国务院有关规定缴纳森林植被恢复费。森林植被恢复费专款专用,由林业主管部门依照有关规定统一安排植树造林,恢复森林植被,植树造林面积不得少于因占用、征用林地而减少的森林植被面积。上级林业主管部门应当定期督促、检查下级林业主管部门组织植树造林、恢复森林植被的情况。

任何单位和个人不得挪用森林植被恢复费。县级以上人民政府审计机关应当加强对森林植被恢复费使用情况的监督。

第三章　森林保护

第十九条　地方各级人民政府应当组织有关部门建立护林组织,负责护林工作;根据实际需要在大面积林区增加护林设施,加强森林保护;督促有林的和林区的基层单位,订立护林公约,组织群众护林,划定护林责任区,配备专职或者兼职护林员。

护林员可以由县级或者乡级人民政府委任。护林员的主要职责是:巡护森林,制止破坏森林资源的行为。对造成森林资源破坏的,护林员有权要求当地有关部门处理。

第二十条　依照国家有关规定在林区设立的森林公安机关,负责维护辖区社会治安秩序,保护辖区内的森林资源,并可以依照本法规定,在国务院林业主管部门授权的范围内,代行本法第三十九条、第四十二条、第四十三条、第四十四条规定的行政处罚权。

武装森林警察部队执行国家赋予的预防和扑救森林火灾的任务。

第二十一条　地方各级人民政府应当切实做好森林火灾的预防和扑救工作:

(一)规定森林防火期,在森林防火期内,禁止在林区野外用火;因特殊情况需要用火的,必须经过县级人民政府或者县级人民政府授权的机关批准;

(二)在林区设置防火设施;

(三)发生森林火灾,必须立即组织当地军民和有关部门扑救;

(四)因扑救森林火灾负伤、致残、牺牲的,国家职工由所在单位给予医疗、抚恤;非国家职工由起火单位按照国务院有关主管部门的规定给予医疗、抚恤,起火单位对起火没有责任或者确实无力负担的,由当地人民政府给予医疗、抚恤。

第二十二条　各级林业主管部门负责组织森林病虫害防治工作。

林业主管部门负责规定林木种苗的检疫对象,划定疫区和保护区,对林木种苗进行检疫。

第二十三条　禁止毁林开垦和毁林采石、采砂、采土以及其他毁林行为。

禁止在幼林地和特种用途林内砍柴、放牧。

进入森林和森林边缘地区的人员,不得擅自移动或者损坏为林业服务的标志。

第二十四条　国务院林业主管部门和省、自治区、直辖市人民政府,应当在不同自然地带的典型森林生态地区、珍贵动物和植物生长繁殖的林区、天然热带雨林区和具有特殊保护价值的其他天然林区,划定自然保护区,加强保护管理。

自然保护区的管理办法,由国务院林业主管部门制定,报国务院批准施行。

对自然保护区以外的珍贵树木和林区内具有特殊价值的植物资源,应当认真保护;未经省、自治区、直辖市林业主管部门批准,不得采伐和采集。

第二十五条　林区内列为国家保护的野生动物,禁止猎捕;因特殊需要猎捕的,按照国家有关法规办理。

第四章　植树造林

第二十六条　各级人民政府应当制定植树造林规划,因地制宜地确定本地区提高森林覆盖率的奋斗目标。

各级人民政府应当组织各行各业和城乡居民完成植树造林规划确定的任务。

宜林荒山荒地,属于国家所有的,由林业主管部门和其他主管部门组织造林;属于集体所有的,由集体经济组织组织造林。

铁路公路两旁、江河两侧、湖泊水库周围,由各有关主管单位因地制宜地组织造林;工矿区,机关、学校用地,部队营区以及农场、牧场、渔场经营地区,由各该单位负责造林。

国家所有和集体所有的宜林荒山荒地可以由集体或者个人承包造林。

第二十七条 国有企业事业单位、机关、团体、部队营造的林木,由营造单位经营并按照国家规定支配林木收益。

集体所有制单位营造的林木,归该单位所有。

农村居民在房前屋后、自留地、自留山种植的林木,归个人所有。城镇居民和职工在自有房屋的庭院内种植的林木,归个人所有。

集体或者个人承包国家所有和集体所有的宜林荒山荒地造林的,承包后种植的林木归承包的集体或者个人所有;承包合同另有规定的,按照承包合同的规定执行。

第二十八条 新造幼林地和其他必须封山育林的地方,由当地人民政府组织封山育林。

第五章 森林采伐

第二十九条 国家根据用材林的消耗量低于生长量的原则,严格控制森林年采伐量。国家所有的森林和林木以国有林业企业事业单位、农场、厂矿为单位,集体所有的森林和林木、个人所有的林木以县为单位,制定年采伐限额,由省、自治区、直辖市林业主管部门汇总,经同级人民政府审核后,报国务院批准。

第三十条 国家制定统一的年度木材生产计划。年度木材生产计划不得超过批准的年采伐限额。计划管理的范围由国务院规定。

第三十一条 采伐森林和林木必须遵守下列规定:

(一)成熟的用材林应当根据不同情况,分别采取择伐、皆伐和渐伐方式,皆伐应当严格控制,并在采伐的当年或者次年内完成更新造林;

(二)防护林和特种用途林中的国防林、母树林、环境保护林、风景林,只准进行抚育和更新性质的采伐;

(三)特种用途林中的名胜古迹和革命纪念地的林木、自然保护区的森林,严禁采伐。

第三十二条 采伐林木必须申请采伐许可证,按许可证的规定进行采伐;农村居民采伐自留地和房前屋后个人所有的零星林木除外。

国有林业企业事业单位、机关、团体、部队、学校和其他国有企业事业单位采伐林木,由所在地县级以上林业主管部门依照有关规定审核发放采伐许可证。

铁路、公路的护路林和城镇林木的更新采伐,由有关主管部门依照有关规定审核发放采伐许可证。

农村集体经济组织采伐林木,由县级林业主管部门依照有关规定审核发放采伐许可证。

农村居民采伐自留山和个人承包集体的林木,由县级林业主管部门或者其委托的乡、镇人民政府依照有关规定审核发放采伐许可证。

采伐以生产竹材为主要目的的竹林,适用以上各款规定。

第三十三条 审核发放采伐许可证的部门,不得超过批准的年采伐限额发放采伐许可证。

第三十四条 国有林业企业事业单位申请采伐许可证时,必须提出伐区调查设计文件。其他单位申请采伐许可证时,必须提出有关采伐的目的、地点、林种、林况、面积、蓄积、方式和更新措施等内容的文件。

对伐区作业不符合规定的单位,发放采伐许可证的部门有权收缴采伐许可证,中止其采伐,直到纠正为止。

第三十五条 采伐林木的单位或者个人,必须按照采伐许可证规定的面积、株数、树种、期限完成更新造林任务,更新造林的面积和株数不得少于采伐的面积和株数。

第三十六条 林区木材的经营和监督管理办法,由国务院另行规定。

第三十七条 从林区运出木材,必须持有林业主管部门发给的运输证件,国家统一调拨的木材除外。

依法取得采伐许可证后,按照许可证的规定采伐的木材,从林区运出时,林业主管部门应当发给运输证件。

经省、自治区、直辖市人民政府批准,可以在林区设立木材检查站,负责检查木材运输。对未取得运输证件或者物资主管部门发给的调拨通知书运输木材的,木材检查站有权制止。

第三十八条 国家禁止、限制出口珍贵树木及其制品、衍生物。禁止、限制出口的珍贵树木及其制品、衍生物的名录和年度限制出口总量，由国务院林业主管部门会同国务院有关部门制定，报国务院批准。

出口前款规定限制出口的珍贵树木或者其制品、衍生物的，必须经出口人所在地省、自治区、直辖市人民政府林业主管部门审核，报国务院林业主管部门批准，海关凭国务院林业主管部门的批准文件放行。进出口的树木或者其制品、衍生物属于中国参加的国际公约限制进出口的濒危物种的，并必须向国家濒危物种进出口管理机构申请办理允许进出口证明书，海关并凭允许进口证明书放行。

第六章　法律责任

第三十九条　盗伐森林或者其他林木的，依法赔偿损失；由林业主管部门责令补种盗伐株数十倍的树木，没收盗伐的林木或者变卖所得，并处盗伐林木价值三倍以上十倍以下的罚款。

滥伐森林或者其他林木，由林业主管部门责令补种滥伐株数五倍的树木，并处滥伐林木价值二倍以上五倍以下的罚款。

拒不补种树木或者补种不符合国家有关规定的，由林业主管部门代为补种，所需费用由违法者支付。

盗伐、滥伐森林或者其他林木，构成犯罪的，依法追究刑事责任。

第四十条　违反本法规定，非法采伐、毁坏珍贵树木的，依法追究刑事责任。

第四十一条　违反本法规定，超过批准的年采伐限额发放林木采伐许可证或者超越职权发放林木采伐许可证、木材运输证件、批准出口文件、允许进出口证明书的，由上一级人民政府林业主管部门责令纠正，对直接负责的主管人员和其他直接责任人员依法给予行政处分；有关人民政府林业主管部门未予纠正的，国务院林业主管部门可以直接处理；构成犯罪的，依法追究刑事责任。

第四十二条　违反本法规定，买卖林木采伐许可证、木材运输证件、批准出口文件、允许进出口证明书的，由林业主管部门没收违法买卖的证件、文件和违法所得，并处违法买卖证件、文件的价款一倍以上三倍以下的罚款；构成犯罪的，依法追究刑事责任。

伪造林木采伐许可证、木材运输证件、批准出口文件、允许进出口证明书的，依法追究刑事责任。

第四十三条　在林区非法收购明知是盗伐、滥伐的林木的，由林业主管部门责令停止违法行为，没收违法收购的盗伐、滥伐的林木或者变卖所得，可以并处违法收购林木的价款一倍以上三倍以下的罚款；构成犯罪的，依法追究刑事责任。

第四十四条 违反本法规定,进行开垦、采石、采砂、采土、采种、采脂和其他活动,致使森林、林木受到毁坏的,依法赔偿损失;由林业主管部门责令停止违法行为,补种毁坏株数一倍以上三倍以下的树木,可以处毁坏林木价值一倍以上五倍以下的罚款。

违反本法规定,在幼林地和特种用途林内砍柴、放牧致使森林、林木受到毁坏的,依法赔偿损失;由林业主管部门责令停止违法行为,补种毁坏株数一倍以上三倍以下的树木。

拒不补种树木或者补种不符合国家有关规定的,由林业主管部门代为补种,所需费用由违法者支付。

第四十五条 采伐林木的单位或者个人没有按照规定完成更新造林任务的,发放采伐许可证的部门有权不再发给采伐许可证,直到完成更新造林任务为止;情节严重的,可以由林业主管部门处以罚款,对直接责任人员由所在单位或者上级主管机关给予行政处分。

第四十六条 从事森林资源保护、林业监督管理工作的林业主管部门的工作人员和其他国家机关的有关工作人员滥用职权、玩忽职守、徇私舞弊,构成犯罪的,依法追究刑事责任;尚不构成犯罪的,依法给予行政处分。

第七章 附 则

第四十七条 国务院林业主管部门根据本法制定实施办法,报国务院批准施行。

第四十八条 民族自治地方不能全部适用本法规定的,自治机关可以根据本法的原则,结合民族自治地方的特点,制定变通或者补充规定,依照法定程序报省、自治区或者全国人民代表大会常务委员会批准施行。

第四十九条 本法自1985年1月1日起施行。

中华人民共和国畜牧法

(2005年12月29日第十届全国人民代表大会常务委员会第十九次会议通过)

第一章 总 则

第一条 为了规范畜牧业生产经营行为,保障畜禽产品质量安全,保护和合理利用畜禽遗传资源,维护畜牧业生产经营者的合法权益,促进畜牧业持续健康发展,制定本法。

第二条 在中华人民共和国境内从事畜禽的遗传资源保护利用、繁育、饲养、经营、运输等活动,适用本法。

本法所称畜禽,是指列入依照本法第十一条规定公布的畜禽遗传资源目录的畜禽。

蜂、蚕的资源保护利用和生产经营,适用本法有关规定。

第三条 国家支持畜牧业发展,发挥畜牧业在发展农业、农村经济和增加农民收入中的作用。县级以上人民政府应当采取措施,加强畜牧业基础设施建设,鼓励和扶持发展规模化养殖,推进畜牧产业化经营,提高畜牧业综合生产能力,发展优质、高效、生态、安全的畜牧业。

国家帮助和扶持少数民族地区、贫困地区畜牧业的发展,保护和合理利用草原,改善畜牧业生产条件。

第四条 国家采取措施,培养畜牧兽医专业人才,发展畜牧兽医科学技术研究和推广事业,开展畜牧兽医科学技术知识的教育宣传工作和畜牧兽医信息服务,推进畜牧业科技进步。

第五条 畜牧业生产经营者可以依法自愿成立行业协会,为成员提供信息、技术、营销、培训等服务,加强行业自律,维护成员和行业利益。

第六条 畜牧业生产经营者应当依法履行动物防疫和环境保护义务,接受有关主管部门依法实施的监督检查。

第七条 国务院畜牧兽医行政主管部门负责全国畜牧业的监督管理工作。县级以上地方人民政府畜牧兽医行政主管部门负责本行政区域内的畜牧业监督管理工作。

县级以上人民政府有关主管部门在各自的职责范围内,负责有关促进畜牧业发展的工作。

第八条　国务院畜牧兽医行政主管部门应当指导畜牧业生产经营者改善畜禽繁育、饲养、运输的条件和环境。

第二章　畜禽遗传资源保护

第九条　国家建立畜禽遗传资源保护制度。各级人民政府应当采取措施，加强畜禽遗传资源保护，畜禽遗传资源保护经费列入财政预算。

畜禽遗传资源保护以国家为主，鼓励和支持有关单位、个人依法发展畜禽遗传资源保护事业。

第十条　国务院畜牧兽医行政主管部门设立由专业人员组成的国家畜禽遗传资源委员会，负责畜禽遗传资源的鉴定、评估和畜禽新品种、配套系的审定，承担畜禽遗传资源保护和利用规划论证及有关畜禽遗传资源保护的咨询工作。

第十一条　国务院畜牧兽医行政主管部门负责组织畜禽遗传资源的调查工作，发布国家畜禽遗传资源状况报告，公布经国务院批准的畜禽遗传资源目录。

第十二条　国务院畜牧兽医行政主管部门根据畜禽遗传资源分布状况，制定全国畜禽遗传资源保护和利用规划，制定并公布国家级畜禽遗传资源保护名录，对原产我国的珍贵、稀有、濒危的畜禽遗传资源实行重点保护。

省级人民政府畜牧兽医行政主管部门根据全国畜禽遗传资源保护和利用规划及本行政区域内畜禽遗传资源状况，制定和公布省级畜禽遗传资源保护名录，并报国务院畜牧兽医行政主管部门备案。

第十三条　国务院畜牧兽医行政主管部门根据全国畜禽遗传资源保护和利用规划及国家级畜禽遗传资源保护名录，省级人民政府畜牧兽医行政主管部门根据省级畜禽遗传资源保护名录，分别建立或者确定畜禽遗传资源保种场、保护区和基因库，承担畜禽遗传资源保护任务。

享受中央和省级财政资金支持的畜禽遗传资源保种场、保护区和基因库，未经国务院畜牧兽医行政主管部门或者省级人民政府畜牧兽医行政主管部门批准，不得擅自处理受保护的畜禽遗传资源。

畜禽遗传资源基因库应当按照国务院畜牧兽医行政主管部门或者省级人民政府畜牧兽医行政主管部门的规定，定期采集和更新畜禽遗传材料。有关单位、个人应当配合畜禽遗传资源基因库采集畜禽遗传材料，并有权获得适当的经济补偿。

畜禽遗传资源保种场、保护区和基因库的管理办法由国务院畜牧兽医行政主管部门制定。

第十四条　新发现的畜禽遗传资源在国家畜禽遗传资源委员会鉴定前,省级人民政府畜牧兽医行政主管部门应当制定保护方案,采取临时保护措施,并报国务院畜牧兽医行政主管部门备案。

第十五条　从境外引进畜禽遗传资源的,应当向省级人民政府畜牧兽医行政主管部门提出申请;受理申请的畜牧兽医行政主管部门经审核,报国务院畜牧兽医行政主管部门经评估论证后批准。经批准的,依照《中华人民共和国进出境动植物检疫法》的规定办理相关手续并实施检疫。

从境外引进的畜禽遗传资源被发现对境内畜禽遗传资源、生态环境有危害或者可能产生危害的,国务院畜牧兽医行政主管部门应当商有关主管部门,采取相应的安全控制措施。

第十六条　向境外输出或者在境内与境外机构、个人合作研究利用列入保护名录的畜禽遗传资源的,应当向省级人民政府畜牧兽医行政主管部门提出申请,同时提出国家共享惠益的方案;受理申请的畜牧兽医行政主管部门经审核,报国务院畜牧兽医行政主管部门批准。

向境外输出畜禽遗传资源的,还应当依照《中华人民共和国进出境动植物检疫法》的规定办理相关手续并实施检疫。

新发现的畜禽遗传资源在国家畜禽遗传资源委员会鉴定前,不得向境外输出,不得与境外机构、个人合作研究利用。

第十七条　畜禽遗传资源的进出境和对外合作研究利用的审批办法由国务院规定。

第三章　种畜禽品种选育与生产经营

第十八条　国家扶持畜禽品种的选育和优良品种的推广使用,支持企业、院校、科研机构和技术推广单位开展联合育种,建立畜禽良种繁育体系。

第十九条　培育的畜禽新品种、配套系和新发现的畜禽遗传资源在推广前,应当通过国家畜禽遗传资源委员会审定或者鉴定,并由国务院畜牧兽医行政主管部门公告。畜禽新品种、配套系的审定办法和畜禽遗传资源的鉴定办法,由国务院畜牧兽医行政主管部门制定。审定或者鉴定所需的试验、检测等费用由申请者承担,收费办法由国务院财政、价格部门会同国务院畜牧兽医行政主管部门制定。

培育新的畜禽品种、配套系进行中间试验,应当经试验所在地省级人民政府畜牧兽医行政主管部门批准。

畜禽新品种、配套系培育者的合法权益受法律保护。

第二十条　转基因畜禽品种的培育、试验、审定和推广，应当符合国家有关农业转基因生物管理的规定。

第二十一条　省级以上畜牧兽医技术推广机构可以组织开展种畜优良个体登记，向社会推荐优良种畜。优良种畜登记规则由国务院畜牧兽医行政主管部门制定。

第二十二条　从事种畜禽生产经营或者生产商品代仔畜、雏禽的单位、个人，应当取得种畜禽生产经营许可证。申请人持种畜禽生产经营许可证依法办理工商登记，取得营业执照后，方可从事生产经营活动。

申请取得种畜禽生产经营许可证，应当具备下列条件：

（一）生产经营的种畜禽必须是通过国家畜禽遗传资源委员会审定或者鉴定的品种、配套系，或者是经批准引进的境外品种、配套系；

（二）有与生产经营规模相适应的畜牧兽医技术人员；

（三）有与生产经营规模相适应的繁育设施设备；

（四）具备法律、行政法规和国务院畜牧兽医行政主管部门规定的种畜禽防疫条件；

（五）有完善的质量管理和育种记录制度；

（六）具备法律、行政法规规定的其他条件。

第二十三条　申请取得生产家畜卵子、冷冻精液、胚胎等遗传材料的生产经营许可证，除应当符合本法第二十二条第二款规定的条件外，还应当具备下列条件：

（一）符合国务院畜牧兽医行政主管部门规定的实验室、保存和运输条件；

（二）符合国务院畜牧兽医行政主管部门规定的种畜数量和质量要求；

（三）体外授精取得的胚胎、使用的卵子来源明确，供体畜符合国家规定的种畜健康标准和质量要求；

（四）符合国务院畜牧兽医行政主管部门规定的其他技术要求。

第二十四条　申请取得生产家畜卵子、冷冻精液、胚胎等遗传材料的生产经营许可证，应当向省级人民政府畜牧兽医行政主管部门提出申请。受理申请的畜牧兽医行政主管部门应当自收到申请之日起三十个工作日内完成审核，并报国务院畜牧兽医行政主管部门审批；国务院畜牧兽医行政主管部门应当自收到申请之日起六十个工作日内依法决定是否发给生产经营许可证。

其他种畜禽的生产经营许可证由县级以上地方人民政府畜牧兽医行政主管

部门审核发放,具体审核发放办法由省级人民政府规定。

种畜禽生产经营许可证样式由国务院畜牧兽医行政主管部门制定,许可证有效期为三年。发放种畜禽生产经营许可证可以收取工本费,具体收费管理办法由国务院财政、价格部门制定。

第二十五条 种畜禽生产经营许可证应当注明生产经营者名称、场(厂)址、生产经营范围及许可证有效期的起止日期等。

禁止任何单位、个人无种畜禽生产经营许可证或者违反种畜禽生产经营许可证的规定生产经营种畜禽。禁止伪造、变造、转让、租借种畜禽生产经营许可证。

第二十六条 农户饲养的种畜禽用于自繁自养和有少量剩余仔畜、雏禽出售的,农户饲养种公畜进行互助配种的,不需要办理种畜禽生产经营许可证。

第二十七条 专门从事家畜人工授精、胚胎移植等繁殖工作的人员,应当取得相应的国家职业资格证书。

第二十八条 发布种畜禽广告的,广告主应当提供种畜禽生产经营许可证和营业执照。广告内容应当符合有关法律、行政法规的规定,并注明种畜禽品种、配套系的审定或者鉴定名称;对主要性状的描述应当符合该品种、配套系的标准。

第二十九条 销售的种畜禽和家畜配种站(点)使用的种公畜,必须符合种用标准。销售种畜禽时,应当附具种畜禽场出具的种畜禽合格证明、动物防疫监督机构出具的检疫合格证明,销售的种畜还应当附具种畜禽场出具的家畜系谱。

生产家畜卵子、冷冻精液、胚胎等遗传材料,应当有完整的采集、销售、移植等记录,记录应当保存二年。

第三十条 销售种畜禽,不得有下列行为:

(一)以其他畜禽品种、配套系冒充所销售的种畜禽品种、配套系;

(二)以低代别种畜禽冒充高代别种畜禽;

(三)以不符合种用标准的畜禽冒充种畜禽;

(四)销售未经批准进口的种畜禽;

(五)销售未附具本法第二十九条规定的种畜禽合格证明、检疫合格证明的种畜禽或者未附具家畜系谱的种畜;

(六)销售未经审定或者鉴定的种畜禽品种、配套系。

第三十一条 申请进口种畜禽的,应当持有种畜禽生产经营许可证。进口种畜禽的批准文件有效期为六个月。

进口的种畜禽应当符合国务院畜牧兽医行政主管部门规定的技术要求。首次进口的种畜禽还应当由国家畜禽遗传资源委员会进行种用性能的评估。

种畜禽的进出口管理除适用前两款的规定外,还适用本法第十五条和第十六条的相关规定。

国家鼓励畜禽养殖者对进口的畜禽进行新品种、配套系的选育;选育的新品种、配套系在推广前,应当经国家畜禽遗传资源委员会审定。

第三十二条 种畜禽场和孵化场(厂)销售商品代仔畜、雏禽的,应当向购买者提供其销售的商品代仔畜、雏禽的主要生产性能指标、免疫情况、饲养技术要求和有关咨询服务,并附具动物防疫监督机构出具的检疫合格证明。

销售种畜禽和商品代仔畜、雏禽,因质量问题给畜禽养殖者造成损失的,应当依法赔偿损失。

第三十三条 县级以上人民政府畜牧兽医行政主管部门负责种畜禽质量安全的监督管理工作。种畜禽质量安全的监督检验应当委托具有法定资质的种畜禽质量检验机构进行;所需检验费用按照国务院规定列支,不得向被检验人收取。

第三十四条 蚕种的资源保护、新品种选育、生产经营和推广适用本法有关规定,具体管理办法由国务院农业行政主管部门制定。

第四章 畜禽养殖

第三十五条 县级以上人民政府畜牧兽医行政主管部门应当根据畜牧业发展规划和市场需求,引导和支持畜牧业结构调整,发展优势畜禽生产,提高畜禽产品市场竞争力。

国家支持草原牧区开展草原围栏、草原水利、草原改良、饲草饲料基地等草原基本建设,优化畜群结构,改良牲畜品种,转变生产方式,发展舍饲圈养、划区轮牧,逐步实现畜草平衡,改善草原生态环境。

第三十六条 国务院和省级人民政府应当在其财政预算内安排支持畜牧业发展的良种补贴、贴息补助等资金,并鼓励有关金融机构通过提供贷款、保险服务等形式,支持畜禽养殖者购买优良畜禽、繁育良种、改善生产设施、扩大养殖规模,提高养殖效益。

第三十七条 国家支持农村集体经济组织、农民和畜牧业合作经济组织建立畜禽养殖场、养殖小区,发展规模化、标准化养殖。乡(镇)土地利用总体规划应当根据本地实际情况安排畜禽养殖用地。农村集体经济组织、农民、畜牧业合作经济组织按照乡(镇)土地利用总体规划建立的畜禽养殖场、养殖小区用地按农业用地管理。畜禽养殖场、养殖小区用地使用权期限届满,需要恢复为原用途的,由畜禽养殖场、养殖小区土地使用权人负责恢复。在畜禽养殖场、养殖小区用地范围内需要兴建永久性建(构)筑物,涉及农用地转用的,依照《中华人民共和国土地管理法》的规定办理。

第三十八条 国家设立的畜牧兽医技术推广机构,应当向农民提供畜禽养殖技术培训、良种推广、疫病防治等服务。县级以上人民政府应当保障国家设立的畜牧兽医技术推广机构从事公益性技术服务的工作经费。

国家鼓励畜禽产品加工企业和其他相关生产经营者为畜禽养殖者提供所需的服务。

第三十九条 畜禽养殖场、养殖小区应当具备下列条件:

(一)有与其饲养规模相适应的生产场所和配套的生产设施;

(二)有为其服务的畜牧兽医技术人员;

(三)具备法律、行政法规和国务院畜牧兽医行政主管部门规定的防疫条件;

(四)有对畜禽粪便、废水和其他固体废弃物进行综合利用的沼气池等设施或者其他无害化处理设施;

(五)具备法律、行政法规规定的其他条件。

养殖场、养殖小区兴办者应当将养殖场、养殖小区的名称、养殖地址、畜禽品种和养殖规模,向养殖场、养殖小区所在地县级人民政府畜牧兽医行政主管部门备案,取得畜禽标识代码。

省级人民政府根据本行政区域畜牧业发展状况制定畜禽养殖场、养殖小区的规模标准和备案程序。

第四十条 禁止在下列区域内建设畜禽养殖场、养殖小区:

(一)生活饮用水的水源保护区,风景名胜区,以及自然保护区的核心区和缓冲区;

(二)城镇居民区、文化教育科学研究区等人口集中区域;

(三)法律、法规规定的其他禁养区域。

第四十一条 畜禽养殖场应当建立养殖档案,载明以下内容:

(一)畜禽的品种、数量、繁殖记录、标识情况、来源和进出场日期;

(二)饲料、饲料添加剂、兽药等投入品的来源、名称、使用对象、时间和用量;

(三)检疫、免疫、消毒情况;

(四)畜禽发病、死亡和无害化处理情况;

(五)国务院畜牧兽医行政主管部门规定的其他内容。

第四十二条 畜禽养殖场应当为其饲养的畜禽提供适当的繁殖条件和生存、生长环境。

第四十三条 从事畜禽养殖,不得有下列行为:

(一)违反法律、行政法规的规定和国家技术规范的强制性要求使用饲料、饲料添加剂、兽药;

(二)使用未经高温处理的餐馆、食堂的泔水饲喂家畜;

(三)在垃圾场或者使用垃圾场中的物质饲养畜禽;

(四)法律、行政法规和国务院畜牧兽医行政主管部门规定的危害人和畜禽健康的其他行为。

第四十四条 从事畜禽养殖,应当依照《中华人民共和国动物防疫法》的规定,做好畜禽疫病的防治工作。

第四十五条 畜禽养殖者应当按照国家关于畜禽标识管理的规定,在应当加施标识的畜禽的指定部位加施标识。畜牧兽医行政主管部门提供标识不得收费,所需费用列入省级人民政府财政预算。

畜禽标识不得重复使用。

第四十六条 畜禽养殖场、养殖小区应当保证畜禽粪便、废水及其他固体废弃物综合利用或者无害化处理设施的正常运转,保证污染物达标排放,防止污染环境。

畜禽养殖场、养殖小区违法排放畜禽粪便、废水及其他固体废弃物,造成环境污染危害的,应当排除危害,依法赔偿损失。

国家支持畜禽养殖场、养殖小区建设畜禽粪便、废水及其他固体废弃物的综合利用设施。

第四十七条 国家鼓励发展养蜂业,维护养蜂生产者的合法权益。

有关部门应当积极宣传和推广蜜蜂授粉农艺措施。

第四十八条 养蜂生产者在生产过程中,不得使用危害蜂产品质量安全的药品和容器,确保蜂产品质量。养蜂器具应当符合国家技术规范的强制性要求。

第四十九条 养蜂生产者在转地放蜂时,当地公安、交通运输、畜牧兽医等有关部门应当为其提供必要的便利。

养蜂生产者在国内转地放蜂,凭国务院畜牧兽医行政主管部门统一格式印制的检疫合格证明运输蜂群,在检疫合格证明有效期内不得重复检疫。

第五章 畜禽交易与运输

第五十条 县级以上人民政府应当促进开放统一、竞争有序的畜禽交易市场建设。

县级以上人民政府畜牧兽医行政主管部门和其他有关主管部门应当组织搜集、整理、发布畜禽产销信息,为生产者提供信息服务。

第五十一条 县级以上地方人民政府根据农产品批发市场发展规划,对在畜禽集散地建立畜禽批发市场给予扶持。

畜禽批发市场选址,应当符合法律、行政法规和国务院畜牧兽医行政主管部门规定的动物防疫条件,并距离种畜禽场和大型畜禽养殖场三公里以外。

第五十二条 进行交易的畜禽必须符合国家技术规范的强制性要求。

国务院畜牧兽医行政主管部门规定应当加施标识而没有标识的畜禽,不得销售和收购。

第五十三条 运输畜禽,必须符合法律、行政法规和国务院畜牧兽医行政主管部门规定的动物防疫条件,采取措施保护畜禽安全,并为运输的畜禽提供必要的空间和饲喂饮水条件。

有关部门对运输中的畜禽进行检查,应当有法律、行政法规的依据。

第六章 质量安全保障

第五十四条 县级以上人民政府应当组织畜牧兽医行政主管部门和其他有关主管部门,依照本法和有关法律、行政法规的规定,加强对畜禽饲养环境、种畜禽质量、饲料和兽药等投入品的使用以及畜禽交易与运输的监督管理。

第五十五条 国务院畜牧兽医行政主管部门应当制定畜禽标识和养殖档案管理办法,采取措施落实畜禽产品质量责任追究制度。

第五十六条 县级以上人民政府畜牧兽医行政主管部门应当制定畜禽质量安全监督检查计划,按计划开展监督抽查工作。

第五十七条 省级以上人民政府畜牧兽医行政主管部门应当组织制定畜禽生产规范,指导畜禽的安全生产。

第七章 法律责任

第五十八条 违反本法第十三条第二款规定,擅自处理受保护的畜禽遗传资源,造成畜禽遗传资源损失的,由省级以上人民政府畜牧兽医行政主管部门处五万元以上五十万元以下罚款。

第五十九条 违反本法有关规定,有下列行为之一的,由省级以上人民政府畜牧兽医行政主管部门责令停止违法行为,没收畜禽遗传资源和违法所得,并处一万元以上五万元以下罚款:

(一)未经审核批准,从境外引进畜禽遗传资源的;

(二)未经审核批准,在境内与境外机构、个人合作研究利用列入保护名录的畜禽遗传资源的;

(三)在境内与境外机构、个人合作研究利用未经国家畜禽遗传资源委员会鉴定的新发现的畜禽遗传资源的。

第六十条 未经国务院畜牧兽医行政主管部门批准,向境外输出畜禽遗传资源的,依照《中华人民共和国海关法》的有关规定追究法律责任。海关应当将扣留的畜禽遗传资源移送省级人民政府畜牧兽医行政主管部门处理。

第六十一条 违反本法有关规定,销售、推广未经审定或者鉴定的畜禽品种的,由县级以上人民政府畜牧兽医行政主管部门责令停止违法行为,没收畜禽和违法所得;违法所得在五万元以上的,并处违法所得一倍以上三倍以下罚款;没有违法所得或者违法所得不足五万元的,并处五千元以上五万元以下罚款。

第六十二条 违反本法有关规定,无种畜禽生产经营许可证或者违反种畜禽生产经营许可证的规定生产经营种畜禽的,转让、租借种畜禽生产经营许可证的,由县级以上人民政府畜牧兽医行政主管部门责令停止违法行为,没收违法所得;违法所得在三万元以上的,并处违法所得一倍以上三倍以下罚款;没有违法所得或者违法所得不足三万元的,并处三千元以上三万元以下罚款。违反种畜禽生产经营许可证的规定生产经营种畜禽或者转让、租借种畜禽生产经营许可证,情节严重的,并处吊销种畜禽生产经营许可证。

第六十三条 违反本法第二十八条规定的,依照《中华人民共和国广告法》的有关规定追究法律责任。

第六十四条 违反本法有关规定,使用的种畜禽不符合种用标准的,由县级以上地方人民政府畜牧兽医行政主管部门责令停止违法行为,没收违法所得;违法所得在五千元以上的,并处违法所得一倍以上二倍以下罚款;没有违法所得或者违法所得不足五千元的,并处一千元以上五千元以下罚款。

第六十五条 销售种畜禽有本法第三十条第一项至第四项违法行为之一的,由县级以上人民政府畜牧兽医行政主管部门或者工商行政管理部门责令停止销售,没收违法销售的畜禽和违法所得;违法所得在五万元以上的,并处违法所得一倍以上五倍以下罚款;没有违法所得或者违法所得不足五万元的,并处五千元以上五万元以下罚款;情节严重的,并处吊销种畜禽生产经营许可证或者营业执照。

第六十六条 违反本法第四十一条规定,畜禽养殖场未建立养殖档案的,或者未按照规定保存养殖档案的,由县级以上人民政府畜牧兽医行政主管部门责令限期改正,可以处一万元以下罚款。

第六十七条 违反本法第四十三条规定养殖畜禽的,依照有关法律、行政法规的规定处罚。

第六十八条 违反本法有关规定,销售的种畜禽未附具种畜禽合格证明、检疫合格证明、家畜系谱的,销售、收购国务院畜牧兽医行政主管部门规定应当加施标识而没有标识的畜禽的,或者重复使用畜禽标识的,由县级以上地方人民政府畜牧兽医行政主管部门或者工商行政管理部门责令改正,可以处二千元以下罚款。

违反本法有关规定,使用伪造、变造的畜禽标识的,由县级以上人民政府畜牧兽医行政主管部门没收伪造、变造的畜禽标识和违法所得,并处三千元以上三万元以下罚款。

第六十九条 销售不符合国家技术规范的强制性要求的畜禽的,由县级以上地方人民政府畜牧兽医行政主管部门或者工商行政管理部门责令停止违法行为,没收违法销售的畜禽和违法所得,并处违法所得一倍以上三倍以下罚款;情节严重的,由工商行政管理部门并处吊销营业执照。

第七十条 畜牧兽医行政主管部门的工作人员利用职务上的便利,收受他人财物或者谋取其他利益,对不符合法定条件的单位、个人核发许可证或者有关批准文件,不履行监督职责,或者发现违法行为不予查处的,依法给予行政处分。

第七十一条 种畜禽生产经营者被吊销种畜禽生产经营许可证的,由畜牧兽医行政主管部门自吊销许可证之日起十日内通知工商行政管理部门。种畜禽生产经营者应当依法到工商行政管理部门办理变更登记或者注销登记。

第七十二条 违反本法规定,构成犯罪的,依法追究刑事责任。

第八章 附 则

第七十三条 本法所称畜禽遗传资源,是指畜禽及其卵子(蛋)、胚胎、精液、基因物质等遗传材料。

本法所称种畜禽,是指经过选育、具有种用价值、适于繁殖后代的畜禽及其卵子(蛋)、胚胎、精液等。

第七十四条 本法自2006年7月1日起施行。

中华人民共和国渔业法

(1986年1月20日第六届全国人民代表大会常务委员会第十四次会议通过,2004年8月28日第十届全国人民代表大会常务委员会第十一次会议第二次修正)

第一章 总 则

第一条 为了加强渔业资源的保护、增殖、开发和合理利用,发展人工养殖,保障渔业生产者的合法权益,促进渔业生产的发展,适应社会主义建设和人民生活的需要,特制定本法。

第二条 在中华人民共和国的内水、滩涂、领海、专属经济区以及中华人民共和国管辖的一切其他海域从事养殖和捕捞水生动物、水生植物等渔业生产活动,都必须遵守本法。

第三条 国家对渔业生产实行以养殖为主,养殖、捕捞、加工并举,因地制宜,各有侧重的方针。

各级人民政府应当把渔业生产纳入国民经济发展计划,采取措施,加强水域的统一规划和综合利用。

第四条 国家鼓励渔业科学技术研究,推广先进技术,提高渔业科学技术水平。

第五条 在增殖和保护渔业资源、发展渔业生产、进行渔业科学技术研究等方面成绩显著的单位和个人,由各级人民政府给予精神的或者物质的奖励。

第六条 国务院渔业行政主管部门主管全国的渔业工作。县级以上地方人民政府渔业行政主管部门主管本行政区域内的渔业工作。县级以上人民政府渔业行政主管部门可以在重要渔业水域、渔港设渔政监督管理机构。

县级以上人民政府渔业行政主管部门及其所属的渔政监督管理机构可以设渔政检查人员。渔政检查人员执行渔业行政主管部门及其所属的渔政监督管理机构交付的任务。

第七条 国家对渔业的监督管理,实行统一领导、分级管理。

海洋渔业,除国务院划定由国务院渔业行政主管部门及其所属的渔政监督管理机构监督管理的海域和特定渔业资源渔场外,由毗邻海域的省、自治区、直辖市人民政府渔业行政主管部门监督管理。

江河、湖泊等水域的渔业,按照行政区划由有关县级以上人民政府渔业行政主管部门监督管理;跨行政区域的,由有关县级以上地方人民政府协商制定管理办法,或者由上一级人民政府渔业行政主管部门及其所属的渔政监督管理机构监督管理。

第八条　外国人、外国渔业船舶进入中华人民共和国管辖水域,从事渔业生产或者渔业资源调查活动,必须经国务院有关主管部门批准,并遵守本法和中华人民共和国其他有关法律、法规的规定;同中华人民共和国订有条约、协定的,按照条约、协定办理。

国家渔政渔港监督管理机构对外行使渔政渔港监督管理权。

第九条　渔业行政主管部门和其所属的渔政监督管理机构及其工作人员不得参与和从事渔业生产经营活动。

第二章　养殖业

第十条　国家鼓励全民所有制单位、集体所有制单位和个人充分利用适于养殖的水域、滩涂,发展养殖业。

第十一条　国家对水域利用进行统一规划,确定可以用于养殖业的水域和滩涂。单位和个人使用国家规划确定用于养殖业的全民所有的水域、滩涂的,使用者应当向县级以上地方人民政府渔业行政主管部门提出申请,由本级人民政府核发养殖证,许可其使用该水域、滩涂从事养殖生产。核发养殖证的具体办法由国务院规定。

集体所有的或者全民所有由农业集体经济组织使用的水域、滩涂,可以由个人或者集体承包,从事养殖生产。

第十二条　县级以上地方人民政府在核发养殖证时,应当优先安排当地的渔业生产者。

第十三条　当事人因使用国家规划确定用于养殖业的水域、滩涂从事养殖生产发生争议的,按照有关法律规定的程序处理。在争议解决以前,任何一方不得破坏养殖生产。

第十四条　国家建设征用集体所有的水域、滩涂,按照《中华人民共和国土地管理法》有关征地的规定办理。

第十五条　县级以上地方人民政府应当采取措施,加强对商品鱼生产基地和城市郊区重要养殖水域的保护。

第十六条　国家鼓励和支持水产优良品种的选育、培育和推广。

水产新品种必须经全国水产原种和良种审定委员会审定,由国务院渔业行政主管部门公告后推广。水产苗种的进口、出口由国务院渔业行政主管部门或者省、自治区、直辖市人民政府渔业行政主管部门审批。

水产苗种的生产由县级以上地方人民政府渔业行政主管部门审批。但是,渔业生产者自育、自用水产苗种的除外。

第十七条　水产苗种的进口、出口必须实施检疫,防止病害传入境内和传出境外,具体检疫工作按照有关动植物进出境检疫法律、行政法规的规定执行。

引进转基因水产苗种必须进行安全性评价,具体管理工作按照国务院有关规定执行。

第十八条　县级以上人民政府渔业行政主管部门应当加强对养殖生产的技术指导和病害防治工作。

第十九条　从事养殖生产不得使用含有毒有害物质的饵料、饲料。

第二十条　从事养殖生产应当保护水域生态环境,科学确定养殖密度,合理投饵、施肥、使用药物,不得造成水域的环境污染。

第三章　捕捞业

第二十一条　国家在财政、信贷和税收等方面采取措施,鼓励、扶持远洋捕捞业的发展,并根据渔业资源的可捕捞量,安排内水和近海捕捞力量。

第二十二条　国家根据捕捞量低于渔业资源增长量的原则,确定渔业资源的总可捕捞量,实行捕捞限额制度。国务院渔业行政主管部门负责组织渔业资源的调查和评估,为实行捕捞限额制度提供科学依据。中华人民共和国内海、领海、专属经济区和其他管辖海域的捕捞限额总量由国务院渔业行政主管部门确定,报国务院批准后逐级分解下达;国家确定的重要江河、湖泊的捕捞限额总量由有关省、自治区、直辖市人民政府确定或者协商确定,逐级分解下达。捕捞限额总量的分配应当体现公平、公正的原则,分配办法和分配结果必须向社会公开,并接受监督。

国务院渔业行政主管部门和省、自治区、直辖市人民政府渔业行政主管部门应当加强对捕捞限额制度实施情况的监督检查,对超过上级下达的捕捞限额指标的,应当在其次年捕捞限额指标中予以核减。

第二十三条　国家对捕捞业实行捕捞许可证制度。

海洋大型拖网、围网作业以及到中华人民共和国与有关国家缔结的协定确定的共同管理的渔区或者公海从事捕捞作业的捕捞许可证,由国务院渔业行政主管部门批准发放。其他作业的捕捞许可证,由县级以上地方人民政府渔业行政主管部门批准发放;但是,批准发放海洋作业的捕捞许可证不得超过国家下达的船网工具控制指标,具体办法由省、自治区、直辖市人民政府规定。

捕捞许可证不得买卖、出租和以其他形式转让,不得涂改、伪造、变造。

到他国管辖海域从事捕捞作业的,应当经国务院渔业行政主管部门批准,并遵守中华人民共和国缔结的或者参加的有关条约、协定和有关国家的法律。

第二十四条 具备下列条件的,方可发给捕捞许可证:

(一)有渔业船舶检验证书;

(二)有渔业船舶登记证书;

(三)符合国务院渔业行政主管部门规定的其他条件。

县级以上地方人民政府渔业行政主管部门批准发放的捕捞许可证,应当与上级人民政府渔业行政主管部门下达的捕捞限额指标相适应。

第二十五条 从事捕捞作业的单位和个人,必须按照捕捞许可证关于作业类型、场所、时限、渔具数量和捕捞限额的规定进行作业,并遵守国家有关保护渔业资源的规定,大中型渔船应当填写渔捞日志。

第二十六条 制造、更新改造、购置、进口的从事捕捞作业的船舶必须经渔业船舶检验部门检验合格后,方可下水作业。具体管理办法由国务院规定。

第二十七条 渔港建设应当遵守国家的统一规划,实行谁投资谁受益的原则。县级以上地方人民政府应当对位于本行政区域内的渔港加强监督管理,维护渔港的正常秩序。

第四章 渔业资源的增殖和保护

第二十八条 县级以上人民政府渔业行政主管部门应当对其管理的渔业水域统一规划,采取措施,增殖渔业资源。县级以上人民政府渔业行政主管部门可以向受益的单位和个人征收渔业资源增殖保护费,专门用于增殖和保护渔业资源。渔业资源增殖保护费的征收办法由国务院渔业行政主管部门会同财政部门制定,报国务院批准后施行。

第二十九条 国家保护水产种质资源及其生存环境,并在具有较高经济价值和遗传育种价值的水产种质资源的主要生长繁育区域建立水产种质资源保护区。未经国务院渔业行政主管部门批准,任何单位或者个人不得在水产种质资源保护区内从事捕捞活动。

第三十条 禁止使用炸鱼、毒鱼、电鱼等破坏渔业资源的方法进行捕捞。禁止制造、销售、使用禁用的渔具。禁止在禁渔区、禁渔期进行捕捞。禁止使用小于最小网目尺寸的网具进行捕捞。捕捞的渔获物中幼鱼不得超过规定的比例。在禁渔区或者禁渔期内禁止销售非法捕捞的渔获物。

重点保护的渔业资源品种及其可捕捞标准,禁渔区和禁渔期,禁止使用或者限制使用的渔具和捕捞方法,最小网目尺寸以及其他保护渔业资源的措施,由国务院渔业行政主管部门或者省、自治区、直辖市人民政府渔业行政主管部门规定。

第三十一条 禁止捕捞有重要经济价值的水生动物苗种。因养殖或者其他特殊需要,捕捞有重要经济价值的苗种或者禁捕的怀卵亲体的,必须经国务院渔业行政主管部门或者省、自治区、直辖市人民政府渔业行政主管部门批准,在指定的区域和时间内,按照限额捕捞。

在水生动物苗种重点产区引水用水时,应当采取措施,保护苗种。

第三十二条 在鱼、虾、蟹洄游通道建闸、筑坝,对渔业资源有严重影响的,建设单位应当建造过鱼设施或者采取其他补救措施。

第三十三条 用于渔业并兼有调蓄、灌溉等功能的水体,有关主管部门应当确定渔业生产所需的最低水位线。

第三十四条 禁止围湖造田。沿海滩涂未经县级以上人民政府批准,不得围垦;重要的苗种基地和养殖场所不得围垦。

第三十五条 进行水下爆破、勘探、施工作业,对渔业资源有严重影响的,作业单位应当事先同有关县级以上人民政府渔业行政主管部门协商,采取措施,防止或者减少对渔业资源的损害;造成渔业资源损失的,由有关县级以上人民政府责令赔偿。

第三十六条 各级人民政府应当采取措施,保护和改善渔业水域的生态环境,防治污染。

渔业水域生态环境的监督管理和渔业污染事故的调查处理,依照《中华人民共和国海洋环境保护法》和《中华人民共和国水污染防治法》的有关规定执行。

第三十七条 国家对白鳍豚等珍贵、濒危水生野生动物实行重点保护,防止其灭绝。禁止捕杀、伤害国家重点保护的水生野生动物。因科学研究、驯养繁殖、展览或者其他特殊情况,需要捕捞国家重点保护的水生野生动物的,依照《中华人民共和国野生动物保护法》的规定执行。

第五章 法律责任

第三十八条 使用炸鱼、毒鱼、电鱼等破坏渔业资源方法进行捕捞的,违反关于禁渔区、禁渔期的规定进行捕捞的,或者使用禁用的渔具、捕捞方法和小于最小网目尺寸的网具进行捕捞或者渔获物中幼鱼超过规定比例的,没收渔获物和违法所得,处五万元以下的罚款;情节严重的,没收渔具,吊销捕捞许可证;情节特别严重的,可以没收渔船;构成犯罪的,依法追究刑事责任。

在禁渔区或者禁渔期内销售非法捕捞的渔获物的,县级以上地方人民政府渔业行政主管部门应当及时进行调查处理。

制造、销售禁用的渔具的,没收非法制造、销售的渔具和违法所得,并处一万元以下的罚款。

第三十九条 偷捕、抢夺他人养殖的水产品的,或者破坏他人养殖水体、养殖设施的,责令改正,可以处二万元以下的罚款;造成他人损失的,依法承担赔偿责任;构成犯罪的,依法追究刑事责任。

第四十条 使用全民所有的水域、滩涂从事养殖生产,无正当理由使水域、滩涂荒芜满一年的,由发放养殖证的机关责令限期开发利用;逾期未开发利用的,吊销养殖证,可以并处一万元以下的罚款。

未依法取得养殖证擅自在全民所有的水域从事养殖生产的,责令改正,补办养殖证或者限期拆除养殖设施。

未依法取得养殖证或者超越养殖证许可范围在全民所有的水域从事养殖生产,妨碍航运、行洪的,责令限期拆除养殖设施,可以并处一万元以下的罚款。

第四十一条 未依法取得捕捞许可证擅自进行捕捞的,没收渔获物和违法所得,并处十万元以下的罚款;情节严重的,并可以没收渔具和渔船。

第四十二条 违反捕捞许可证关于作业类型、场所、时限和渔具数量的规定进行捕捞的,没收渔获物和违法所得,可以并处五万元以下的罚款;情节严重的,并可以没收渔具,吊销捕捞许可证。

第四十三条 涂改、买卖、出租或者以其他形式转让捕捞许可证的,没收违法所得,吊销捕捞许可证,可以并处一万元以下的罚款;伪造、变造、买卖捕捞许可证,构成犯罪的,依法追究刑事责任。

第四十四条 非法生产、进口、出口水产苗种的,没收苗种和违法所得,并处五万元以下的罚款。

经营未经审定的水产苗种的,责令立即停止经营,没收违法所得,可以并处五万元以下的罚款。

第四十五条 未经批准在水产种质资源保护区内从事捕捞活动的,责令立即停止捕捞,没收渔获物和渔具,可以并处一万元以下的罚款。

第四十六条 外国人、外国渔船违反本法规定,擅自进入中华人民共和国管辖水域从事渔业生产和渔业资源调查活动的,责令其离开或者将其驱逐,可以没收渔获物、渔具,并处五十万元以下的罚款;情节严重的,可以没收渔船;构成犯罪的,依法追究刑事责任。

第四十七条 造成渔业水域生态环境破坏或者渔业污染事故的,依照《中华人民共和国海洋环境保护法》和《中华人民共和国水污染防治法》的规定追究法律责任。

第四十八条 本法规定的行政处罚,由县级以上人民政府渔业行政主管部门或者其所属的渔政监督管理机构决定。但是,本法已对处罚机关作出规定的除外。

在海上执法时,对违反禁渔区、禁渔期的规定或者使用禁用的渔具、捕捞方法进行捕捞,以及未取得捕捞许可证进行捕捞的,事实清楚、证据充分,但是当场不能按照法定程序作出和执行行政处罚决定的,可以先暂时扣押捕捞许可证、渔具或者渔船,回港后依法作出和执行行政处罚决定。

第四十九条 渔业行政主管部门和其所属的渔政监督管理机构及其工作人员违反本法规定核发许可证、分配捕捞限额或者从事渔业生产经营活动的,或者有其他玩忽职守不履行法定义务、滥用职权、徇私舞弊的行为的,依法给予行政处分;构成犯罪的,依法追究刑事责任。

第六章 附 则

第五十条 本法自1986年7月1日起施行。

中华人民共和国农业机械化促进法

(2004年6月25日第十届全国人民代表大会
常务委员会第十次会议通过)

第一章 总 则

第一条 为了鼓励、扶持农民和农业生产经营组织使用先进适用的农业机械,促进农业机械化,建设现代农业,制定本法。

第二条 本法所称农业机械化,是指运用先进适用的农业机械装备农业,改善农业生产经营条件,不断提高农业的生产技术水平和经济效益、生态效益的过程。

本法所称农业机械,是指用于农业生产及其产品初加工等相关农事活动的机械、设备。

第三条 县级以上人民政府应当把推进农业机械化纳入国民经济和社会发展计划,采取财政支持和实施国家规定的税收优惠政策以及金融扶持等措施,逐步提高对农业机械化的资金投入,充分发挥市场机制的作用,按照因地制宜、经济有效、保障安全、保护环境的原则,促进农业机械化的发展。

第四条 国家引导、支持农民和农业生产经营组织自主选择先进适用的农业机械。任何单位和个人不得强迫农民和农业生产经营组织购买其指定的农业机械产品。

第五条 国家采取措施,开展农业机械化科技知识的宣传和教育,培养农业机械化专业人才,推进农业机械化信息服务,提高农业机械化水平。

第六条 国务院农业行政主管部门和其他负责农业机械化有关工作的部门,按照各自的职责分工,密切配合,共同做好农业机械化促进工作。

县级以上地方人民政府主管农业机械化工作的部门和其他有关部门,按照各自的职责分工,密切配合,共同做好本行政区域的农业机械化促进工作。

第二章 科研开发

第七条 省级以上人民政府及其有关部门应当组织有关单位采取技术攻关、试验、示范等措施,促进基础性、关键性、公益性农业机械科学研究和先进适用的农业机械的推广应用。

第八条 国家支持有关科研机构和院校加强农业机械化科学技术研究,根据不同的农业生产条件和农民需求,研究开发先进适用的农业机械;支持农业机械科研、教学与生产、推广相结合,促进农业机械与农业生产技术的发展要求相适应。

第九条 国家支持农业机械生产者开发先进适用的农业机械,采用先进技术、先进工艺和先进材料,提高农业机械产品的质量和技术水平,降低生产成本,提供系列化、标准化、多功能和质量优良、节约能源、价格合理的农业机械产品。

第十条 国家支持引进、利用先进的农业机械、关键零配件和技术,鼓励引进外资从事农业机械的研究、开发、生产和经营。

第三章 质量保障

第十一条 国家加强农业机械化标准体系建设,制定和完善农业机械产品质量、维修质量和作业质量等标准。对农业机械产品涉及人身安全、农产品质量安全和环境保护的技术要求,应当按照有关法律、行政法规的规定制定强制执行的技术规范。

第十二条 产品质量监督部门应当依法组织对农业机械产品质量的监督抽查。

工商行政管理部门应当依法加强对农业机械产品市场的监督管理工作。

国务院农业行政主管部门和省级人民政府主管农业机械化工作的部门根据农业机械使用者的投诉情况和农业生产的实际需要,可以组织对在用的特定种类农业机械产品的适用性、安全性、可靠性和售后服务状况进行调查,并公布调查结果。

第十三条 农业机械生产者、销售者应当对其生产、销售的农业机械产品质量负责,并按照国家有关规定承担零配件供应和培训等售后服务责任。

农业机械生产者应当按照国家标准、行业标准和保障人身安全的要求,在其生产的农业机械产品上设置必要的安全防护装置、警示标志和中文警示说明。

第十四条 农业机械产品不符合质量要求的,农业机械生产者、销售者应当负责修理、更换、退货;给农业机械使用者造成农业生产损失或者其他损失的,应当依法赔偿损失。农业机械使用者有权要求农业机械销售者先予赔偿。农业机械销售者赔偿后,属于农业机械生产者的责任的,农业机械销售者有权向农业机械生产者追偿。

因农业机械存在缺陷造成人身伤害、财产损失的,农业机械生产者、销售者应当依法赔偿损失。

第十五条 列入依法必须经过认证的产品目录的农业机械产品,未经认证并标注认证标志,禁止出厂、销售和进口。

禁止生产、销售不符合国家技术规范强制性要求的农业机械产品。

禁止利用残次零配件和报废机具的部件拼装农业机械产品。

第四章 推广使用

第十六条 国家支持向农民和农业生产经营组织推广先进适用的农业机械

产品。推广农业机械产品,应当适应当地农业发展的需要,并依照农业技术推广法的规定,在推广地区经过试验证明具有先进性和适用性。

农业机械生产者或者销售者,可以委托农业机械试验鉴定机构,对其定型生产或者销售的农业机械产品进行适用性、安全性和可靠性检测,作出技术评价。农业机械试验鉴定机构应当公布具有适用性、安全性和可靠性的农业机械产品的检测结果,为农民和农业生产经营组织选购先进适用的农业机械提供信息。

第十七条　县级以上人民政府可以根据实际情况,在不同的农业区域建立农业机械化示范基地,并鼓励农业机械生产者、经营者等建立农业机械示范点,引导农民和农业生产经营组织使用先进适用的农业机械。

第十八条　国务院农业行政主管部门会同国务院财政部门、经济综合宏观调控部门,根据促进农业结构调整、保护自然资源与生态环境、推广农业新技术与加快农机具更新的原则,确定、公布国家支持推广的先进适用的农业机械产品目录,并定期调整。省级人民政府主管农业机械化工作的部门会同同级财政部门、经济综合宏观调控部门根据上述原则,确定、公布省级人民政府支持推广的先进适用的农业机械产品目录,并定期调整。

列入前款目录的产品,应当由农业机械生产者自愿提出申请,并通过农业机械试验鉴定机构进行的先进性、适用性、安全性和可靠性鉴定。

第十九条　国家鼓励和支持农民合作使用农业机械,提高农业机械利用率和作业效率,降低作业成本。

国家支持和保护农民在坚持家庭承包经营的基础上,自愿组织区域化、标准化种植,提高农业机械的作业水平。任何单位和个人不得以区域化、标准化种植为借口,侵犯农民的土地承包经营权。

第二十条　国务院农业行政主管部门和县级以上地方人民政府主管农业机械化工作的部门,应当按照安全生产、预防为主的方针,加强对农业机械安全使用的宣传、教育和管理。

农业机械使用者作业时,应当按照安全操作规程操作农业机械,在有危险的部位和作业现场设置防护装置或者警示标志。

第五章　社会化服务

第二十一条　农民、农业机械作业组织可以按照双方自愿、平等协商的原则,为本地或者外地的农民和农业生产经营组织提供各项有偿农业机械作业服务。有偿农业机械作业应当符合国家或者地方规定的农业机械作业质量标准。

国家鼓励跨行政区域开展农业机械作业服务。各级人民政府及其有关部门应当支持农业机械跨行政区域作业，维护作业秩序，提供便利和服务，并依法实施安全监督管理。

第二十二条　各级人民政府应当采取措施，鼓励和扶持发展多种形式的农业机械服务组织，推进农业机械化信息网络建设，完善农业机械化服务体系。农业机械服务组织应当根据农民、农业生产经营组织的需求，提供农业机械示范推广、实用技术培训、维修、信息、中介等社会化服务。

第二十三条　国家设立的基层农业机械技术推广机构应当以试验示范基地为依托，为农民和农业生产经营组织无偿提供公益性农业机械技术的推广、培训等服务。

第二十四条　从事农业机械维修，应当具备与维修业务相适应的仪器、设备和具有农业机械维修职业技能的技术人员，保证维修质量。维修质量不合格的，维修者应当免费重新修理；造成人身伤害或者财产损失的，维修者应当依法承担赔偿责任。

第二十五条　农业机械生产者、经营者、维修者可以依照法律、行政法规的规定，自愿成立行业协会，实行行业自律，为会员提供服务，维护会员的合法权益。

第六章　扶持措施

第二十六条　国家采取措施，鼓励和支持农业机械生产者增加新产品、新技术、新工艺的研究开发投入，并对农业机械的科研开发和制造实施税收优惠政策。

中央和地方财政预算安排的科技开发资金应当对农业机械工业的技术创新给予支持。

第二十七条　中央财政、省级财政应当分别安排专项资金，对农民和农业生产经营组织购买国家支持推广的先进适用的农业机械给予补贴。补贴资金的使用应当遵循公开、公正、及时、有效的原则，可以向农民和农业生产经营组织发放，也可以采用贴息方式支持金融机构向农民和农业生产经营组织购买先进适用的农业机械提供贷款。具体办法由国务院规定。

第二十八条　从事农业机械生产作业服务的收入，按照国家规定给予税收优惠。

国家根据农业和农村经济发展的需要，对农业机械的农业生产作业用燃油安排财政补贴。燃油补贴应当向直接从事农业机械作业的农民和农业生产经营组织发放。具体办法由国务院规定。

第二十九条　地方各级人民政府应当采取措施加强农村机耕道路等农业机械化基础设施的建设和维护,为农业机械化创造条件。

县级以上地方人民政府主管农业机械化工作的部门应当建立农业机械化信息搜集、整理、发布制度,为农民和农业生产经营组织免费提供信息服务。

第七章　法律责任

第三十条　违反本法第十五条规定的,依照产品质量法的有关规定予以处罚;构成犯罪的,依法追究刑事责任。

第三十一条　农业机械驾驶、操作人员违反国家规定的安全操作规程,违章作业的,责令改正,依照有关法律、行政法规的规定予以处罚;构成犯罪的,依法追究刑事责任。

第三十二条　农业机械试验鉴定机构在鉴定工作中不按照规定为农业机械生产者、销售者进行鉴定,或者伪造鉴定结果、出具虚假证明,给农业机械使用者造成损失的,依法承担赔偿责任。

第三十三条　国务院农业行政主管部门和县级以上地方人民政府主管农业机械化工作的部门违反本法规定,强制或者变相强制农业机械生产者、销售者对其生产、销售的农业机械产品进行鉴定的,由上级主管机关或者监察机关责令限期改正,并对直接负责的主管人员和其他直接责任人员给予行政处分。

第三十四条　违反本法第二十七条、第二十八条规定,截留、挪用有关补贴资金的,由上级主管机关责令限期归还被截留、挪用的资金,没收非法所得,并由上级主管机关、监察机关或者所在单位对直接负责的主管人员和其他直接责任人员给予行政处分;构成犯罪的,依法追究刑事责任。

第八章　附　则

第三十五条　本法自 2004 年 11 月 1 日起施行。

中华人民共和国农产品质量安全法

(2006年4月29日第十届全国人民代表大会
常务委员会第二十一次会议通过)

第一章 总 则

第一条 为保障农产品质量安全,维护公众健康,促进农业和农村经济发展,制定本法。

第二条 本法所称农产品,是指来源于农业的初级产品,即在农业活动中获得的植物、动物、微生物及其产品。

本法所称农产品质量安全,是指农产品质量符合保障人的健康、安全的要求。

第三条 县级以上人民政府农业行政主管部门负责农产品质量安全的监督管理工作;县级以上人民政府有关部门按照职责分工,负责农产品质量安全的有关工作。

第四条 县级以上人民政府应当将农产品质量安全管理工作纳入本级国民经济和社会发展规划,并安排农产品质量安全经费,用于开展农产品质量安全工作。

第五条 县级以上地方人民政府统一领导、协调本行政区域内的农产品质量安全工作,并采取措施,建立健全农产品质量安全服务体系,提高农产品质量安全水平。

第六条 国务院农业行政主管部门应当设立由有关方面专家组成的农产品质量安全风险评估专家委员会,对可能影响农产品质量安全的潜在危害进行风险分析和评估。

国务院农业行政主管部门应当根据农产品质量安全风险评估结果采取相应的管理措施,并将农产品质量安全风险评估结果及时通报国务院有关部门。

第七条 国务院农业行政主管部门和省、自治区、直辖市人民政府农业行政主管部门应当按照职责权限,发布有关农产品质量安全状况信息。

第八条 国家引导、推广农产品标准化生产,鼓励和支持生产优质农产品,禁止生产、销售不符合国家规定的农产品质量安全标准的农产品。

第九条 国家支持农产品质量安全科学技术研究,推行科学的质量安全管理方法,推广先进安全的生产技术。

第十条　各级人民政府及有关部门应当加强农产品质量安全知识的宣传,提高公众的农产品质量安全意识,引导农产品生产者、销售者加强质量安全管理,保障农产品消费安全。

第二章　农产品质量安全标准

第十一条　国家建立健全农产品质量安全标准体系。农产品质量安全标准是强制性的技术规范。

农产品质量安全标准的制定和发布,依照有关法律、行政法规的规定执行。

第十二条　制定农产品质量安全标准应当充分考虑农产品质量安全风险评估结果,并听取农产品生产者、销售者和消费者的意见,保障消费安全。

第十三条　农产品质量安全标准应当根据科学技术发展水平以及农产品质量安全的需要,及时修订。

第十四条　农产品质量安全标准由农业行政主管部门商有关部门组织实施。

第三章　农产品产地

第十五条　县级以上地方人民政府农业行政主管部门按照保障农产品质量安全的要求,根据农产品品种特性和生产区域大气、土壤、水体中有毒有害物质状况等因素,认为不适宜特定农产品生产的,提出禁止生产的区域,报本级人民政府批准后公布。具体办法由国务院农业行政主管部门商国务院环境保护行政主管部门制定。

农产品禁止生产区域的调整,依照前款规定的程序办理。

第十六条　县级以上人民政府应当采取措施,加强农产品基地建设,改善农产品的生产条件。

县级以上人民政府农业行政主管部门应当采取措施,推进保障农产品质量安全的标准化生产综合示范区、示范农场、养殖小区和无规定动植物疫病区的建设。

第十七条　禁止在有毒有害物质超过规定标准的区域生产、捕捞、采集食用农产品和建立农产品生产基地。

第十八条　禁止违反法律、法规的规定向农产品产地排放或者倾倒废水、废气、固体废物或者其他有毒有害物质。

农业生产用水和用作肥料的固体废物,应当符合国家规定的标准。

第十九条　农产品生产者应当合理使用化肥、农药、兽药、农用薄膜等化工产品,防止对农产品产地造成污染。

第四章　农产品生产

第二十条　国务院农业行政主管部门和省、自治区、直辖市人民政府农业行政主管部门应当制定保障农产品质量安全的生产技术要求和操作规程。县级以上人民政府农业行政主管部门应当加强对农产品生产的指导。

第二十一条　对可能影响农产品质量安全的农药、兽药、饲料和饲料添加剂、肥料、兽医器械,依照有关法律、行政法规的规定实行许可制度。

国务院农业行政主管部门和省、自治区、直辖市人民政府农业行政主管部门应当定期对可能危及农产品质量安全的农药、兽药、饲料和饲料添加剂、肥料等农业投入品进行监督抽查,并公布抽查结果。

第二十二条　县级以上人民政府农业行政主管部门应当加强对农业投入品使用的管理和指导,建立健全农业投入品的安全使用制度。

第二十三条　农业科研教育机构和农业技术推广机构应当加强对农产品生产者质量安全知识和技能的培训。

第二十四条　农产品生产企业和农民专业合作经济组织应当建立农产品生产记录,如实记载下列事项:

(一)使用农业投入品的名称、来源、用法、用量和使用、停用的日期;

(二)动物疫病、植物病虫草害的发生和防治情况;

(三)收获、屠宰或者捕捞的日期。

农产品生产记录应当保存二年。禁止伪造农产品生产记录。

国家鼓励其他农产品生产者建立农产品生产记录。

第二十五条　农产品生产者应当按照法律、行政法规和国务院农业行政主管部门的规定,合理使用农业投入品,严格执行农业投入品使用安全间隔期或者休药期的规定,防止危及农产品质量安全。

禁止在农产品生产过程中使用国家明令禁止使用的农业投入品。

第二十六条　农产品生产企业和农民专业合作经济组织,应当自行或者委托检测机构对农产品质量安全状况进行检测;经检测不符合农产品质量安全标准的农产品,不得销售。

第二十七条　农民专业合作经济组织和农产品行业协会对其成员应当及时

提供生产技术服务,建立农产品质量安全管理制度,健全农产品质量安全控制体系,加强自律管理。

第五章 农产品包装和标识

第二十八条 农产品生产企业、农民专业合作经济组织以及从事农产品收购的单位或者个人销售的农产品,按照规定应当包装或者附加标识的,须经包装或者附加标识后方可销售。包装物或者标识上应当按照规定标明产品的品名、产地、生产者、生产日期、保质期、产品质量等级等内容;使用添加剂的,还应当按照规定标明添加剂的名称。具体办法由国务院农业行政主管部门制定。

第二十九条 农产品在包装、保鲜、贮存、运输中所使用的保鲜剂、防腐剂、添加剂等材料,应当符合国家有关强制性的技术规范。

第三十条 属于农业转基因生物的农产品,应当按照农业转基因生物安全管理的有关规定进行标识。

第三十一条 依法需要实施检疫的动植物及其产品,应当附具检疫合格标志、检疫合格证明。

第三十二条 销售的农产品必须符合农产品质量安全标准,生产者可以申请使用无公害农产品标志。农产品质量符合国家规定的有关优质农产品标准的,生产者可以申请使用相应的农产品质量标志。

禁止冒用前款规定的农产品质量标志。

第六章 监督检查

第三十三条 有下列情形之一的农产品,不得销售:

(一)含有国家禁止使用的农药、兽药或者其他化学物质的;

(二)农药、兽药等化学物质残留或者含有的重金属等有毒有害物质不符合农产品质量安全标准的;

(三)含有的致病性寄生虫、微生物或者生物毒素不符合农产品质量安全标准的;

(四)使用的保鲜剂、防腐剂、添加剂等材料不符合国家有关强制性的技术规范的;

(五)其他不符合农产品质量安全标准的。

第三十四条 国家建立农产品质量安全监测制度。县级以上人民政府农业行政主管部门应当按照保障农产品质量安全的要求,制定并组织实施农产品质量安全监测计划,对生产中或者市场上销售的农产品进行监督抽查。监督抽查结果由国务院农业行政主管部门或者省、自治区、直辖市人民政府农业行政主管部门按照权限予以公布。

监督抽查检测应当委托符合本法第三十五条规定条件的农产品质量安全检测机构进行,不得向被抽查人收取费用,抽取的样品不得超过国务院农业行政主管部门规定的数量。上级农业行政主管部门监督抽查的农产品,下级农业行政主管部门不得另行重复抽查。

第三十五条 农产品质量安全检测应当充分利用现有的符合条件的检测机构。

从事农产品质量安全检测的机构,必须具备相应的检测条件和能力,由省级以上人民政府农业行政主管部门或者其授权的部门考核合格。具体办法由国务院农业行政主管部门制定。

农产品质量安全检测机构应当依法经计量认证合格。

第三十六条 农产品生产者、销售者对监督抽查检测结果有异议的,可以自收到检测结果之日起五日内,向组织实施农产品质量安全监督抽查的农业行政主管部门或者其上级农业行政主管部门申请复检。

采用国务院农业行政主管部门会同有关部门认定的快速检测方法进行农产品质量安全监督抽查检测,被抽查人对检测结果有异议的,可以自收到检测结果时起四小时内申请复检。复检不得采用快速检测方法。

因检测结果错误给当事人造成损害的,依法承担赔偿责任。

第三十七条 农产品批发市场应当设立或者委托农产品质量安全检测机构,对进场销售的农产品质量安全状况进行抽查检测;发现不符合农产品质量安全标准的,应当要求销售者立即停止销售,并向农业行政主管部门报告。

农产品销售企业对其销售的农产品,应当建立健全进货检查验收制度;经查验不符合农产品质量安全标准的,不得销售。

第三十八条 国家鼓励单位和个人对农产品质量安全进行社会监督。任何单位和个人都有权对违反本法的行为进行检举、揭发和控告。有关部门收到相关的检举、揭发和控告后,应当及时处理。

第三十九条 县级以上人民政府农业行政主管部门在农产品质量安全监督检查中,可以对生产、销售的农产品进行现场检查,调查了解农产品质量安全的有关情况,查阅、复制与农产品质量安全有关的记录和其他资料;对经检测不符合农产品质量安全标准的农产品,有权查封、扣押。

第四十条　发生农产品质量安全事故时,有关单位和个人应当采取控制措施,及时向所在地乡级人民政府和县级人民政府农业行政主管部门报告;收到报告的机关应当及时处理并报上一级人民政府和有关部门。发生重大农产品质量安全事故时,农业行政主管部门应当及时通报同级食品药品监督管理部门。

第四十一条　县级以上人民政府农业行政主管部门在农产品质量安全监督管理中,发现有本法第三十三条所列情形之一的农产品,应当按照农产品质量安全责任追究制度的要求,查明责任人,依法予以处理或者提出处理建议。

第四十二条　进口的农产品必须按照国家规定的农产品质量安全标准进行检验;尚未制定有关农产品质量安全标准的,应当依法及时制定,未制定之前,可以参照国家有关部门指定的国外有关标准进行检验。

第七章　法律责任

第四十三条　农产品质量安全监督管理人员不依法履行监督职责,或者滥用职权的,依法给予行政处分。

第四十四条　农产品质量安全检测机构伪造检测结果的,责令改正,没收违法所得,并处五万元以上十万元以下罚款,对直接负责的主管人员和其他直接责任人员处一万元以上五万元以下罚款;情节严重的,撤销其检测资格;造成损害的,依法承担赔偿责任。

农产品质量安全检测机构出具检测结果不实,造成损害的,依法承担赔偿责任;造成重大损害的,并撤销其检测资格。

第四十五条　违反法律、法规规定,向农产品产地排放或者倾倒废水、废气、固体废物或者其他有毒有害物质的,依照有关环境保护法律、法规的规定处罚;造成损害的,依法承担赔偿责任。

第四十六条　使用农业投入品违反法律、行政法规和国务院农业行政主管部门的规定的,依照有关法律、行政法规的规定处罚。

第四十七条　农产品生产企业、农民专业合作经济组织未建立或者未按照规定保存农产品生产记录的,或者伪造农产品生产记录的,责令限期改正;逾期不改正的,可以处二千元以下罚款。

第四十八条　违反本法第二十八条规定,销售的农产品未按照规定进行包装、标识的,责令限期改正;逾期不改正的,可以处二千元以下罚款。

第四十九条　有本法第三十三条第四项规定情形,使用的保鲜剂、防腐剂、添加剂等材料不符合国家有关强制性的技术规范的,责令停止销售,对被污染的农产品进行无害化处理,对不能进行无害化处理的予以监督销毁;没收违法所得,并处二千元以上二万元以下罚款。

第五十条 农产品生产企业、农民专业合作经济组织销售的农产品有本法第三十三条第一项至第三项或者第五项所列情形之一的,责令停止销售,追回已经销售的农产品,对违法销售的农产品进行无害化处理或者予以监督销毁;没收违法所得,并处二千元以上二万元以下罚款。

农产品销售企业销售的农产品有前款所列情形的,依照前款规定处理、处罚。

农产品批发市场中销售的农产品有第一款所列情形的,对违法销售的农产品依照第一款规定处理,对农产品销售者依照第一款规定处罚。

农产品批发市场违反本法第三十七条第一款规定的,责令改正,处二千元以上二万元以下罚款。

第五十一条 违反本法第三十二条规定,冒用农产品质量标志的,责令改正,没收违法所得,并处二千元以上二万元以下罚款。

第五十二条 本法第四十四条、第四十七条至第四十九条、第五十条第一款、第四款和第五十一条规定的处理、处罚,由县级以上人民政府农业行政主管部门决定;第五十条第二款、第三款规定的处理、处罚,由工商行政管理部门决定。

法律对行政处罚及处罚机关有其他规定的,从其规定。但是,对同一违法行为不得重复处罚。

第五十三条 违反本法规定,构成犯罪的,依法追究刑事责任。

第五十四条 生产、销售本法第三十三条所列农产品,给消费者造成损害的,依法承担赔偿责任。

农产品批发市场中销售的农产品有前款规定情形的,消费者可以向农产品批发市场要求赔偿;属于生产者、销售者责任的,农产品批发市场有权追偿。消费者也可以直接向农产品生产者、销售者要求赔偿。

第八章 附 则

第五十五条 生猪屠宰的管理按照国家有关规定执行。

第五十六条 本法自 2006 年 11 月 1 日起施行。

参考文献

[1] 李昌麒主编:《经济法学》(第二版),北京:法律出版社,2008。

[2] 杨紫烜、徐杰主编:《经济法》(第六版),北京:北京大学出版社,2012。

[3] 刘文华主编:《经济法》(第四版),北京:中国人民大学出版社,2012。

[4] 张守文主编:《经济法》(第五版),北京:北京大学出版社,2012。

[5] 李昌麒主编:《农业法教程》(第二版),北京:法律出版社,2007。

[6] 黄河主编:《农业法教程》,北京:中国政法大学出版社,2011。

[7] 卞新民主编:《农业法》(第二版),北京:中国农业出版社,2011。

[8] 扈纪华主编:《中华人民共和国农业法释义及实用指南》,北京:中国民主法制出版社,2003。

[9] 丁关良主编:《农村法制》,北京:中国农业出版社,2000。

[10] 丁关良、童日晖著:《农村土地承包经营权流转制度立法研究》,北京:中国农业出版社,2009。

后 记

随着国家法治文明的逐步彰显和广泛传播,农村地区的经济、政治和社会等问题的解决手段不再局限于传统风俗、村规民约和国家政策,基层干群对法律的仰赖日益突显。农民、农业经济组织已开始学着用法律的武器维护合法权益、表达正当诉求、规范民事和经济行为;村民自治组织和基层政府也意识到依法行政、依法管理的重要性。农民朋友和农村地区各类经济组织、管理组织对涉农问题的各种法律知识的需求明显增多。为此,在安徽大学出版社的鼎力支持下,安徽农业大学胡志斌博士编写了"农村实用法律问题解读系列丛书",以供农村地区广大干部和群众在日常的经济和社会生活中检索使用。

《农村实用农业经济法解读》作为系列丛书的一部,主要就农村社会常见的农业经济法律问题进行理论解读和法律诠释。本书重点围绕《农业法》、《农业技术推广法》、《农村土地承包法》、《种子法》、《森林法》、《畜牧法》、《渔业法》、《促进农业机械化法》、《农产品质量安全法》、《农药管理条例》、《肥料登记管理办法》等法律、法规和规章,选择其中贴近或关系农村社会的 200 个农业经济法律问题,以问答的方式进行较为系统的解读。问题的选择既突出普遍实用性,又兼顾"三农"特色;既注重适度的理论阐释,也兼顾法规的解读,编撰的内容易读、易懂和实用。为增加问题解释说服力,作者在对法律问题解读之后,多数问题附加了"法条链接"。对于常见问题或疑难问题,为了帮助理解和应用,还附加了"案例分析"或相关实用法律文书的"范本"。

本书在编著的过程中广泛参考了国内著名专家学者编写的相关法学教材和法律、法规的注释等,在此对这些作者表示感谢。本书能够顺利出版,得益于北京师范大学出版集团安徽大学出版社的大力支持,在此,对出版社特别是朱丽琴副总编辑和方青编辑表示感谢。

由于作者水平有限,加之丛书暨本书编撰的时间比较紧,错误在所难免,问题的选择也可能会顾此失彼,敬请读者指正,作者也会在今后的再版时予以完善和提高。

安徽农业大学 胡志斌
2014 年仲春于合肥